坂口孝則

未来の稼ぎ方

ビジネス年表2019−2038

幻冬舎新書
516

はじめに

2019年から20年間の稼ぎ方

本書は、２０１９年から２０３８年までの20年間について、象徴的な業界をとりあげ、それぞれ何が起きるか予想しうるものを具体的に書いた。まず、目次を見てもらえばわかるとおり、「コンビニエンスストア」「自動車産業」「エネルギー」「インフラ」「音楽」「宇宙」といったものから、「ＡＩ」「終活」「教祖ビジネス」など、多様な範囲をカバーしている。

本書の特徴は次のような点だ。

・統計・データをもとに書いている
・データ源を、できるだけ誰もがアクセスできるものとしている
・各年度で一つの業界を広範囲にとりあげている

また、各年では、データからいえること、各業界の取り組み、これから売れそうな商品の予想、ビジネスチャンスを網羅するよう努めた。

本書はビジネスパーソン全般を対象としている。現在では、ほぼすべてのビジネスパーソンが、将来の仮説を視座としてもたねばならない。いま属している業界から異業界に転職する可能性もあるだろうし、あるいは、会社の業態が転換するかもしれない。その意味で、さまざまな業界情報に触れる意味が大きくなっている。

さらに、現在では、すべてのビジネスパーソンに企画力が求められている。固定化した仕事をこなすだけで終わりではない。次にはどの分野でビジネスチャンスがあるのか。一介の営業部員でも、経理部員でも、考えなければならない。

本書は、それぞれの業界における傾向をできるだけデータから説明するよう努めた。さらに、できるかぎりデータ源も記載した。これは読者が再検証できるようにしたかったためだ。私がAと解釈した事柄でも、Bという違った解釈もできる。気になった業界については、周辺情報を含めて、ご自身での検証を勧めたい。

人生100年時代の自分の見取り図

この手の未来予想には二通りあって「空飛ぶ車が街中を行き来しています」というものと、「年賀状は今後10年間でさらに減少していきます」というものだ。前者は変わりゆく現代をドラマチックに描くもの、後者は着実だが地味な変化を描くもの。

これらの予想を、自分の仕事に役立てるとしてみよう。観念的で急進的な予想は、実務上の施策を想像するのが難しい。しかし、後者ばかりでもつまらない。そこで、本書では、実務五分五分になるよう努めた。実務家向け、かつ、読み物としても面白いようにした。

私は、そもそも仕事で、やむなく、さまざまな会社の情報を集めたり分析したりせねばならなかった。そしてその後、メディアで短時間のうちに分析結果を報告するようになった。日ごろの業務で、多くの業界の人に出会ったり、インタビューしたり、毎日のように書籍を読んだりしており、本書はそれらをまとめたものだ。

ところで、私はこれからの時代の特徴を次のようなフレーズで考えている。そして、これが、自分が属していない分野の知見も必要になってくる――つまりは、本書の意義だが――理由でもある。

①人生100年、会社10年

ひとびとはこれから100歳まで生きるようになる。しかし、会社というプロジェクトの寿命は10年と短くなっている。一つの職業の寿命がひとびとの寿命よりも短くなったとき、ビジネスパーソンは複数のスキルを身につけなければならなくなる。

もちろん、ほんとうにぴったり100年なのか、10年なのか、という長さは厳密には重要ではない。大切なのは、世界を俯瞰し、これから伸びそうな分野、縮みそうな分野を見極めて、自分なりの見取り図と戦略を描くことだ。

100年÷10＝10だからといって10ものプロフェッショナル分野を構築するのは難しいかもしれない。ただ、すくなくとも複数、異分野の知見をもっていれば、スキルの掛け算はできる。さらに、一つの会社ではなく、複数のコミュニティに属し、異なる発想を摂取しなければならない時代に私たちはいる。いま属する業界だけではなく、積極的に他業界の情報収集が必要だ。

②つまらないβ主義

かつて、「リーンスタートアップ」が流行した。これは単純にいえば、商品を未完成の段階で市場に出し、顧客からのフィードバックを受けながら改善していくものだ。これはβ主義ともいうべき態度だ。

しかし、これだけ市場に参入する企業が多くなってくると、むやみやたらに商品を発売してもうまくいかない。顧客の声を得るにいたらない。もちろん撤退すらその速度で繰返していって、いつかは当てる多動力、出たとこ勝負力は重要だ。

ただせっかく多動力を発揮するなら、同時に、勝負する領域についてデータを徹底的に調べ、仮説に基づいた未来予想をもって進むにこしたことはない。すくなくとも時代の流れに反していなければ、反応はある。努力は比較的に報われる。

新規事業への参入時に、「既存の技術を応用したもの」「新規の技術を開発するもの」という軸と、「これまでの業界を攻める」「新たな業界を攻める」という軸がある。もっとも良いのは、「既存の技術を応用したもの」で、「新たな業界を攻める」ものだろう。成熟産業であるほど、イノベーションが進んでいないから、新たな技術でそれまでの常識を覆せる可能性が高い。その意味でも、他業界の動向は、ビジネスチャンス発想のきっかけになるだろう。

こういった態度は、世界を激変させるような0→1を創造するわけではない。ほとばしる情熱でサービスを作ってニーズを新規創造するわけでもない。ある意味「つまらない」態度かもしれない。しかし、実務家や凡人にとって、経営・ビジネスとは負けないためのゲームだから、これは大事な態度だと私は思う。

③目指すは「何屋さんかわからない」仕事

とはいえ、業界横断知識をもつことは、〝つまらない〟金儲けだけにはとどまらない。これからの価値創造は、そういった立脚点のふらふらした個人から生じるのではないだろうか。

かつて、コンサルタントを名乗る私に、「カタカナ職業のひとは信用しないようにしている」とあからさまにいうひとに出会った。ぱっと何をしているひとかわからなければ、〝うさん臭い〟そうだ。

私はなんの資格ももっていない。それは狙ったわけではなく、資格の必要性がわからなかったからだ。ただ結果からすると、カテゴライズされた価格テーブルに乗らなかった。「中小企業診断士」「社会保険労務士」「行政書士」と名乗ってしまうと、企業にとって、その士業に支払う価格レンジが決まってしまう。

いや、価格テーブルなど、実は些末なことだ。知が多様に広がっていく世界――違う言葉で「複雑系」といってもいい――においては、ジャンルの横断、越境、溶解が必要だ。まわりを見てみればいい。現在、社会を切り取っているひとはどんな職業に当てはまるだろうか。一つだけに当てはめられはしない。

科学者で、経営者で、アーティスト。写真家で、コンサルタントで、大道芸人。会社員でありながら、マンガを販売し、社会についてメディアで発言する――といったことが起きる。テクノロジーを感情で語ったり、世界のリアルな経済状況を旅しながら語ったりする。そんなハイブリッドな知が求められている。

それは世界がもはや、一つの知からの堅苦しい解釈を忌避しているように私には思われる。新商品創造にも、事業開発にも、異質なる観点が必要なのだ。目指すは「何屋さんかわからない」仕事といってもいいすぎではない、と私は思う。

これから20年分、20の業界をとりあげる。本書が、好奇心を満たすだけではなく、読者が変わりゆく世界に身を投じ、批判的な思考を通じて、これからの稼ぎ方、これからの闘争を遂行する起点になればうれしい。

未来の稼ぎ方／目次

図版・DTP　美創

2019年

セブン-イレブンが沖縄進出。大手3社が日本制覇

コンビニが飽和へ。ポストコンビニが本格化

P　Politics（政治）

行政で買い物難民の対策が進む。民間事業者等への費用補助や助成等の支援が加速する。

E　Economy（経済）

コンビニエンスストアが47都道府県制覇へ。需要は伸び悩み、既存店の客数や売上高は減少傾向にある。いっぽう、中食化が進み、コンビニで惣菜を買う女性客やシニアが伸び、これからの成長分野。

S　Society（社会）

単身世帯数は伸びるものの、大家族は減少傾向。

T　Technology（技術）

オムニチャネル化により、シームレスな消費者との接点が生まれる。店舗注文→自宅受け取り、ネット注文→店舗受け取り、などの多様化が進む。

変化の特徴

コンビニは文字通り全国津々浦々に出店が完了し、飽和状態を迎える。とくに既存店では伸びの鈍化が見られる。コンビニにとって女性とシニアは新顧客層であるため、同層をねらった商品開発や、チェーンでありながら地方色を出したコンビニが望まれる。

またシニアのうち、自由に買い物ができない、いわゆる買い物難民は深刻さを増しており、地域の郵便局にかわる「御用聞きビジネス」として、コンビニは生き残りを図る。

コンビニ誕生の歴史的必然と限界

日本の家は「ウサギ小屋」と呼ばれる。これは、ヨーロッパ共同体が1979年に出した非公式報告書『対日経済戦略報告書』を起源とする。しかし、ウサギ小屋とは、かならずしも下に見た表現ではなく、また、狭いからでもなかった。むしろ、住生活を演出する家具が貧弱すぎる点を指していた。

そのうえで、私が興味深いのは、「ウサギ小屋」なる単語を、日本人が自ら進んで自虐的な意味で使いだしたように思えるからだ。海外からこう言われている、と卑下したかのような自己肯定に「活用」された。

　私も、妙に広いホテルだと一人で居るのが落ち着かない。また、現在では減築がブームだ。広大な土地を有していても欧米のような豪邸を建てるひとは少ない。むしろ、私は日本人がミニマムな生活を選んできたのではないかと思う。

　かつて黒川紀章さんは、日本人が自動車のなかにぬいぐるみを置いて住空間のように使うのは、自動車を第二の居住空間と位置づけ、それによって銭湯だとか商店に移動し、街全体で共生しているからだと説いた。家という空間はミニマム化しても、外部との接点を増やして生活空間を拡大していく。

　その観点からいえば、自動車すらも不要な近場になんでも揃うコンビニが日本中に広がるのは当然だった。コンビニの発祥には三説あり、大阪マミーとする説（昭和44年）、ココストアとする説（昭和46年）、セブン-イレブンとする説（昭和49年）がある。どの説をとっても、スーパーマーケットにくらべてコンパクトな店作り、ならびにワンストップでさまざまな商品を買えるようにした点に特徴がある。ちなみに、セブン-イレブンの1号店で、開店後はじめて売れたのは、店主もまさかと思ったサングラスであった事実は象徴的だ。

　しかし、その利便さも、競争過多と出店過多により、限界を迎えつつある。

ついにコンビニは飽和を迎えるのか

２０１９年にセブン-イレブンが沖縄への出店をおこなう。これで、いわゆる大手３社（セブン-イレブン、ローソン、ユニーファミリーマート）は47都道府県すべてに出店することになる。近くにあると便利なコンビニは、これまで「〇万店飽和説」を常に打破してきた。「3万店飽和説」「4万店飽和説」をそれぞれ突破し成長してきたコンビニだが、５万店を突破してからの足取りは重い。

現在、コンビニは約5万5３００（２０１７年12月時点）店あるいっぽうで、世帯数は５３４４万８６８５世帯となっている（平成27年国勢調査）。調査時期はズレているが、おおむね、９７０世帯に一つのコンビニがあることになる。

これは数として多いといえるのだろうか。まずは、売上高を比較してみよう。そこで、日本チェーンストア協会に属するスーパーマーケットの売上高と、日本フランチャイズチェーン協会に属するコンビニの売上高推移を比較してみた。業界では、13兆円の壁といわれており、スーパーマーケットは13兆円の壁から飛躍できずに横ばいに甘んじている。それにたいして、コンビニは緩やかながらもスーパーマーケットに近づいている。

売上高比較

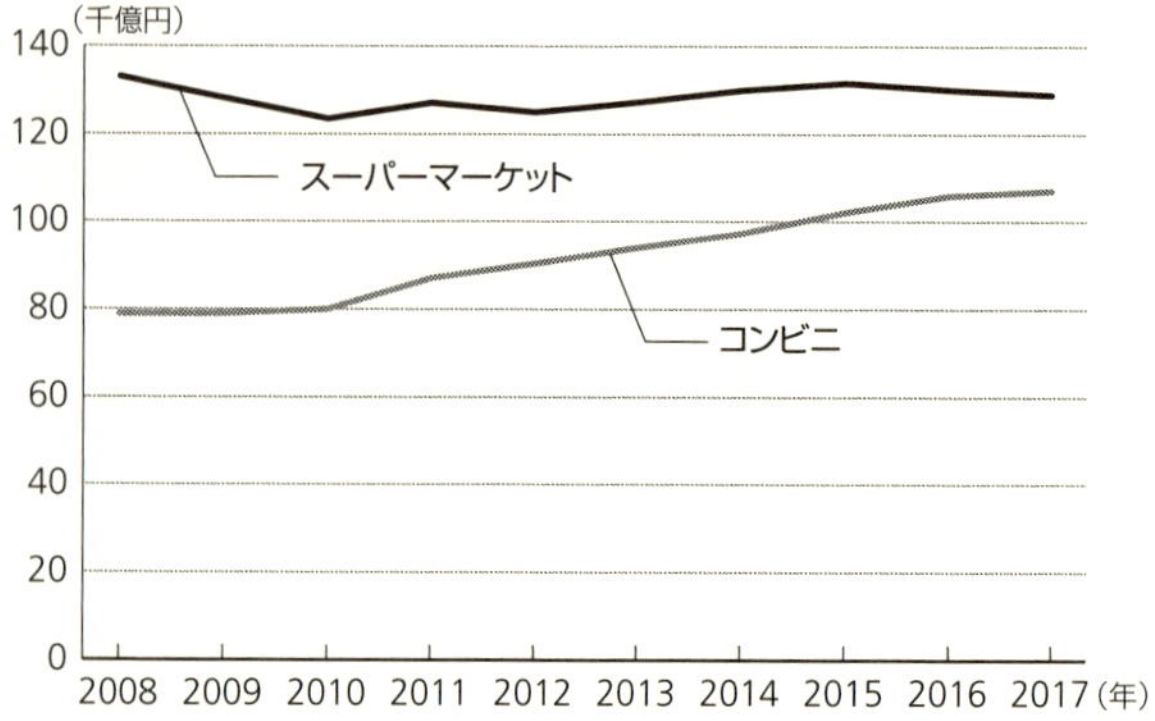

資料:日本フランチャイズチェーン協会

既存店前年比(売上高)

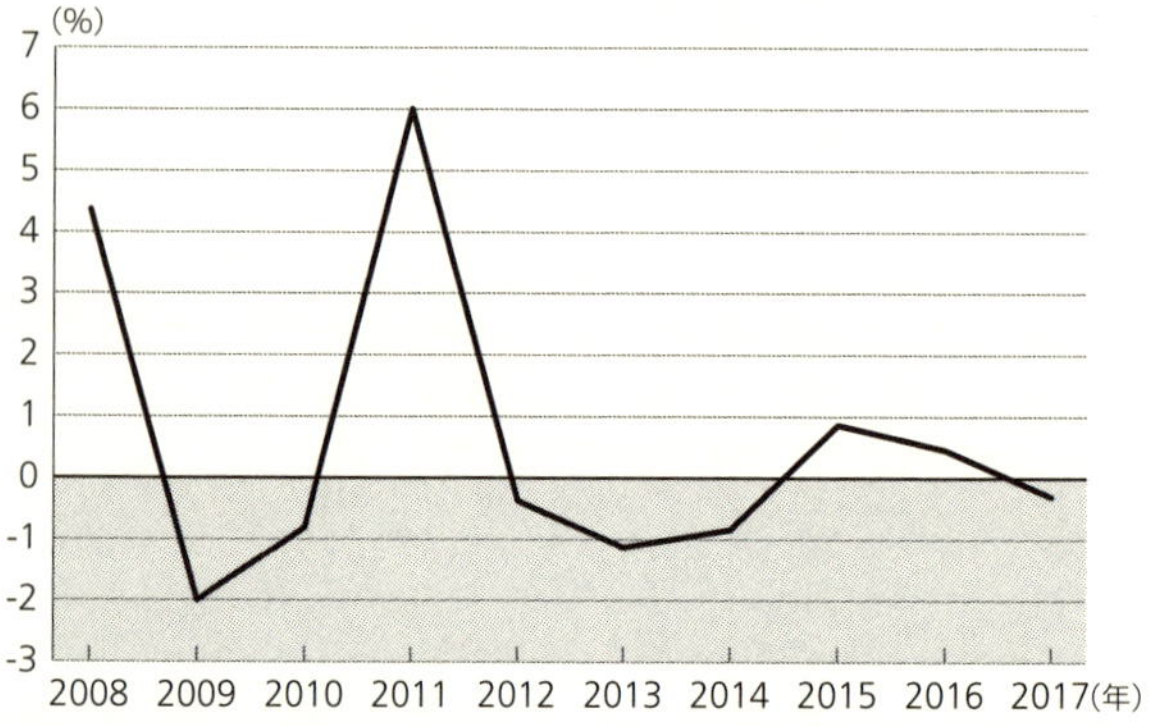

資料:日本フランチャイズチェーン協会

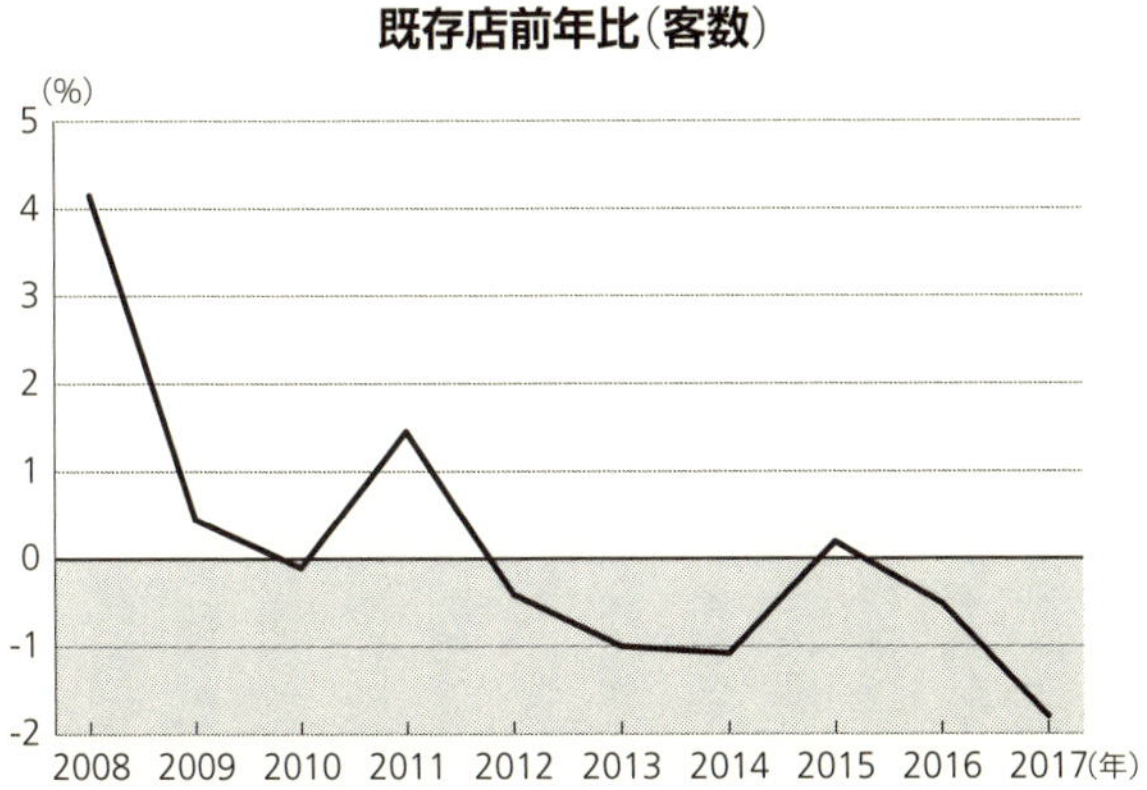

資料：日本フランチャイズチェーン協会

しかし、日本の総人口は増えるわけではなく、むしろ減少傾向にある。パイの取り合いになっており、厳しい状況が続く。たとえば、既存店ベースの前年比売上高を見てみよう。

低成長が見て取れる。新規店をオープンすることで、売上高を伸ばそうとしているものの、既存店の売上高はマイナス、あるいは低成長が続いている。

同時に、既存店の客数も見てみた。

こう見ると、カンフル剤となる新商品と他業態からの販売商品カテゴリーを増加させることで客単価をなんとか伸ばしているコンビニ業界だが、既存店の客数はあまり増えていないとわかるだろう。

コンビニエンスストアの登録件数と単身世帯数の推移

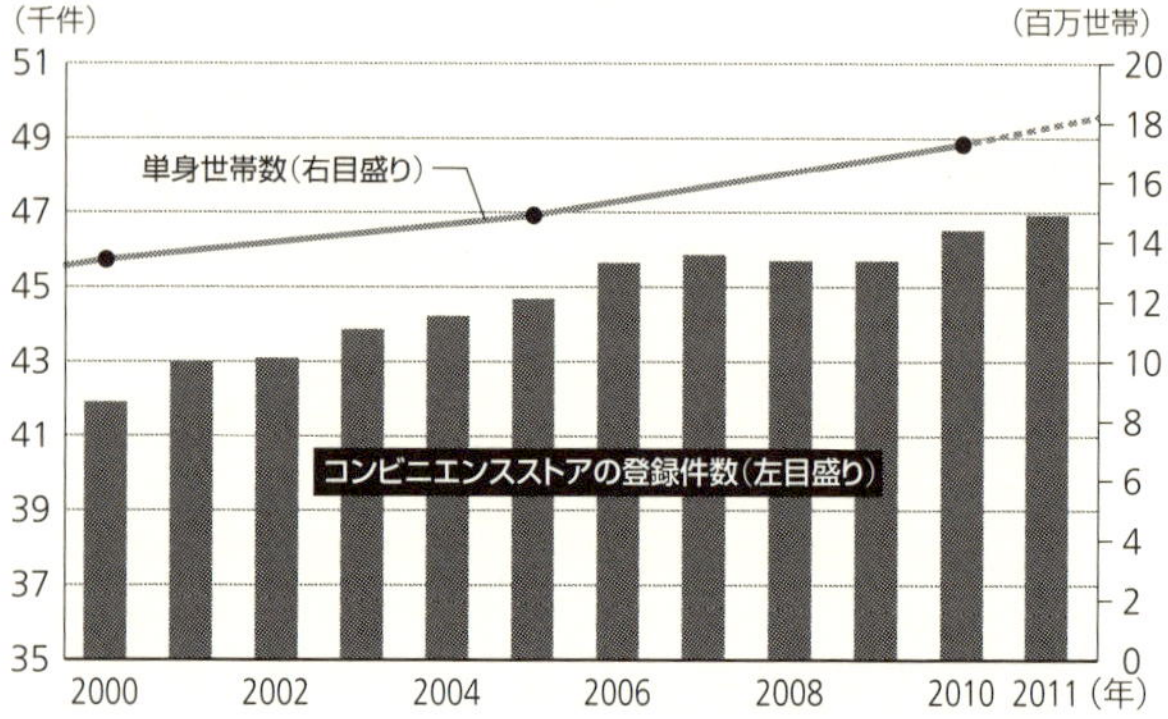

資料:「タウンページデータベース」(NTT東日本、NTT西日本)、「国勢調査」(総務省)平成12年、17年、22年

単身世帯の伸びとコンビニエンスストア

ここでデータを見てみると、たしかにコンビニの歴史上、単身世帯の伸びに応じて出店数を伸ばしたのがわかる。日本の人口は減るといわれつつも、単身世帯が増加し、それにしたがい小口需要が増えていったのだ。

しかし、総務省等の予想によると、この世帯数の伸びもピークを迎える。コンビニにとっては、厳しい時代が到来しようとしている。

コンビニが講じる対策

たとえば、株式会社セブン&アイ・ホールディングスの2017年2月期　決算説明会資料(経営方針)によると、利用者の比率が大幅に変わったことを示している。約10年間で、女性

総人口と一般世帯数

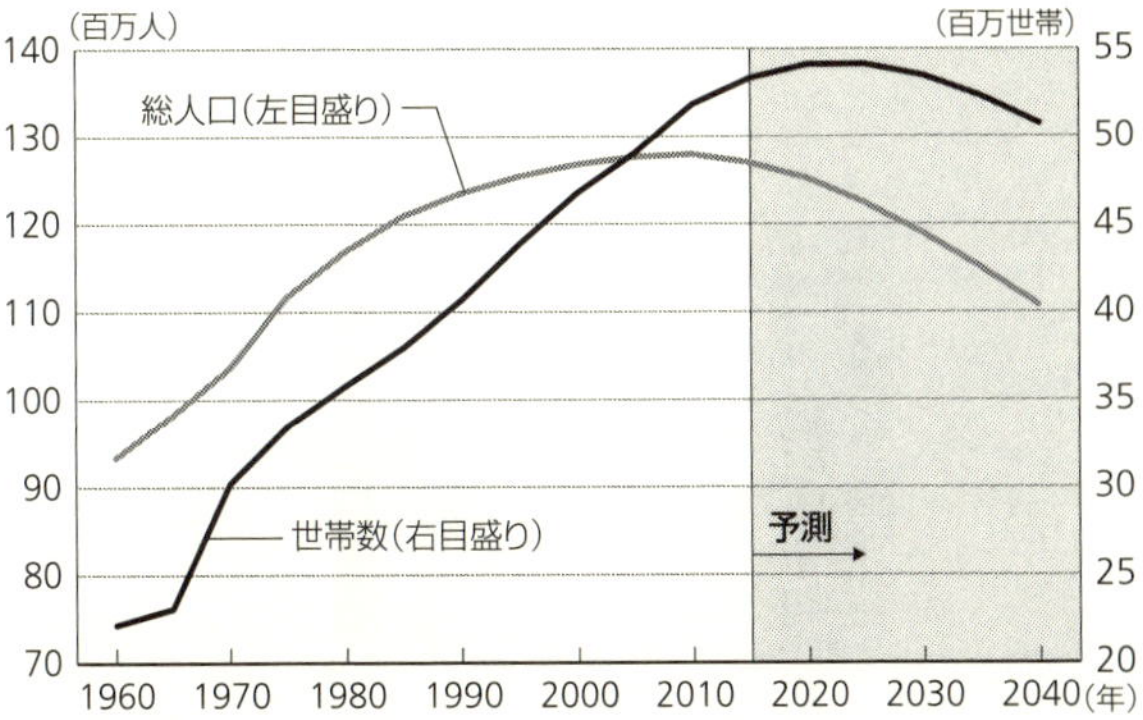

資料：総務省、予測値は国立社会保障・人口問題研究所の優位予測

のコンビニ利用比率が5％ほどあがり、半数の利用者はもう女性になっている。

女性に加えて、とくに高齢者の伸びは突出している。だから、それを示すように、酒類や雑誌の売上は激減するいっぽうで、冷凍食品やカウンター商品は、中食として、この層の消費者が買い求め大幅な伸びとなっている。

多くのコンビニも、女性とシニア、という二つの軸は欠かせないだろう。これからの商品やサービスも対象として考えられる。

また、コンビニの入口近くには雑誌コーナーがあるとよくいわれる。なぜならば、立ち読みするひとを外部に晒すことによって、道行くひとに訴求するからだ。しかし、いまではかならずしも正しくない。新店舗設計の思想では、入

客層の変化

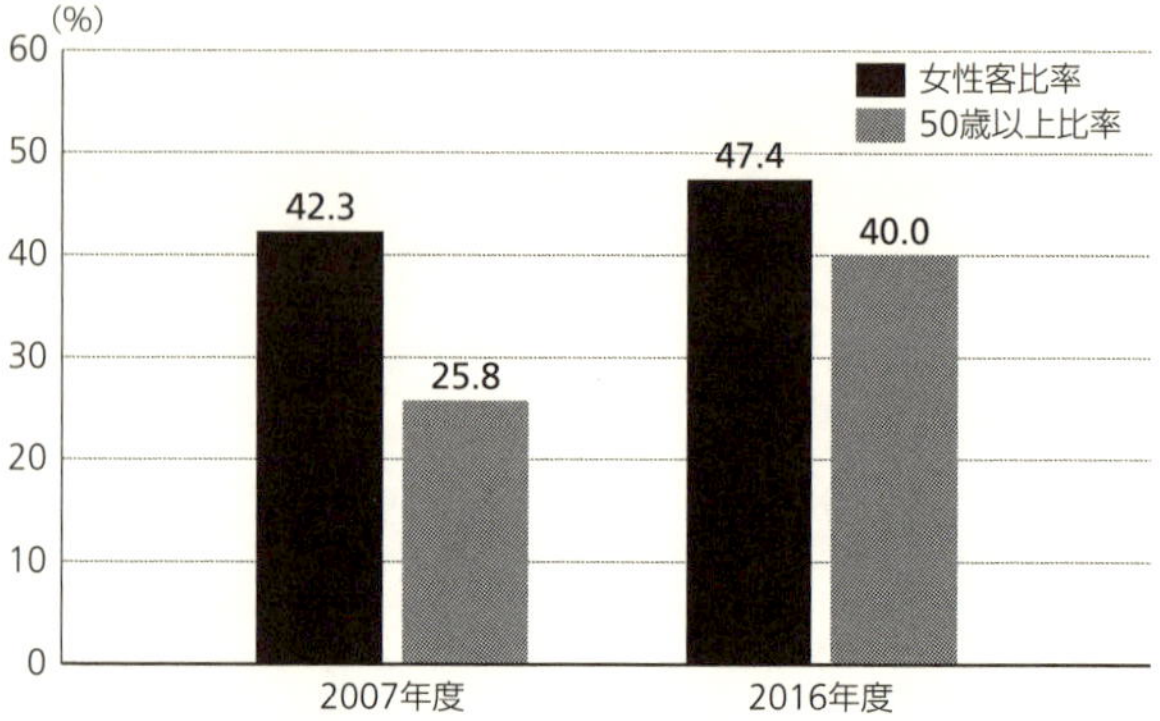

口の近くに雑誌コーナーをむしろ置かず、イートインコーナーを拡充している。雑誌を読むひとではなく、中食を食べるひとが訴求力をもつのだ。あるいは冷食といわれる冷凍食品を入口近くに大胆に配置することで、食のコンビニをアピールしている。

コンビニと買い物弱者問題

もちろん、コンビニの役割が終わったわけではない。コンビニは全国津々浦々にある、最強の小売店であるのは間違いない。地方の過疎化が進んでいるなか問題となっているのは、買い物弱者だ。高齢者等を中心に食料品の購入や飲食に不便や苦労を感じる方のことで、自動車などのモビリティをもっていない、あるいは運転できない場合は、

対策が必要な市町村数

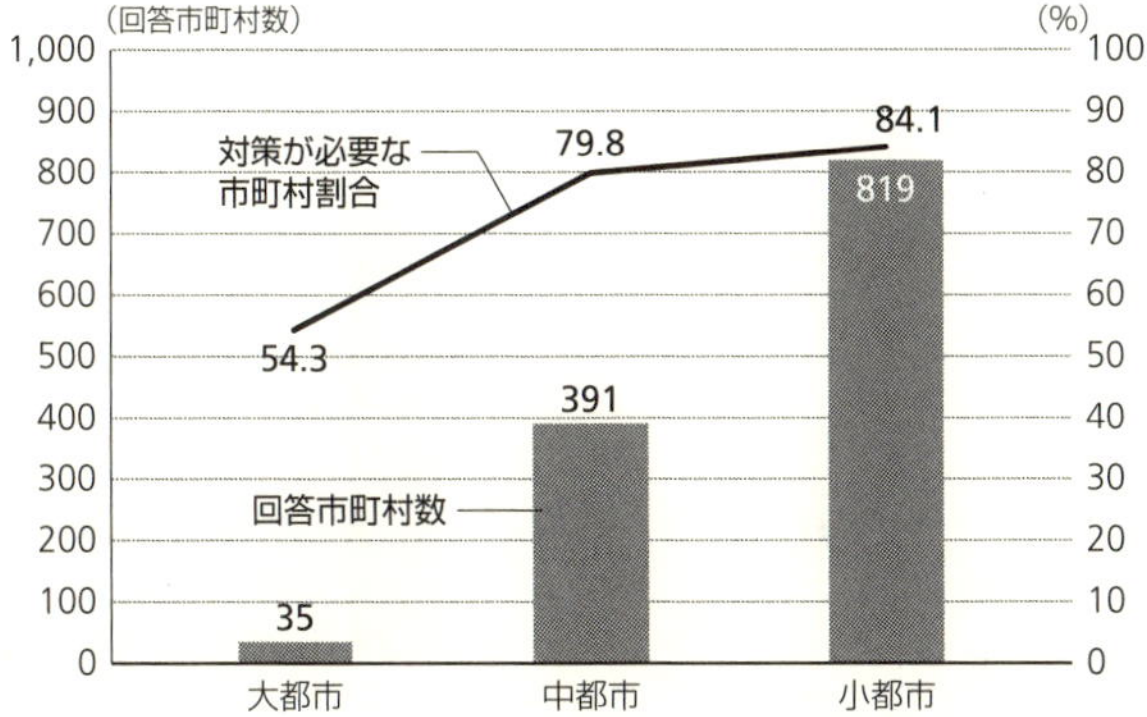

文字通り買い物ができなくなる。

そこで農林水産省は調査に乗り出している。まず、定義として「大都市：政令指定都市及び東京23区」「中都市：人口5万人以上の都市（大都市を除く）」「小都市：人口5万人未満の都市」とするならば、都市が小さくなるほど対策の必要性が高まっている。

すぐに考えられるのは、買い物弱者にたいする配送サービスだ。くわえて、単身世帯の増加や、シニアの増加を考えるならば、商品の小型化は欠かせない。また、それは、全国の消費者に、ただただ大量の商品を提供するのではない。もちろん、各社ともプライベートブランドの拡充に努めているが、同時に、地域限定商品の劇的な拡充を目論んでいる。地域限定商品の比率は、将来的に全商品の半分くらいに引き上げられるだろう。地域の特性を考慮したうえで、各店舗では、商品仕入れをかなり細かく実施する。かつてはコンビニによって地域文化が損なわれるとも懸念されたものの、現状は、その逆に進んでいるのである。

POSの支配から御用聞きへ

コンビニは日本の消費実態を調べる実験場となってきた。POSが導入されたのも、バーコードが商品に印刷されるようになったのも、コンビニが起点だ。それまで商品の仕入れは、KKDH（勘・経験・度胸・はったり）に支配されていた。何個くらい仕入れるか、そしてそのタイミングは個々人まかせだった。しかしコンビニにある3000～3500アイテムのすべてについて、誰がいつ何をどのくらい購入しているか確認すれば、効率的な仕入れができる。

セブン-イレブンが他に先駆けてPOSシステムを導入したのが1982年だ。売れ筋を見つけるだけではなく、「絶対性」を目指す同社にとってPOSは、どのような売り方で最大にさばけるかを検証する武器だった。当時の資料を読むと、POSデータを分析し、売れなかった理由を希求するさまが描かれている。

日本のコンビニ黎明期に書かれた記事を読むと、むしろ先発の米国の遅れを指摘するものが目立つ。米国は土地代が安く、在庫商品の増加に躊躇がない。それにたいして、土地代の高い都心部から発進した日本のコンビニは在庫数に敏感にならざるをえなかった。

効率化を極限まで目指し、日本のカイゼンと組み合わせ、最適時点での仕入れ、商品品質の向上、商品の品揃え強化、etc.……、はお家芸として成長し、ついには米国のセブン－イレブンを日本が買収するにいたった。

冒頭で、黒川紀章さんの意見を紹介した。日本が移動国民として、居住空間などをミニマム化する代わりに、コンビニが冷蔵庫や倉庫の代替として活用されていたとすれば、その飽和は近づいている。やや話を変えるようだが、「クロネコヤマトの宅急便」の創始者・小倉昌男さんは、かつてヤマトの営業所を検討する際に、1200という数字を割り出した。これは警察署の数だ。おおむね一つの拠点が見られる範囲で、全国1200店が導かれた。

コンビニは現在、6万店ちかくある。この数に見合う新役割が期待される。考えられるのは、移動「される」側ではなく、移動「していく」側だ。つまり、黒川紀章さんの論を引いたとおり、日本人が移動する先としてコンビニが期待されていた。しかし、そもそも日本人が移動できなくなるのだ。買い物難民の救済をも含めた国内インフラとしての役割が期待されるだろう。

たとえば、モノのインターネットが発達すると、家のデバイスはつねにネットにつながる。そうすると、冷蔵庫などは家庭に無償配布されるだろう。冷蔵庫から飲料の減り具合のデータが通知されれば近くのコンビニからの配送で自動補充される仕組みだ。コンビニはそのマージンで冷蔵コスト分を補充できるし、健康的なメニューも提案できる。それはまさに御用聞き2.0ともいうべきビジネスの萌芽である。

2019年に起きる変化

・コンビニが飽和する可能性が高い

考えておくべきこと

・同一陳列品の大量販売モデルが終了したあとの新たなビジネス機会

こういうものが売れる

・シニアへの買い物代行・配送サービス
・地方部に特化した御用聞きサービス
・地方オリジナル商品

稼ぎ方

ネオ御用聞きとしてひたすら便利を追求する

これまでコンビニはあらゆる業態を飲み込んで成長してきた。酒屋の代替としてはじまり、弁当屋、本屋、日用品店、郵便局、そしてスーパーマーケット。さらに、カフェやドーナツショップとしての性格をもち、またイートインを設けてファミレスの代替も図ってきた。ネット通販の受け取り場所としても活用されている。さらにはコンビニは、ストーカーなどからの逃げ場となり、保護施設としての役割も担ってきた。その保護女性・子ども・高齢者総数は年間2万人を超える。

さて、今後コンビニの役割は、どうなるだろう。

コンビニの魅力は、その即時性にある。ぱっと行って、ぱっと商品を選択して、ぱっと帰れる。だから、その利便性がなくなるとは思わない。ただ、もはやインフラとなったコンビニの施策として、私は大きく三つあると思う。一つは、ネオ御用聞きビジネス、二つ目は、非同期対応。三つ目は、さらに徹底した多様化対応だ。

1．ネオ御用聞きビジネス：高齢化すると、前述の通り買い物難民が増える。コンビニは、シニアの元に、商品を届けるようになる。単に運ぶのではなく、簡単な会話でも重ねれば、シニアのニーズがわかる。フェイスブックやグーグルは、ネット上のさまざまな個人情報を有するものの、まだネットにアクセスしていないひとの多数のデータがある。非ネットの情報はコンビニが収集し、それが次の提供サービスにつながる。

コンビニがハブとなり、一人暮らしのシニア同士をつなげるサービスも考えられるだろう。実際に、大型スーパーでは、シニア同士の憩いの場を創出するために、店舗に将棋盤や碁盤を置いたりしている。さらには、一緒に人生を遂げるためのパートナー紹介もありうるかもしれない。

商品を届けに来たコンビニ店員から「今度、こんな催しがあるので来てみませんか」とシニア同士の交流会に誘われたら、それは抗いがたいように感じられる。さらに進んで、コンビニが、葬儀の斡旋も行う。
2．ひとびとの非同期対応：あらためて強調する必要もないが、コンビニは24時間営業を基本とする。コンビニは荷物の受け取り、配送の拠点となっている。現在は、ライフスタイルが多様になり、個々人が非同期している時代だ。荷物を届けるひとが、受け取るひとの在宅時に合わせることは難しい。だから、その24時間営業を強みとし、いつでも届けられる、受け取れる、受け取りロッカーとしてのサービスが拡充するだろう。
黒川紀章さんは、人類が移動することで新たな価値を創造すると予言していた。現代では、ひとびとが仕事で世界じゅうを飛び回ったり、自由に旅行したりするのが当然となっている。そこで、民泊が登場した。コンビニは、鍵の受け渡しを仲介することになるだろう。

コンビニは銀行の営業時間中に公共料金を払えないひとたちの納付場所として機能してきたし、プレイガイドの開店中にチケットを購入できないひとに代理販売も行ってきた。行政の代わりに、証明書等の自動交付もやっているほどだ。次は選挙時の投票を担うべきだろう。

コンビニは家庭の外部化によって成長してきた。あれだけの飲料や食材の品揃えは、冷蔵庫の外部化といえる。またお惣菜やお弁当は、キッチンの外部化といえるかもしれない。金庫はコンビニATMが担っている。

3．さらに徹底した多様化対応：コンビニはお客の嗜好の多様さに応えてその利便性を向上してきた。だから、多様なお弁当や食材が並ぶ。ただ、毎日コンビニで買い物をしているヘビーユーザーには、来店とともに、最適なお弁当を提案してほしい。

また、コンビニはお弁当のカロリーを表示してくれている。ただ、私など、なぜ500キロカロリーもあるのか、もっとご飯の量を減らしてくれ、と思うことが少なくない。逆に、これに一品を足してほしい、とも。

現在、コンビニではセントラルキッチンや工場で調理し、それを各店舗に送る。究極的には、店舗に食品3Dプリンターを設置し、希望客にはカスタマイズしたお弁当を作ってあげればいい。あるいは、その日にクックパッドで人気の料理をお弁当化してくれたら、私は買う。

そういえばコンビニは、なぜ、週5日日替わりのお弁当を提案してくれないのだろう、と私は思う。栄養素や好みやカロリーも含めて、具体的に提案してくれれば、ずっとそこから買ってもいい。

コンビニエンスストアは存続のために、コンビニ＝便利、をつねに向上しつづける宿命にある。

2020年

自動運転車が走り出し、自動車産業は転換期を迎える

自動運転はピークの象徴、ハードからサービス化の流れ

P Politics（政治）

経済産業省主導で推進されてきた自動運転の実用化が始まる。高速道路、一般道路で、部分的に運転が自動化した自動車が走る。

E Economy（経済）

自動車保有台数の飽和が世界各地で起きはじめ、自動車メーカー各社はサービス事業を本格化する。カーシェアリング事業者の増加。

S Society（社会）

自動車を保有する文化から、都度利用意識が高まる。デザインは意識されなくなる。また自動車メーカーのブランドより、サービス提供事業者のブランドが重要となる。

T Technology（技術）

自動運転技術の発展、センサー技術、スマートフォンと連携したマッチング技術の進化。

変化の特徴

2020年には自動運転車が本格始動することになる。この自動運転はシェアリングサービスの連携など、さまざまな応用が考えられるため、各社とも開発を急いでいる。同時に自動車メーカーは新車販売の限界を全世界的に迎える。ハードを販売するビジネスモデルから、ソフトを販売するビジネスモデルに大幅転換する必要がある。

自動車の誕生とピーク

1880年代のドイツでカール・ベンツと、ゴットリープ・ダイムラーが現代の原型となる自動車を設計し試作した。いわゆる四輪自動車として誕生したのは1886年で、それから約130年が経った。ドイツではなく、流行は富裕層のフランス人らが発祥で、フランスの商社がそれを広めた。フランスには馬車製造のサプライヤが点在しており、自動車産業の勃興を支えた。

それから数年遅れ、とはいえほぼ同時期に、米国でも自動車の開発が進められていた。オバマ前大統領も「自動車を発明した国は、自動車（産業）を見捨てることはできない」と誤解するほどだった。米国では広大な国土を移動する手段として自動車需要が劇的に盛り上がり、社会のあり方や生活様式もクルマを中心としたものになった。作家のジョン・キーツは米国人がクルマなしにはいられない状態を自動車と恋に落ち結婚したと表現した(『くたばれ自動車』1965年)。

その結婚生活はさまざまな子どもを産み出した。1908年にはフォードがT型フォードの販売を開始し、ベルトコンベアーによる大量生産方式の確立、低価格販売と割賦販売方式の採用によって急拡大をとげた。この過程で、工場作業者の作業を細分化したり、効率を追求したり、といった現代では当然の管理手法が開発された。1920年代には馬車製造会社の社長だったウィリアム・デュラントの設立したゼネラル・モーターズが自動車製造でも台頭し、その後、クライスラーとともに米国の自動車黄金時代をつくっていく。

その後、自動車産業は日本にも伝播し、トヨタ、日産、ホンダといった現代の大企業を生んだ。1950年代にトヨタはフォードを見習い独自の生産システムを構築し低価格・高品質の製品をつくりあげ、さらにホンダは1970年代に当時もっとも厳しい環境基準だったマスキー法をクリアするエンジンを開発し、環境にも配慮した製品で躍進の礎をつくった。

米国メーカー側も紆余曲折ありながらグローバルに展開し、そして、多くの企業が参入しつつ、自動車は最大の産業に成長した。自動車は無数の部品を要する製品であり、産業の広がりからも注目された。現在、国内では自動車関連企業で550万人が働いており、総労働者数の10％弱にもなる。さらに出荷額では製造業の約2割を占める。

最初の自動車は時速が16㎞しか出なかった。20世紀初頭、走るたびに故障していた自動車は、ときに歌になっていた。それが2020年、自動運転車までが投入されることになった。この自動運転は、今後の命運を握る切り札として期待されている。世界で自動車市場が拡大するなか、この自動運転を巡って、自動車発明以来の技術革新として各社がしのぎを削っている。自動運転技術をおさえれば、さまざまな応用が利くだけではなく、技術がデファクト・スタンダードとなれば世界を制覇できるからだ。

この自動運転は自動車産業における一つのピークの象徴であり、また、ここからゆるやかに衰退を迎えるだろう。

日本自動車業界の焦燥感

日本国内では若者のクルマ離れが叫ばれている。また、高齢ドライバーの事故が社会問題としてとりあげられる機会も多くなり、一部では、免許の強制返納を求める声もある。

日本自動車メーカーの生産推移

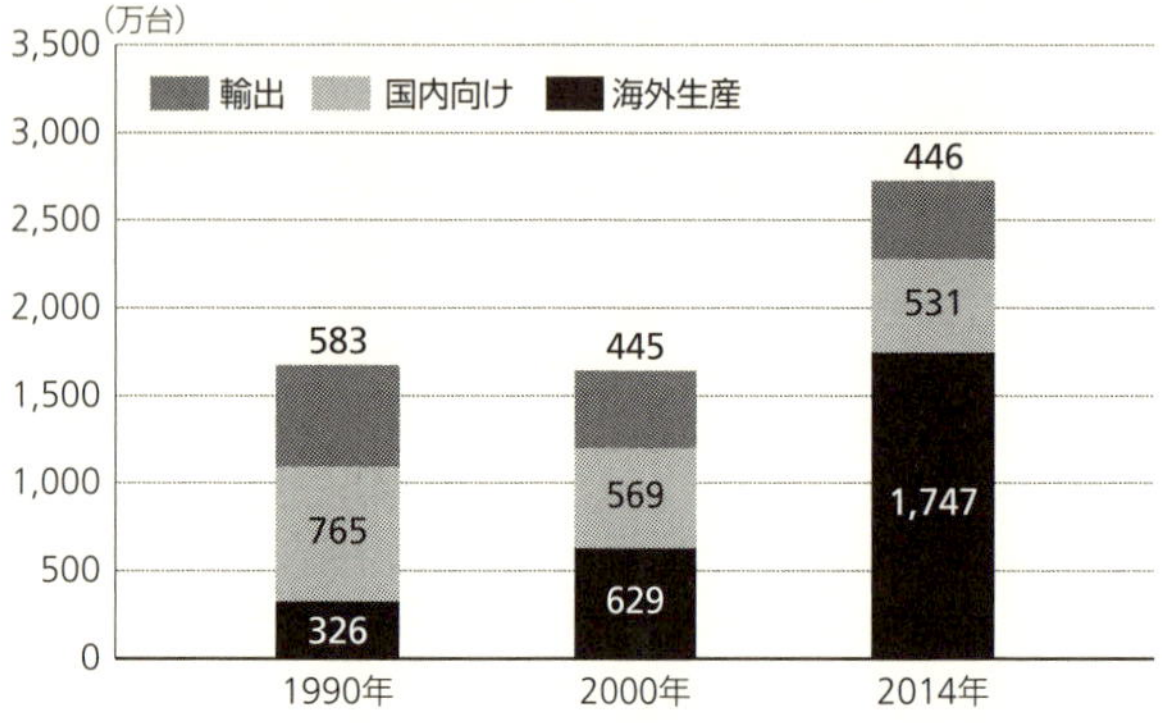

資料：経済産業省

かつて「いつかはクラウン」といわれ、所得の増加とともにハイクラスを所有する対象だった自動車だが、もはや「いつかはレクサス」とはいわず、むしろ「いつかはハイスペックスマホ」のほうがしっくりくる。

かつて自動車産業では「人口1億人現地生産説」があった。これは人口が1億人を突破した国では、自動車関連の部品がすべて調達できるようになるという意味だ。米国、中国、インド、そして統合したヨーロッパ。日本は米国に次ぐ自動車国として栄華を誇ってきた。ただ、1990年から約20年の推移を見ても、国内向けの販売台数は765万台から500万台程度へと激減している。

国内販売の低迷にくわえ、外貨を稼ぐ手段だ

四輪車輸出台数

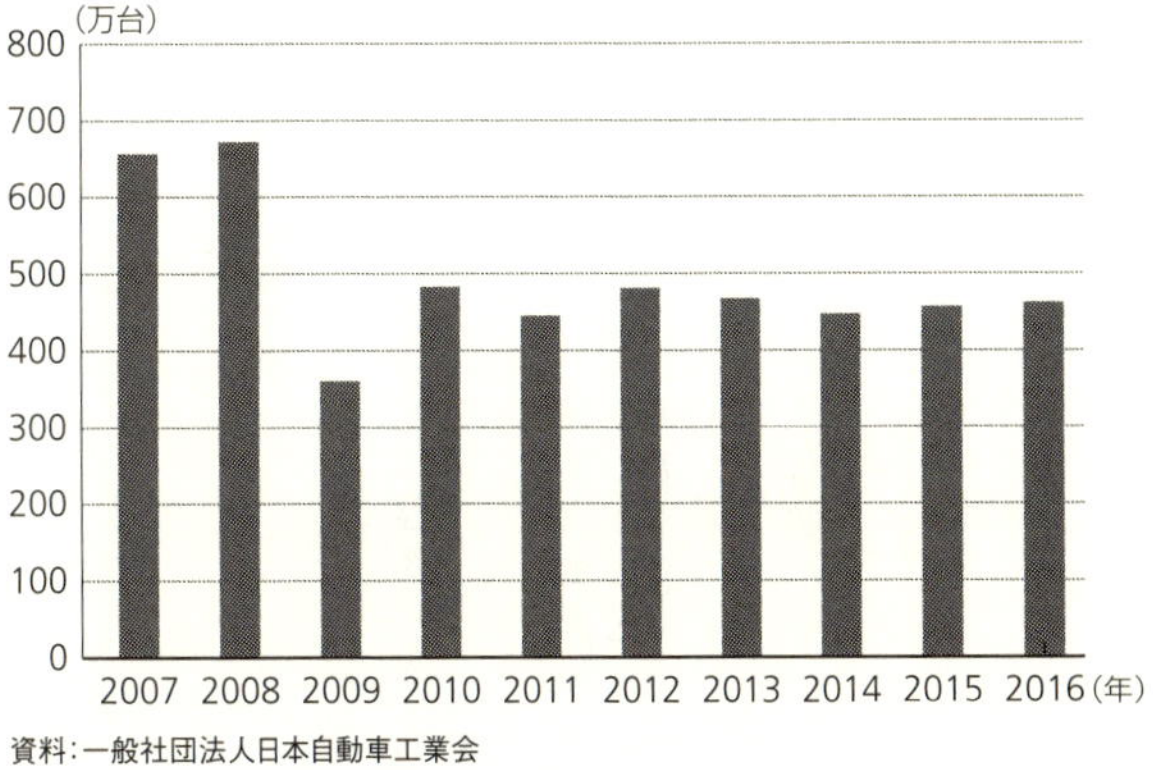

資料：一般社団法人日本自動車工業会

った輸出も低迷している。もちろん海外生産は拡大しているものの、その海外では競争が激しい。テスラなど新興勢力の拡大、グーグルなどＩＴ企業をはじめとする異分野からの攻勢に、日本の自動車メーカーは強い危機感をいだいている。

自動車を自動車ととらえず、モビリティを実現するもの、とシンプルに考えればガソリンエンジンのような熟練を必要としない電気モーター駆動でいいし、ＧＰＳとＡＩを使った運転支援もできる（純正カーナビにくらべると、グーグルマップはなんと使いやすいことだろう！）。海外勢が一気に業界を塗り替えるかもしれない。とくに自動運転車は、宅配や、買い物難民支援にも使えるし、災害時の物資配送、工場内の資材搬送にも活用できるだろう。この闘いに負けると自動車産業、ならびに、傘下の企業群も大きな影響を受ける。

自動運転のレベル

自動運転といっても、いくつかのレベルがある。定義は、国や企業によって微妙に異なるが、ここでは経済産業省の定義を採用する。

・レベル1：運転支援／システムが前後・左右のいずれかの車両制御に係る運転タスクのサブタスクを実施
・レベル2：部分運転自動化／システムが前後・左右の両方の車両制御に係る運転タスクのサブタスクを実施
・レベル3：条件付運転自動化／システムが全ての運転タスクを実施。システムの介入要求等に対して、予備対応時利用者は、適切に応答することを期待
・レベル4：高度運転自動化／システムが全ての運転タスクを実施。予備対応時において、利用者が応答することは期待されない

ここで経済産業省が目指しているのが東京オリンピックが開催される2020年だ。

「高速道路においては、２０２０年までに、運転者が安全運転に係る監視を行い、いつでも運転操作が行えることを前提に、加減速や車線変更が可能なレベル2を実現」としており、「一般道路においては、２０２０年頃に国道・主な地方道において、直進運転のレベル2を実現」としている。

私は、自動車をこれまでの概念ではなく、モビリティを実現するものと前述した。たしかに、レベル3以上のものは、これまでと同じ自動車といえるものだろうか。象徴的なのがフォルクスワーゲンで、モビリティサービスの会社を設立し、ＩＢＭと協業する。ハードから配車や配送にも力をいれはじめる。しかも印象的なのが設立時のコメントだ。「将来、すべての人が車を所有する時代ではなくなるかもしれない」。

モビリティサービスの時代

ボストン・コンサルティング・グループによれば、２０３５年には世界販売台数のうち、レベル4、5の自動運転車が23％を占めるようになる。自動運転はセンサー技術などを含めて、先行者利益を享受しうると同時に、諸刃の剣でもある。好きなときにクルマを呼び、自動運転車が駆けつけてくれる時代が到来すれば、自動車の販売台数は激減するにちがいない。現在、ウーバーなどのシェアリングサービスが勃興してきたが、ウーバーは2009年に設立され企業価値約8兆円と、もはやホンダのそれを超えている。

自動車は一日のうちの95％は駐車場に駐まっているといい、都市に住む場合は、自動車を所有する意味が薄くなる。実際に、バークレイズなどは、将来的に新車販売台数は40％減少すると述べている。

敵のはずの自動車メーカーが、シェアリングサービス企業と連携しているのは、自動車というハードではなくサービスでの事業機会を探すしかないからだ。前述のフォルクスワーゲンにくわえて、ウーバーとトヨタが、Lyftとゼネラル・モーターズがそれぞれ提携を発表している。その文脈で自動運転の開発も読み解かなくてはならない。

世界的飽和を迎える自動車産業

くわえて、自動車メーカー各社を焦らせるのが、近々ハードとしての自動車は飽和を迎えることだ。販売台数ではなく保有台数としては、日本に約6000万台の乗用車がある（6083万1892台）。この数字は高止まりしている。日本に約1億2000万人がいるとすれば、一人あたりの保有台数は0・5台となる。

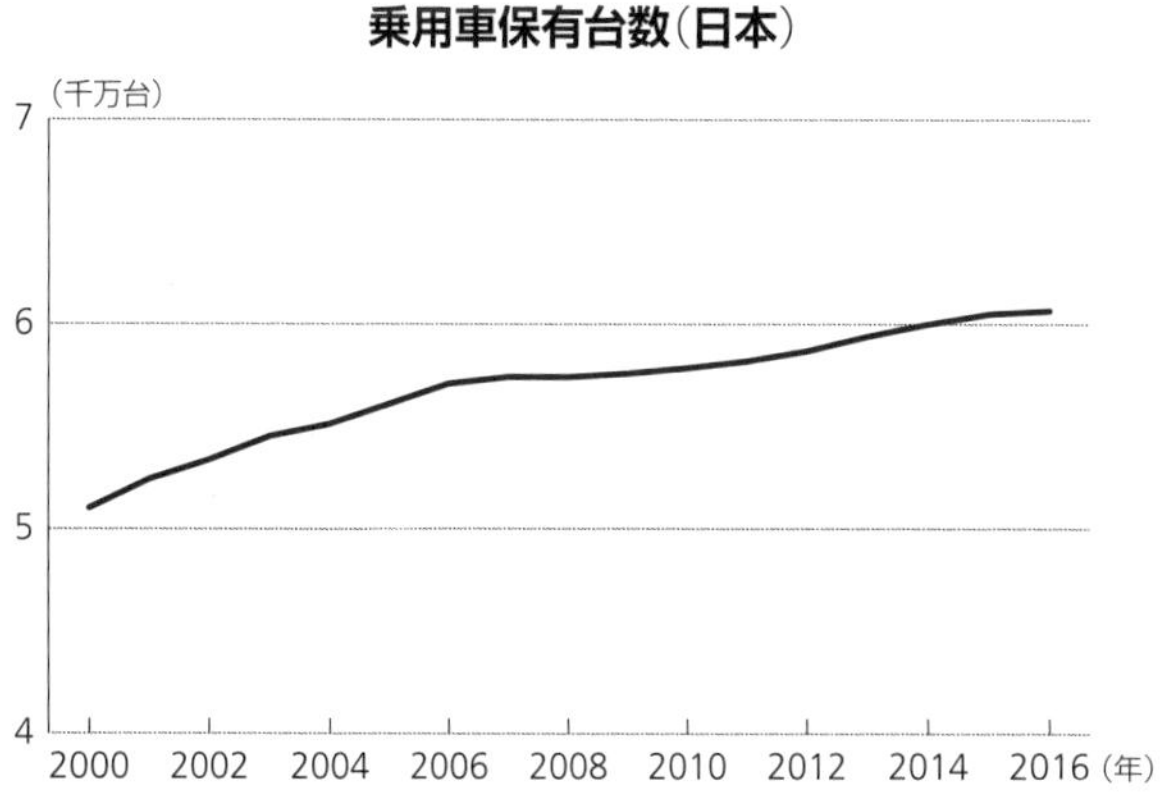

人口が増加していけばもっと増えるだろうが、現在では、急激な増加は期待できない。むしろ、人口が減少する見込みなので、国内での保有台数はゆるやかに減少していくだろう。これは日本だけの特徴ではなく、先進国といわれる国、たとえばG7各国を見てみよう。おなじく、0・5台程度で高止まりしている。

一般社団法人自動車検査登録情報協会が公表しているデータによると、乗用車の平均使用年数は12・76年となっている。さきほど、約6000万台といった保有台数6083万1892台を12・76で割ると、476万7390となる。500万台程度が国内販売といったとおり、ほぼこの数と合致する。

問題は新興国もじきにこの飽和に近づくことだ。

各国の人口あたり保有台数

	保有台数(台)	人口(千人)	人口あたり保有台数(台)
米国	126,013,540	322,180	0.391127755
ドイツ	45,071,209	81,915	0.550219239
英国	33,542,448	65,789	0.509848881
フランス	32,000,000	64,721	0.494429938
イタリア	37,351,233	59,430	0.628491217
カナダ	22,067,778	36,290	0.608095288
中国	135,119,000	1,403,500	0.096272889
インド	30,570,000	1,324,171	0.023086142

資料：一般社団法人日本自動車工業会、国際連合

中国は今後2025年あたり、アフリカも2030年くらいには保有台数が一人あたり0・5台になると考えられる。新車販売を前提とするビジネスモデルは行き詰まりを確実に迎えることになる。国内需要を喚起する減税措置も、もちろん意味がなくはないが、大きな流れにささやかに抗うものでしかない。

かつて飛行機に搭乗する際、「ボーイングに乗った」と表現した。しかしいまでは「JALに乗った」と表現する。つまり、ハードからサービス提供事業者のブランディングに移行したのだ。自動車も「トヨタ車に乗っている」から「ウーバーに乗った」と表現するのが一般的になるだろう。かつて固定電話がスマートフォンになったとき、いつでもつながることが価値になった。自動車も、いつでもアクセス=乗れることが価値になるだろう。そして携

帯キャリアが主役から、ＩＴ企業が主役になったように。サービス提供事業者が主役になる可能性がある。

自動車メーカー各社の取り組み

さきほど紹介した自動運転技術の確立。センサー技術などの開発。一見、矛盾するかのようなサービス提供事業者との連携。各社ともまずは高速道路においてレベル4を目指すと同時に、駐車場など限定された場所での自動パーキング技術を確立しようとしている。

また、自動運転については、既存の道路交通法との関係を解決する必要がある。自動運転で事故を起こした場合、誰が責任をとるのか。また、責任主体は自動運転のレベルに応じて変化すべきだろうか。賠償制度はどうあるべきか。事故のケースを想定し、民事責任がどうなるか、ユーザーとメーカー、サービス提供事業者とともに検討する必要があるだろう。

同時に、業界では、自動運転にともなって発展する付加価値領域に力を入れている。自動車から収集できるビッグデータと交通システム全体を協調させる取り組み。また走行時におけるパターン認識にＡＩを活用し、さらに安全性を高めようとする試み。また、トラック運転手不足に対応するために、隊列走行が実証される。これは、たとえば3台で並んで走る際に、先頭車のみ有人にする。

またこれからも増加が期待されるインターネットショッピングに対応した、自動運転宅配。これはいわゆるラストワンマイル対策で、各配送先の近くに到着し、トラックからは各自が下ろすイメージだ。また、最寄り駅から高齢者等を自宅まで運ぶ回送サービスも検討されている。

自動運転技術は、自動車産業の復活の象徴としてではなく、さまざまな分野に応用できる。たとえば、車椅子の技術にも応用できるだろう。また街中でパトカーを自動運転で走らせれば、警官の代わりができるかもしれない。

運転の快楽は捨てられるのか

クルマはもともと運転者は外部にむき出しだった。屋根のあるクローズ型が発売されたのは1920年代だった。これによって天候にかかわらずドライブが可能となった。そしてレベル4以降の自動運転が可能となれば、運転者はたんなる搭乗者になる。運転中から旅行中、睡眠中、同乗者との会話中になる。これまで運転手だったひとは、自動車の外を眺めずに、内側を向くようになる。そうなると自動車インテリアが注目を浴びるだろう。そして、車内でのエンターテインメントが強化されるに違いない。

そのとき、運転自体の快楽は捨て去られるのか――。

ところで自動車はなぜこれほどまでにひとびとに訴求し続けたのだろうか。もちろん、かつての米国において大陸を移動できる利便性はあっただろう。また、自動車が自由の象徴としてとらえられた側面もある。1920年代、女性たちにとっては家庭から社会へのアクセス手段と考えられた。移動＝自由だった。

ただ、他の交通手段があるにもかかわらず、自動車を積極的に選択するひともいる。もちろん歴史的には米国で自動車産業がロビー活動を続け、道路建設を加速させた点がモータリゼーション発展の背景には欠かせない。

しかし、単純に運転が面白いと思うひとはいるし、私もその一人だ。ところで、自動車愛好家のための文献ならまだしも、自動車の運転そのものについての愉悦について述べるものはすくない。そのなかで、福岡伸一さんが『できそこないの男たち』（光文社）で書いている内容はきわめて興味深い。福岡さんは、たとえば、ジェットコースターに乗る快楽を、加速度を感じる知覚にあるとする。

通常、私たちは時の流れを知覚できない。しかし巡航する時間を追い越すとき、時間の速度を感じ、快楽を覚える。「蟻の門渡りあたりから始まり、そのまま尿道と輸精管を突き抜け、身体の中心線に沿ってまっすぐに急上昇してくる感覚。(中略) アクセラレーション。それは文字どおり落下だけではなく、アクセルを踏み込んだときに現れる。上昇時にも発進時にも、それを私たちは敏感に感じる」(同書)。福岡さんは、そして、加速の知覚こそが、もっとも直截的な性の実感だという。

福岡さんは、射精も加速覚と結びつくことで唯一の生の報償だといっていて面白い。自動車を愛人であるかのように擬人化する例はどこでも見られるし、セックスの暗示を語った60年代の米国における広告も、その観点から見ると合点がいく。

たしかに、利便性だけが優先され、すべてが自動運転になるはずはない。一部では、加速覚——、運転したい欲求を満たしたいひとはハンドルを握り続ける。または、VR(バーチャルリアリティ)によって、運転しなくなった人類の欠乏を補完するだろう(ジェットコースターやカーレースのVRが多いのは示唆的だ)。

2020年に起きる変化

・自動運転の開始

考えておくべきこと

・自動車がソフトになったときのビジネスモデル

こういうものが売れる

・タクシーに代わるユーザーとのマッチングサービス
・自動運転機能を応用した小型配送サービス
・運転の直感的快楽を体験させるサービス

稼ぎ方

自動運転が始まれば、自動車は動く金融商品となる

自動車が移動するハコとなるとき、フリーミアムモデルが発展するかもしれない。たと

えば、無人タクシーに乗って5分間のCMを見ればワンメーター範囲であれば無料になるサービスだ。もっともCM出稿料金とワンメーター料金をくらべると、ビジネスモデルとしては成り立たない。より自動車と自動運転のコストが安くならなければ、出稿効果の高い富裕層に限るモデルになるだろう。

また自分の所有物でなくなった自動車は、デザインがさほど重視されなくなってくる。すると、自動車の形は四角形の無味乾燥なものに近づいていくだろう。そのほうが宣伝広告が貼りやすくなり、外部にアピールしやすくなるからだ。

また、海外でウーバーやグラブタクシーに乗ると、意外に上級クラスの自動車が多いことに気づく。ウーバーでの副収入を見越して、上級クラスを購入しているのだ。上級クラスだと料金も高くなるため、妥当な先行投資というわけだ。

通る自動車の種類によって宣伝広告を変える、巨大広告塔が開発されている。そして、自動車はGPSと連携し、場所に応じて車内での宣伝広告を変えていくだろう。移動者の嗜好がすでにスマホ経由で自動車に伝達されているとすれば、そのようなシステムは可能なはずだ。

もちろん、自動運転の車内は麻薬摂取やレイプなど犯罪に使われる可能性がある。よって搭乗者の確認など、犯罪抑止の手法も期待される。

ただし、自動運転がさかんになれば、自動車は動く金融商品となるだろう。リターンを見込んで投資し、道路に放出する。お客を拾っては、交通料金を回収する。それはすなわち、「道路を走る株券」のようなものだ。

2021年

東日本大震災から10年、インフラ危機とそのビジネスが勃興

つくるから守るへ、インフラビジネスは大きな転換期を迎える

P **Politics**（政治）

働き方改革の一環で、建設現場の生産性革命に取り組む。

E **Economy**（経済）

建設後50年を経過するインフラが大半に。新規のインフラ投資が減少する代わりに、既存インフラの更新金額が増加。

S **Society**（社会）

新規学卒者の建設業界への就業が減少。高齢化が進み、60歳以上が大半に。

T **Technology**（技術）

センサーによるインフラ監視の技術やインフラの長寿命化を図る商品が誕生。

変化の特徴

東日本大震災から10年。インフラ整備の重要性が注目されるいっぽうで、日本では建設後50年を経過するインフラが大半になり、かつ補修・更新費が捻出できない状況となる。建設業の効率化向上に取り組むとともに、インフラの監視技術、長寿命化技術などの進化が望まれている。

老いる米国

米国のインフラ危機を早い段階で示した書にスーザン・ウォルター『荒廃するアメリカ』（1981年）がある。同書は、米国のインフラが絶望的な状態にあることを指摘し、全米に驚きを与えた。そしてインフラの老朽化は、米国経済の衰退をも意味するとした。

米国ではニューディール政策によって1930年代に、各インフラが建設ラッシュを迎えた。その少し前、1920年代の米国では、第一次世界大戦から拡大していた設備投資がバブルを迎え、その後、1929年に株価の大暴落を経験した。当時のルーズベルト大統領はそこでテネシー川に多目的ダムを建設すると決め、失業者の雇用に乗り出す。

これがWPA（雇用促進局）につながる。公共事業によって景気を浮揚させる、教科書に載るような経済政策のはじまりだ。もちろん建築物の状態や立地によっても異なるため、かならずしも30年、40年、50年で危機的な状況を迎えるわけではない。ただ、公共インフラはつくる際だけではなく、その後も重要だ、と気付かされる象徴が1967年12月のシルバー橋の事故だ。ウェストバージニア州とオハイオ州を結ぶこれが突然、崩落し40人以上が亡くなった。建設後40年ほど経過した橋だった。

その対策はじゅうぶんだったとはいえない。この事故の後も、財源となるガソリン税は80年代初頭まで据え置かれ、じゅうぶんな予算は投入されなかった。ベトナム戦争もあったので、公共インフラに特別な関心が払われなかった側面もある。

米国はなんとか財源を確保することによってしのいできた。それでも2007年8月にはミネアポリス市で高速道路が崩落し衝撃を与えた。午後6時5分という混雑時に起きたこの事故は、581mのうち324mが崩落し、車50台以上が転落、13人が死亡した。この橋も建設から約40年が経過していた。

米国とて完璧ではなく、老朽化したインフラとの対峙には絶対的な答えのない苦悶が続いている。

東日本大震災時に活躍した地元建設業者と、その斜陽

２０２１年は東日本大震災から10年で、節目の年となる。この10年を機会に、原発再稼働の是非について議論が進むだろうし、また、危機管理の重要性についての議論が再燃するだろう。被災地にはいまなお傷跡が残る。その記憶を呼び覚ますことは意味がある。なにより、国全体で支える気運をしぼませてはならない。

東日本大震災では、初動対応の早さが目立った。たとえば、国土交通省によると、道路啓開等の初期活動を、発災のなんとわずか4時間以内に、かなりの地元建設業者が開始していた。もちろん、彼らも自らが被災者であり、その比率は7割にも上っていた。それでもなお、「自社・協力会社が地元の企業であり、地理に詳しい」「日頃から緊急時に備えた態勢ができていた」ことから、その初動対応が可能となった。

国土交通省がまとめた書籍『東日本大震災の実体験に基づく 災害初動期指揮心得』は、文字通り災害時の初動について反省を交えて書かれたマニュアルとなっている。日本の復旧のためにすべてを捧げた地域事業者と職員たちの記録ともなっており、たんなるマニュアルを超えて、檄文といえるほどの熱意を感じる。

いっぽうで、地方の建設業界は、公共事業の減少により、芳しい状態ではない。建設業

建設投資額と許可業者・就業者数推移

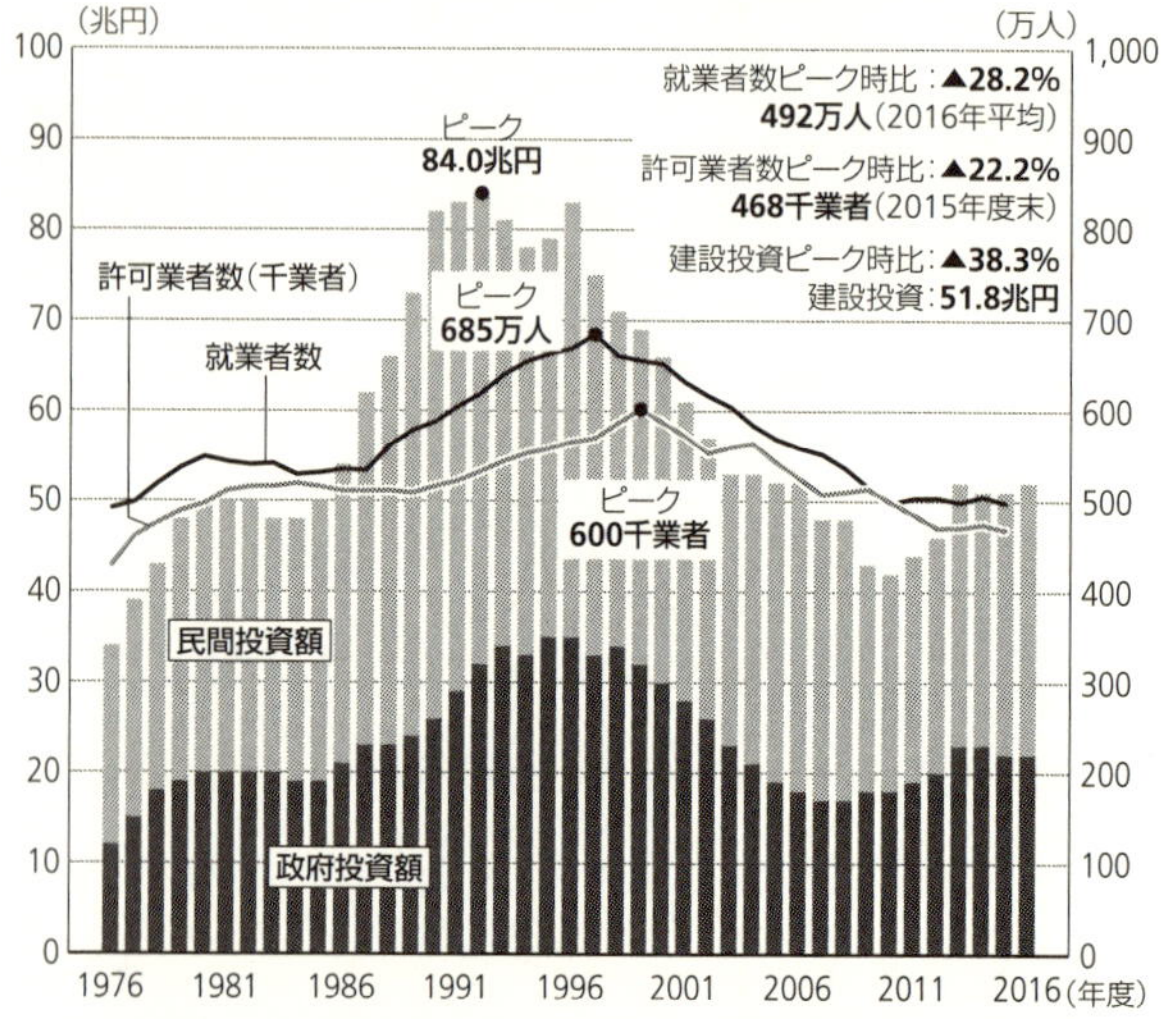

注1　投資額については平成25年度まで実績、26年度・27年度は見込み、28年度は見通し
注2　許可業者数は各年度末の値
注3　就業者数は年平均。平成23年は、被災3県(岩手県・宮城県・福島県)を補完推計した値について平成22年国勢調査結果を基準とする推計人口で遡及推計した値

のピークは１９９２年で、建設投資額は84兆円もの規模があり就業者数は約６２０万人だった。その後、ゆるやかに減少を続け、東京オリンピック景気で多少は持ち直したとはいえ、建設投資額は48・５兆円になり就業者数も５００万人となった。次ページのグラフにあるように、もっとも多い層が60歳以上で、約80万人を占める。おそらく10年後には、大部分が引退しているだろう。

もちろん、日本全体が少子

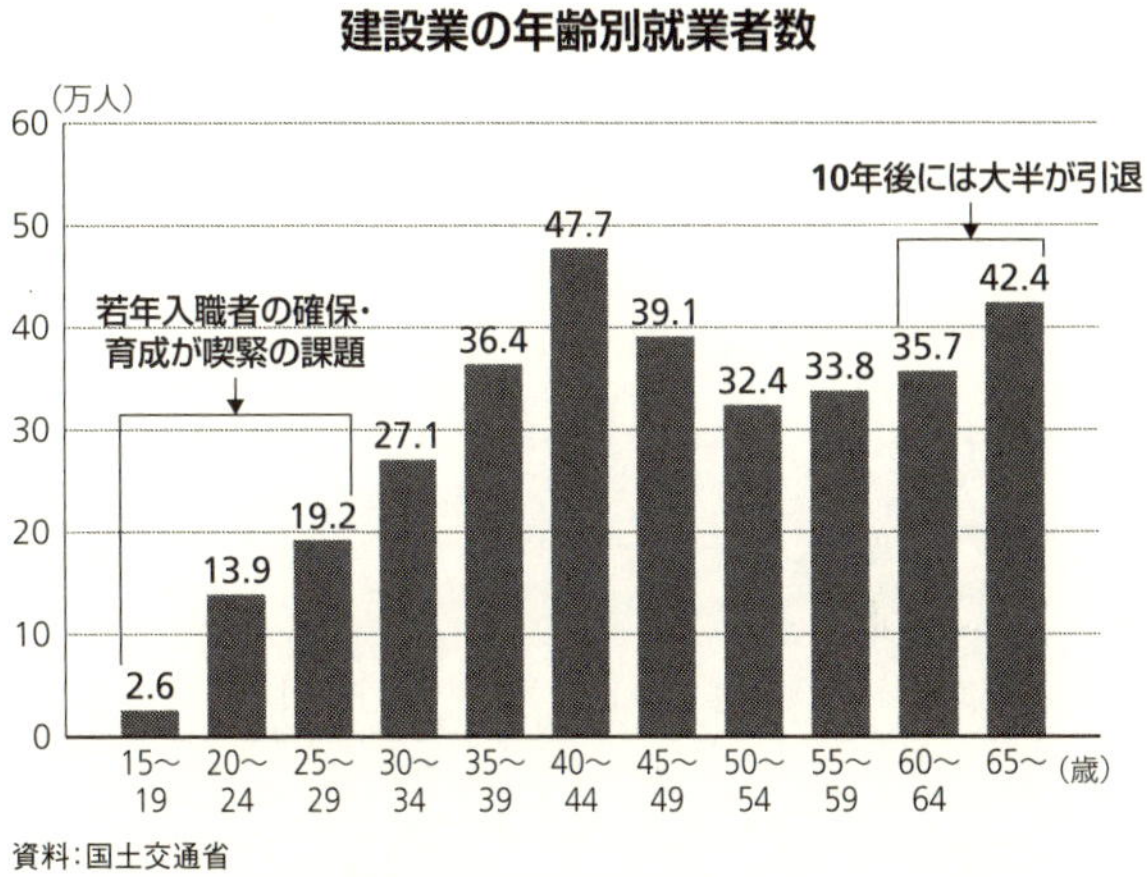

高齢化のなか、建設業だけ増えるはずもない。とはいえ、全産業のうち、建設業に新規学卒者が就業する比率を見ても、ピーク時の８・４％から、現在では５・５％に沈む。

建設投資額が増えないなかで事業者＝企業が増えることは難しい。そして、少子高齢化が解決する妙案もない。同時に、東日本大震災などの震災時に、地域に点在する無数の建設業者の自発的な活動によって支援されてきた。ここには大きな問題をはらむ。

日本は有数の自然災害多発国だが、それだけではない。社会インフラの老朽化がいっせいに進んでいる。２０２１年は東日本大震災から10年とともに、日本社会全体が老いへの対応を迫られるタイミングになるに違いない。

インフラ老朽化の時代

日本の高度成長期は1960年代といわれる。そして、おおむねインフラの寿命は50年といわれる。ということはざっと2020年初頭からは、少子高齢化ならぬ、少新規インフラ・旧インフラ高齢化の時代がやってくることになる。

実際に、平成23年度国土交通白書では「2011年度から2060年度までの50年間に必要な更新費（約190兆円）」とされており、さらにこのうち「約30兆円（全体必要額の約16％）の更新ができない」としている。国土交通白書では、2037年には、維持と更新だけで予算をオーバーしてしまうとしている。

前述の数字190兆円自体は、研究者によっても異なるし、仮定によっても異なる。またどこまでを集計するかによっても答えが違う。ただ注目に値するのは、国土交通白書すらも、補修工事などの更新ができないと悲観的な未来を「予測」している点だ。

2020年の東京オリンピック以降は大型の案件も考えづらい。大手企業は海外展開を目論む。そして、中堅の企業は、何より防災や減災の対策、ならびに老朽インフラの対策などを次の柱としている。新規ではなく、大規模な改修に望みをかける。

建設から50年を超えるインフラを見てみよう。相当な数に及ぶことがわかる。実際に、

従来どおりの維持管理・更新をした場合のコスト

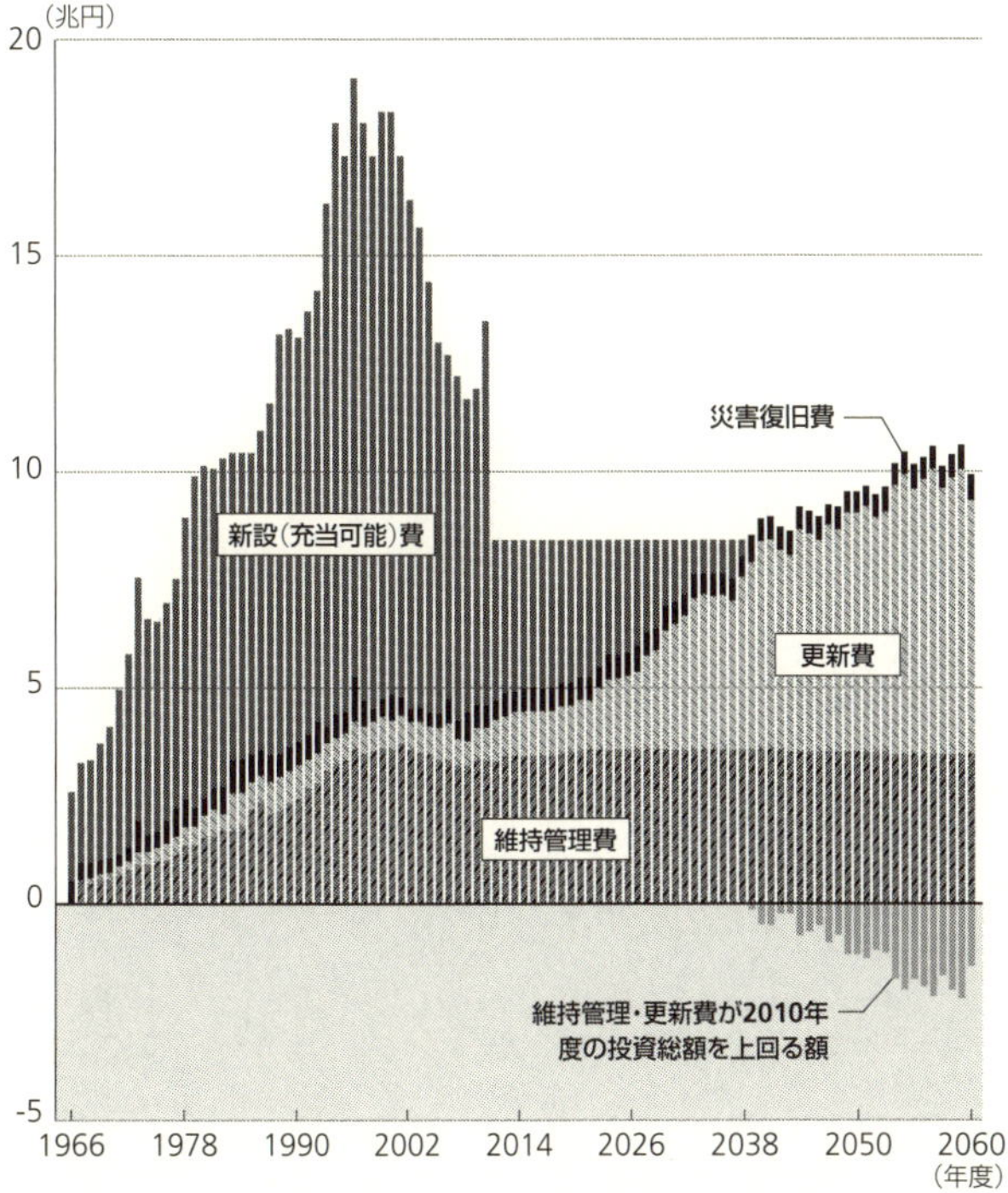

(注)推計方法について
国土交通省所管の8分野(道路、港湾、空港、公共賃貸住宅、下水道、都市公園、治水、海岸)の直轄・補助・地単事業を対象に、2011年度以降につき次のような設定を行い推計。

- 更新費は、耐用年数を経過した後、同一機能で更新すると仮定し、当初新設費を基準に更新費の実態を踏まえて設定。耐用年数は、税法上の耐用年数を示す財務省令を基に、それぞれの施設の更新の実態を踏まえて設定。
- 維持管理費は、社会資本のストック額との相関に基づき推計(なお、更新費・維持管理費は、近年のコスト縮減の取組み実績を反映)。
- 災害復旧費は、過去の年平均値を設定。
- 新設(充当可能)費は、投資総額から維持管理費、更新費、災害復旧費を差し引いた額であり、新設需要を示したものではない。
- 用地費・補償費を含まない。各高速道路会社等の独法を含まない。

なお、今後の予算の推移、技術的知見の蓄積等の要因により推計結果は変動しうる。
資料:国土交通省

すでに国土交通省が指摘をしている。少し前のデータにはなるものの、国土交通白書２０１５を見てみよう。ほんの数年後には、相当数の社会資本が50歳を超える見通しだ。

たとえば、首都高速道路株式会社によれば、道路の点検により「Aランク　緊急対応が必要な損傷（第三者被害の恐れ等）」「Bランク　計画的に補修が必要な損傷」「Cランク　損傷が軽微なため対応は不要（損傷は記録する）」「Dランク　損傷なし（点検は記録する）」と分け、Aランクは当然ながら即応しているものの、補修が必要な損傷は増加傾向としている。国土交通省道路局が発表している「道路メンテナンス年報」を見ても、緊急措置段階であるものは、40～50年など建設から相当な年数が経っている。

また過積載のトラックが通ることによって道路橋の劣化は早まる。国土交通省のデータによると、通行台数の０・３％が過積載の大型車両であり、道路橋の劣化影響のうち約９割を引き起こしている。

おなじく国土交通省の資料だが、その他の建物も老朽化している。

２０１１年3月11日の東日本大震災の際、私のオフィスから遠くない、九段会館の天井が崩壊したのは象徴的だった。実際には、天井の場合は、耐震基準が明確に設けられていないために、不起訴となった。しかし、同会館が「軍人会館」として建設されたのは１９

建設後50年以上経過する社会資本の割合

	2013年	2023年	2033年
道路橋	約18%	約43%	約67%
河川管理施設(水門等)	約25%	約43%	約64%
下水道管きょ	約2%	約9%	約24%
港湾岸壁	約8%	約32%	約58%

34年であり、やはり老朽化している建物の怖さを浮き彫りにしたのは間違いない。

実際に、多くの地方自治体において県庁舎や公共施設でも老朽化について多くの問題が噴出している。

建設業の革新なるか

たとえば、工事の関連でいえば、建設はやはりひとが携わるため、激的な変化は起きにくい。土工とコンクリート工で約30年前と近年の作業者数を比較してみる。土工は1000㎡あたりに要する作業員数、コンクリート工は100㎥あたりに要する作業員数だ。結果からいうと、ほぼ横ばいになっている。

建設現場では人手がかかることが多く、それゆえ激的な改善が難しい。

とはいえ、更新予算と人員が少なくなるなか、できるだけ省力化しつつメンテナンスを行うしかない。たとえば地方の役所によっては、技術者を有していないところもある。となると外注せざるを得ないが、その予算がない。ならば、限られた予算内で、やるしかない。完全に更新できないと知りながらも、その老朽化に少しでも抗うことが必要だろう。

国家レベルではi-Constructionが推進されている。これはIT技術等を使った生産性向上の施策だ。たとえば計測にドローンを使ったり、3Dデータを使ったりするものだ。

また、技術面でも開発が続けられている。たとえば、光ファイバーをトンネルに這わせ、センサー技術を使ってモニタリングする技術は実現している。トンネル内壁のひびなどを察知して、警告を出す仕組みだ。もちろんコストとの兼ね合いはある。ただ廉価になれば効率化するだろう。

また、タイヤメーカーは、タイヤに装着するセンサーを開発している。道路の状況を把握する際に、走行する自動車から情報を得る仕組みだ。このセンサーによって凍結状態がわかるため、最適なタイミングで凍結防止剤の散布などができる。長く使うインフラの保全に役立つ。

実際に宅配便業者も単に荷物を運ぶ役割から、道路等の異常を察知する取り組みを実施している。車両につけたセンサーから、通行時の橋などの揺れ、あるいは音に変化はない

約30年前と近年の作業者数（土工）
（1000㎡あたりに要する人数）

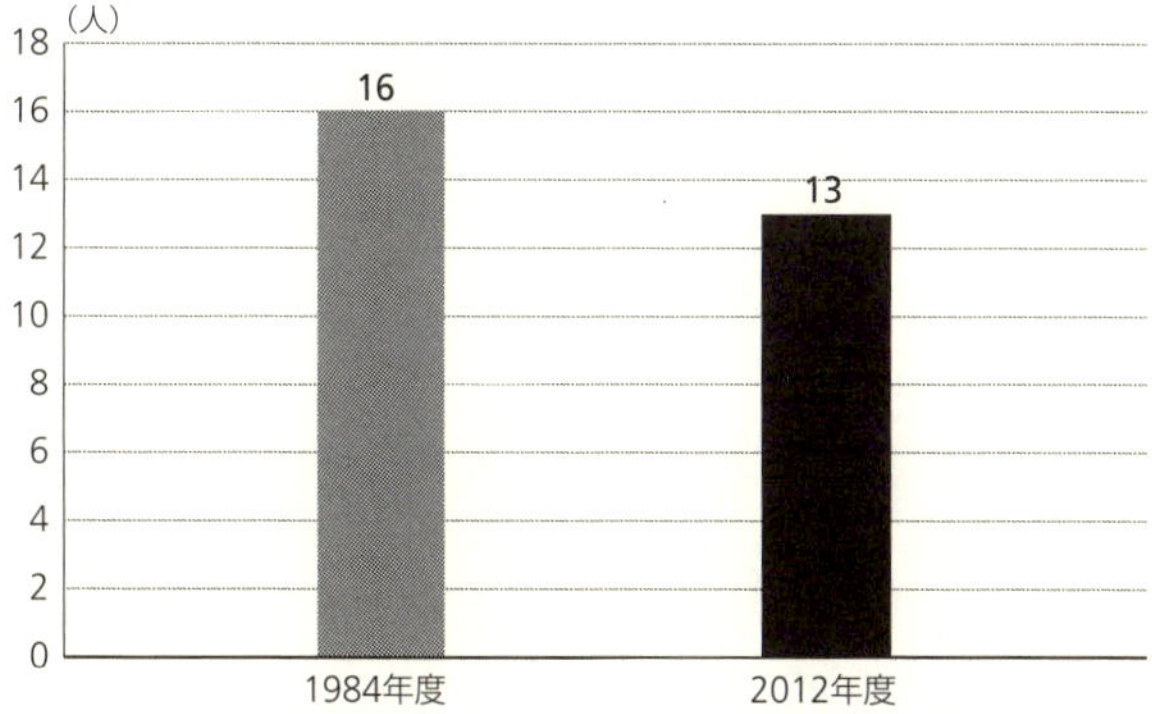

資料：国土交通省

約30年前と近年の作業者数（コンクリート工）
（100㎡あたりに要する人数）

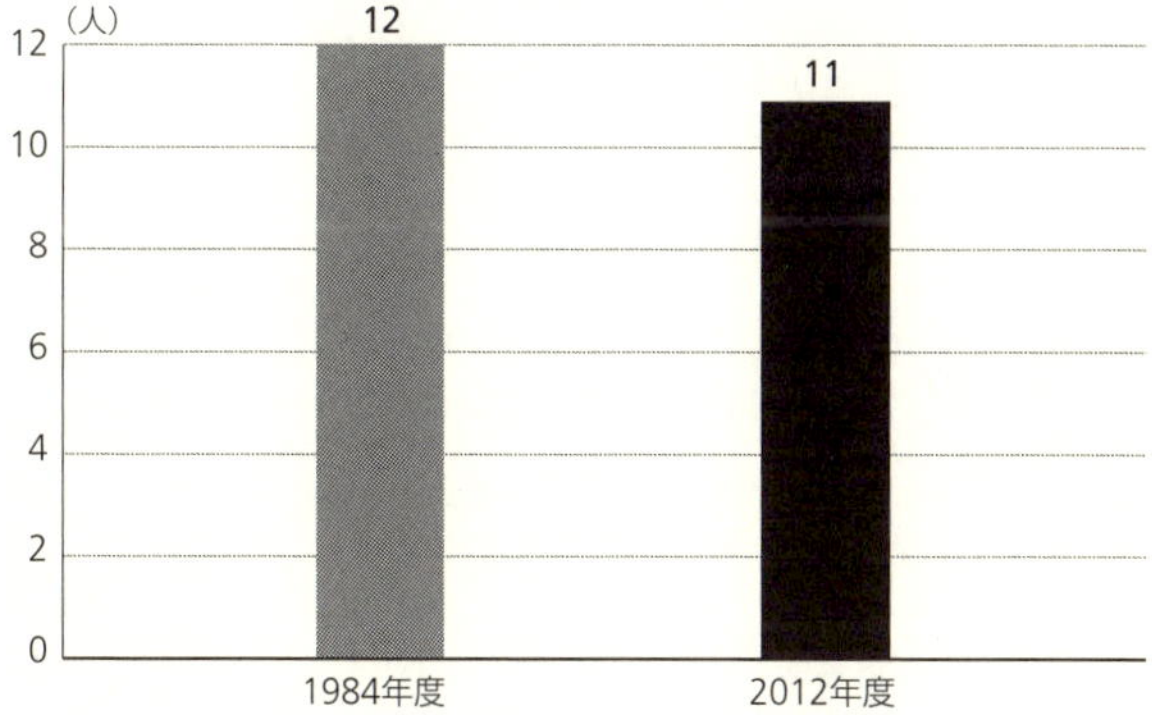

資料：国土交通省

のかを収集する。

繊維をシート状にし、コンクリートに貼り付ける製品もある。これはシートの色変化によってひび割れを察知できるものだ。また路面に貼ることで補修するシートもある。それにより、寿命を少しでも延ばす。

また、旧インフラの補修には遅いが、自己修復素材も注目を浴びている。これは、文字通り、傷がつくと自分で修復しようとする素材のことだ。液状の材料が練り込まれており、ひびができると、材料が流れこみ、ひびを埋めていく。ゴム、樹脂、塗料などの研究が進んでいる。

時間とともに忘れられるインフラへの危機意識

2011年3月11日。数日前から体調を崩していた私の妻は、その日、重要な商談を断って仕事を休み自宅で静養していた。午後2時46分に揺れが襲ったとき、私は東京豊洲から有楽町線に乗っていた。大きな震動を覚えている。もっともその瞬間の私はことの重大さに気づかず、電車が動くまでノートパソコンで仕事をしようとしていたほどだった。しかし、家族に連絡しようとしても、すべての連絡手段が途絶えたあたりから大きな地震に襲われたと気づいた。妻にやっと連絡が取れたのは、iPhoneアプリのカカオトークのおかげで、そこで私はやっと緊急時の連絡の難しさを知る。

震災から数ヶ月が経ったころ、ＢＣＰ（事業継続計画）の重要性が喧伝されるようになった。おそらく、ＢＣＰを震災以前に使っていたひとはほとんどいない。私にも取引先のＢＣＰ確立でコンサルティングや講演依頼が相次いだ。注目は極度に高まっており、どの会場も満員だった。

そこから5年が経った２０１６年、災害対策を失念してはならないとおなじくＢＣＰのセミナーに呼ばれた。そこにはまばらにしかひとがいなかった。各社のＢＣＰが整備されたかというと、事実はまったくの逆で、たんに飽きられたにちがいない。

かつて仕事中には呼子笛をぶらさげ、就寝時には靴をベッドの下に置き、どこかの部屋に入る際には緊急避難口を確認する姿が見られた。しかしたった5年で、その姿は見られなくなった。天災は忘れたころにやってくる、という名言が名言なのは、きっと私たちが気づいていて、それでいてちっとも改められない忘れっぽさについて的確に表しているからだろう。

道路の崩壊はわかりやすい。だから、皮肉なことではあるが、道路の瓦解などをきっかけにインフラ投資の議論が再燃するかもしれない。ただ、水道管のように地下にもぐっている、見えないインフラへの感度はどうしても鈍くなる。

おそらくありうるシナリオは、廃止するインフラと、存続させるインフラを仕分けした上で、存続させるインフラについては、民間に大胆にまかせるものだ。半官半民でも、完全民営化でも、収益事業化していくしか道はないかもしれない。

2021年に起きる変化

・インフラの老朽化が社会問題としてクローズアップされる

考えておくべきこと

・建設業の省力化によるビジネスチャンスと、インフラ老朽化による点検・補修の軽減ビジネス

こういうものが売れる

・建設現場における測定等のＩＴ商品

・インフラ長寿命化商品
・公共インフラの見直しなどコンサルティングビジネス

稼ぎ方

自治体や業者だけでは限界がくる

老朽インフラを補修、更新するために、さまざまなインフラコンサルタントが跋扈《ばっこ》するだろう。また、設備等の老朽化にたいしては、事故後に復旧プランを練る必要があるため、BCPコンサルタントのニーズも高まってくるに違いない。

ただ、最終的には自治体や業者だけの力では限界がある。インフラに日々、接している生活者からのデータを活用しなければならないだろう。たとえばそれはインフラの状態を写真に撮って役所に通報してもらう等の方法だ。さらには、公共インフラの年齢台帳をつくるべきだろう。

現在、あなたが住んでいる自治体の公共インフラが、何年に建設されたか、一覧表になっている資料などはないはずだ。それを作成・公開する。すると、廃インフラにむけた住民理解も進むかもしれない。すると、インフラ維持費を削減するアイディアや、あるいは、ユニークな利用法などが提案され、お荷物インフラが収益を生むようになるかもしれない。

また建設業の人手不足には、既存人員の有効活用しかない。たとえば、個人事業主や小規模事業者がどのような職人を抱えているかというデータベースがない。建設職人版の「ぐるなび」「食べログ」のようなものがあれば、どんなスキルをもっているひとが、何日に空いているかわかる。ただ、現状では、建設関連で人手を集めようと思っても、知り合いに声をかけるほかない。これは職人がパソコンやスマートフォンを使って登録できる仕組みがないことによる。そこで、職人と親事業者のマッチングビジネスがありうるだろう。

2021年 東日本大震災から10年、インフラ危機とそのビジネスが勃興

2022年

総エネルギー需要がピークに。省エネ・コンサルティングが次なる売り物に

CO_2排出が問題になるなか、省エネルギー技術を世界に喧伝するタイミング

P Politics（政治）

エネルギー調達での各国連携を強める。原子力発電から火力発電に移行した都合でCO_2排出抑制は難しい。代替エネルギー政策が強化される。

E Economy（経済）

新興国が経済成長を果たし、エネルギー需要は高まる。エネルギー利用効率の高い日本発の商品やサービスに注目が集まる。

S Society（社会）

少子化の影響もあり日本では総エネルギー需要が頭打ちに。また過疎化によってエネルギー効率が低下するおそれ。

T Technology（技術）

新発電技術や省エネルギー技術が進展。

変化の特徴

2022年には日本の総エネルギー需要がピークになると予想される。エネルギー調達量が減少し、世界での発言力の低下が懸念される。しかし、省エネ・効率化技術を世界に訴求するチャンスでもある。

日本はGDPあたりエネルギー利用効率がもっとも高く、また皮肉なことに東日本大震災後の原発停止によって代替エネルギーの開発も進んできた。

エネルギー総需要のピークが到来する

2005年に、一般財団法人電力中央研究所は「全国の総電力需要のピークは、2022年ごろと見込まれます」とした。これはあくまで電力だが、エネルギー需要全体についても、平成16年度「エネルギーに関する年次報告（エネルギー白書2005）」は、「人口・経済・社会構造の変化を踏まえて、構造的に伸びは鈍化し、2021年度には頭打ちとなり」そして、2022年からは減少に転じるとしている。

もっともこれは世帯数の減少や、エネルギー効率について、ある一定の仮定のもとに計算したものだ。実際に、別の年をピークとする試算もある。将来の需要を、正確に予測す

エネルギーの分野別消費

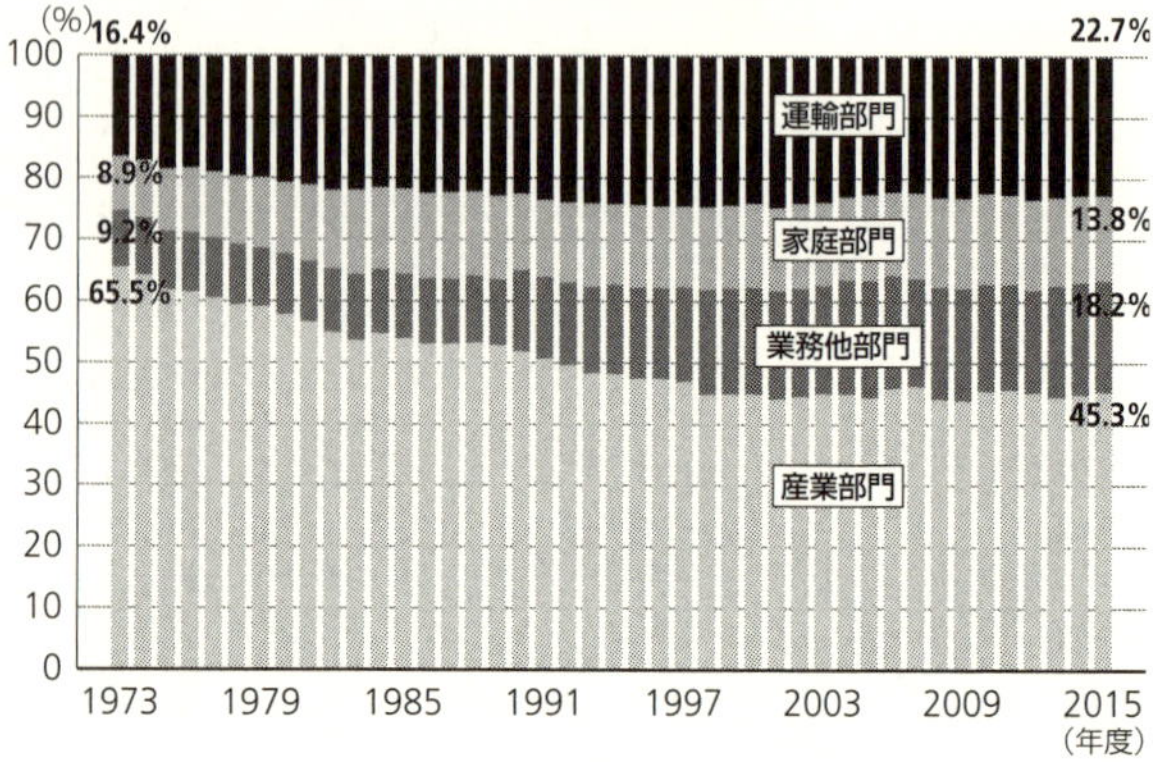

資料:経済産業省

るのは難しい。ただ、少子化や効率化は、間違いなく進むと思われるので、エネルギー消費量が減るのは間違いないように思われる。

エネルギーは分野別では、産業部門が減少しつつも約半数を占める。eコマースの発展で、小口配送が爆発的に増えた印象があるが、eコマース以外の運送は減っており、運輸部門でも目立った上昇は見られない。むしろ絶対値としては減少の傾向にある。

これからのエネルギー政策は、エネルギー使用量が減り、当然それに伴ってエネルギー源の輸入量も減って発言力が低下し、世界における日本の相対的な地位が墜ちていくなかでどのようにふるまうかが問われている。

エネルギーの歴史的経緯

エネルギー区分では、1次エネルギーは、エネルギー源となる原子力、水力、石油、天然ガス、太陽光、風力などを指す。また2次エネルギーとは、その1次エネルギーを変換・加工したもので、電力、燃料用ガス、ガソリンなどをいう。

そもそも日本では、高度成長期の前、エネルギーの中心は石炭だった、そこから中東で潤沢にとれる石油を中心としたエネルギー構造へと移行した。1970年代までは、GDPの伸びよりも、エネルギー消費の伸びが大きかった。

そこに石油ショックが襲う。石油消費過多の反省から、代替エネルギーとして原子力や天然ガスなどの導入を加速させていった。また同時に、省エネルギーでの成長を志向してきた。経済成長が鈍化してからは、よりいっそう、エネルギー消費の絶対値も減少している。とくに2011年の東日本大震災以降は、節約意識もそれに加勢した。

代替エネルギーについては、2011年の東日本大震災のあと、原子力のカードはしぼんでいる。震災の直前には54基が運転されていた。再稼働停止、廃炉が相次ぎ、現在、稼働は数基にすぎない。

ゆえに、いまだに石油は大きなウェイトを占める。原油の採掘は日本では、東北の一部

1次エネルギー別供給量

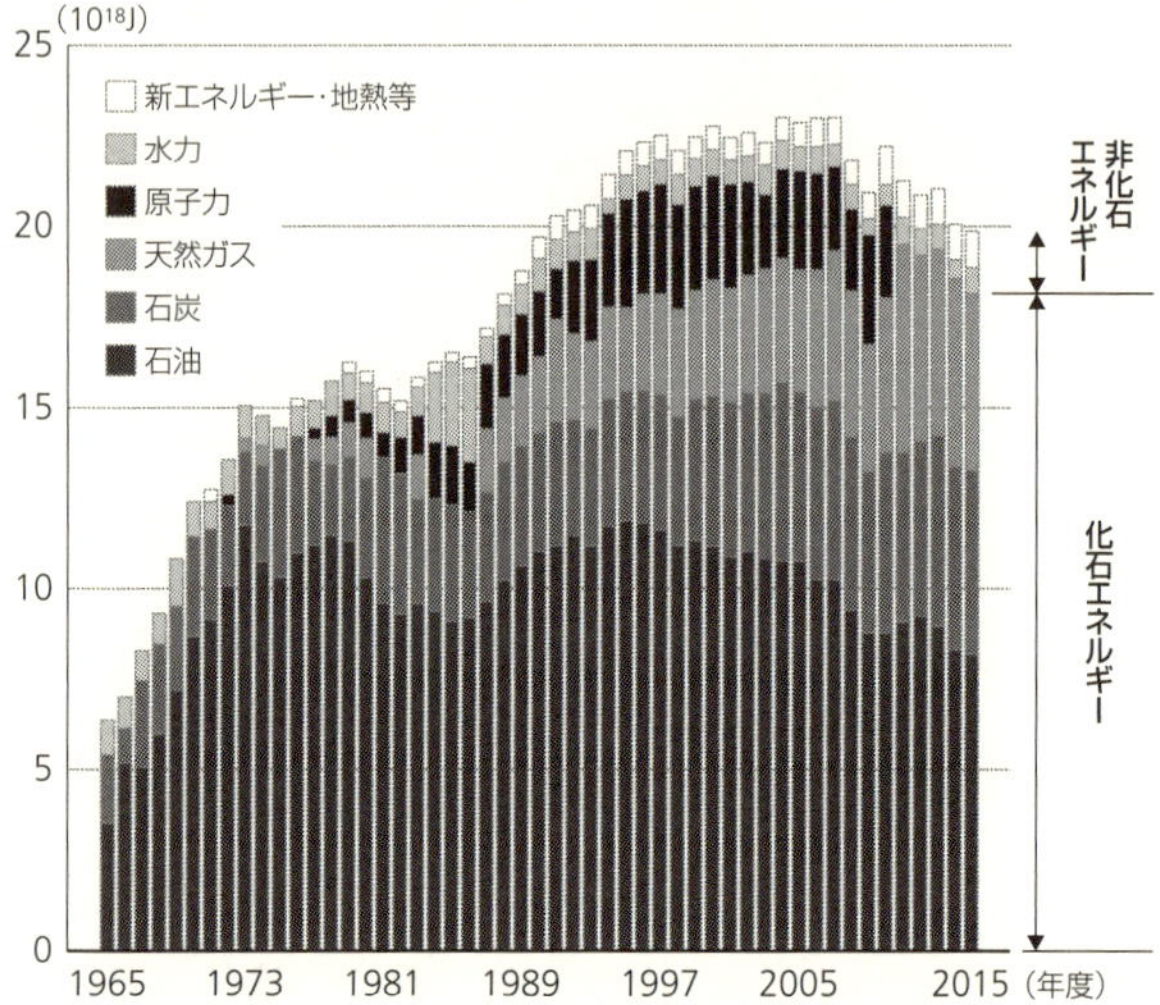

資料：経済産業省

を除けばなされておらず、99％以上を海外に依存する。そこで天然ガスなどに注目が集まるようになったり、原油調達先の分散が図られたりしてきた。実際は、中東だけではなく、中国やインドネシアからの輸入を増やしている。また、エネルギーの調達先としては、シェールガスとシェールオイルに沸く米国がその大きなカードになるだろう。

前述のとおり、同時に注目されたのが、太陽光、風力、地熱などの再生可能エネルギーだった。東日本大震災後に火力発電の依存度が高くなり、CO_2排出量が増え、地球温暖化防止に逆行した。ただ、どれも全体からすると、まだ既存量を完全代替するには足りない。たとえば地熱は地下水が蒸発するときの熱を利用しタービンで発電する仕組みだが、工期が10年以上はかかるといわれる。

電力のベストミックスについては、研究者によって元データや仮定が異なるため、一概にはいえない。ドイツでは紆余曲折を経て、再生可能エネルギーの法案が可決され、2011年に8基の原子炉を止め、残りも、この節のテーマでもある2022年までに閉鎖することとしている。ただ、原子力発電をなくすなら、火力発電の発するCO_2をいかに削減するのか。効率化か、あるいは代替エネルギーかを検討せねばならない。

豊かさとエネルギー需要

エネルギー消費量と、各国の豊かさは、明確な正の相関関係にある。もし新興国が省エネに舵を切ったら、その国の恵まれないひとたちが、政局を不安定にするかもしれない。だから中国が先進国に同調して、エネルギー消費の総量抑制を認めることはないだろう。

新興国が総エネルギー消費を抑制しないいっぽう、日本は日本で、火力発電の比重を高めているためCO_2排出量が増えている。本来ならば、京都議定書を先導した日本は、世界

GDPとエネルギー消費

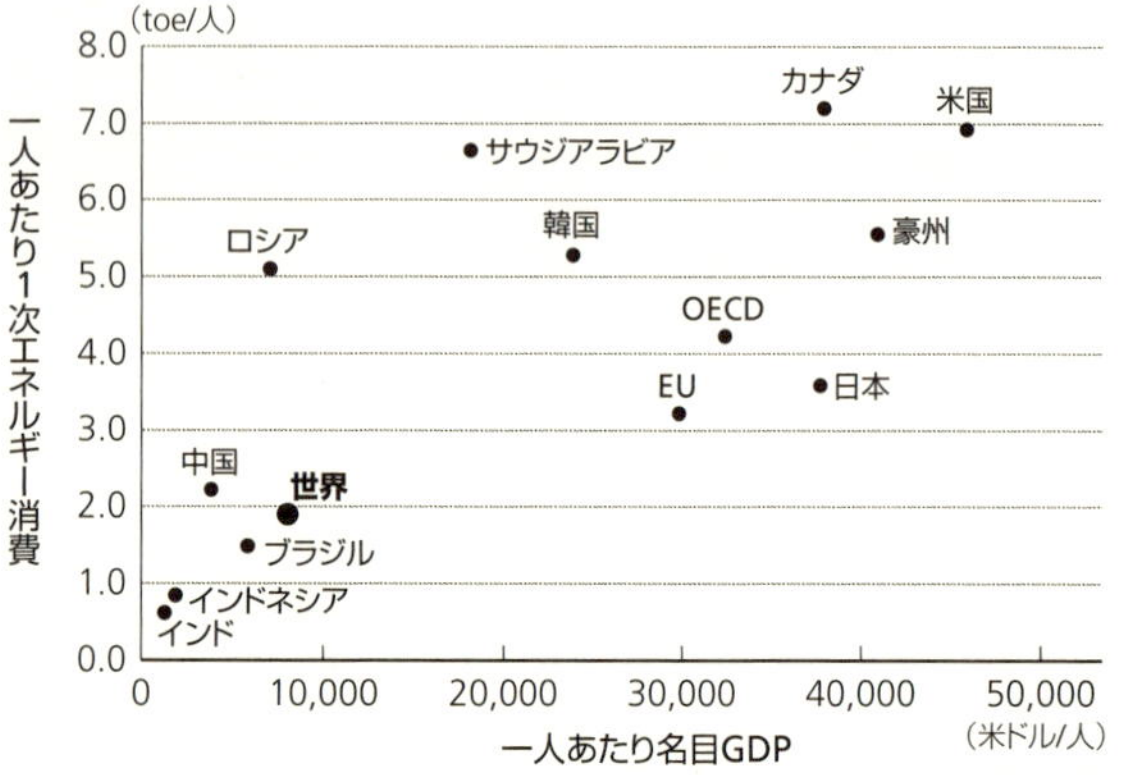

資料:経済産業省

のなかで省エネルギー政策を主導せねばならなかった。しかし、先進国がエネルギーを使いまくって成長したあとだからこそ、新興国にのみエネルギー消費とCO_2排出抑制を説得できないでいる。また、やむなく火力発電に頼らざるをえないことで困難な状況に置かれている。

日本を襲う、過疎化というやっかいな問題

同時にCO_2だけではなく、エネルギー利用効率化の阻害要因として、日本国内の過疎問題がある。内閣府が「平成25年度年次経済財政報告」で述べた通り、人口密度が低くなると、非効率になるため、配電費用が高くなる。実際に規模の経済性は需要電力量の多寡に大きく影響を受けている。スマートシティ実現のために効

電力会社の平均費用と電力需要量の関係

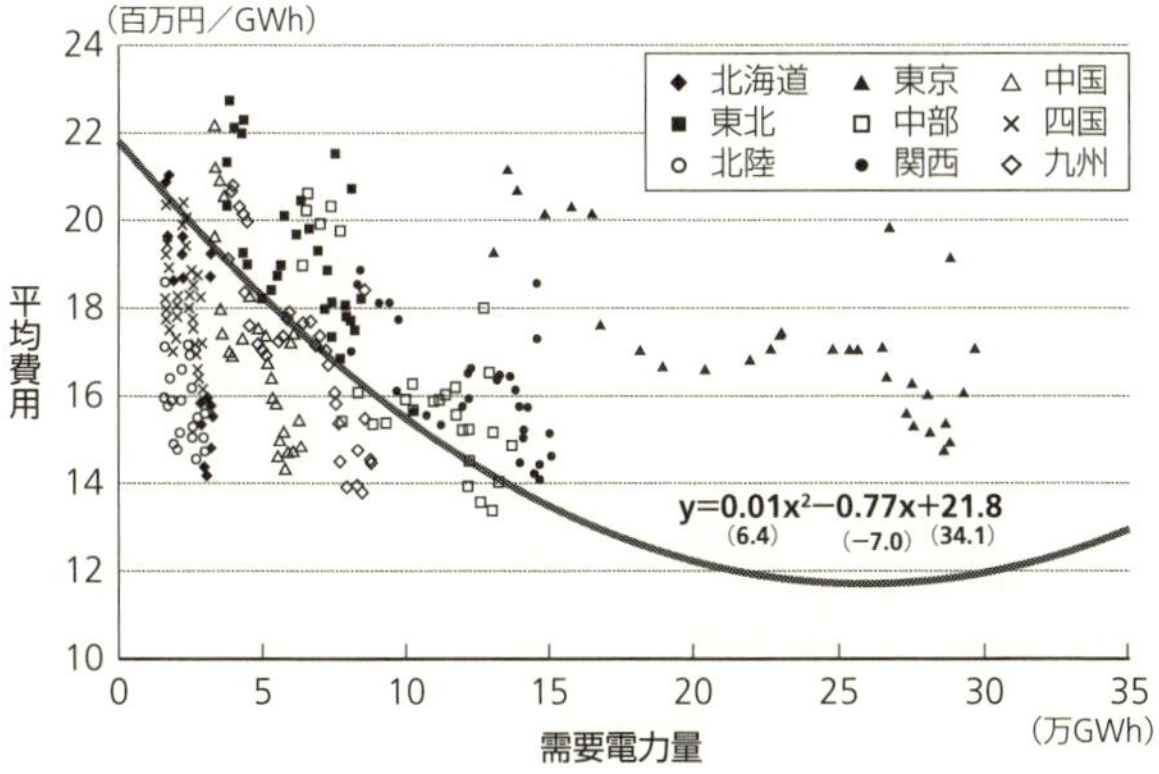

率的な都市づくりが急務だ。

政府やエネルギー関連企業が講じる対策

冒頭で総エネルギー需要が下がることを、ややネガティブに書いたが、もちろん省エネによってもたらされる良い側面もある。実際に日本のGDPあたりのエネルギー消費効率はトップクラスにある。一人あたりの1次エネルギー消費のグラフ（前ページ）を確認すればわかるように、一人あたり名目GDPの効率では、そうとうな優位性をもっている。

また、エネルギーの自給率を高めると、諸外国からのエネルギー調達量が減るのでプレゼンスは低下するかもしれないが、そのぶん効率化技術を高め、諸外国に技術を売ることが考えら

各国のエネルギー調達量

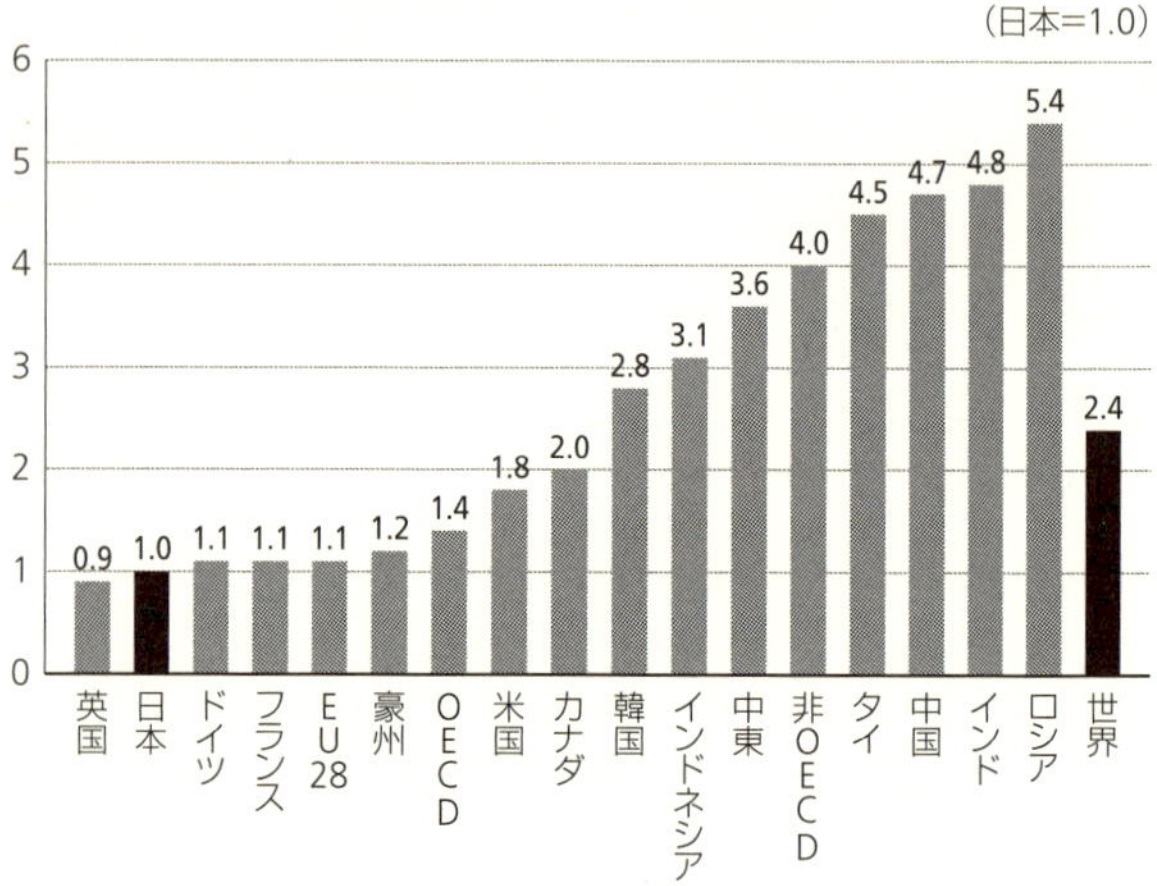

れる。

したがって、考えねばならないのは、エネルギー調達量が少なくなるなかで、とはいえ安定したエネルギー調達のために各国と連携すること。そして、クリーンな発電技術と世界トップの効率化技術を、ハードとソフトの両面で海外にアピールすることだ。それにより各国も省エネルギーでの成長を実現できる。

そこで国家レベルでは、中東と友好関係を築いているし、石炭についても豪州との関係強化を推進している。また積極的に資源を掘りに行く事業者を支援するために、独立行政法人石油天然ガス・金属鉱物資源機構が、海外の資源開発会社の買収を支援したり、油田開発などを支援したりする基盤を作った（J

OGMEC法の改正）。

クリーン発電技術としては、紹介した地熱発電以外では、バイオマス発電がある。これは、食品廃棄物や汚物などからバイオガスを発生させるものだ。また土着藻類、竹、間伐材、木片……といったものを利用した発電技術も進んでいる。

火力発電もまだ向上の余地がある。タービンの高効率発電技術に予算がついている。排出したCO_2についても、それを回収し、有効利用していく技術開発がはじまっている。

企業の取り組みでも、近年「グリーン調達」が出てきた。これは行政や民間企業が、取引先を選定するときに、環境負荷軽減にすぐれた企業を選ぶ取り組みだ。サプライチェーン全体のカーボンフットプリント（CO_2排出量）を監視し、その持続可能社会の実現に向けて取り組んでいる。

また、かなり話のレベルは低下するものの、たとえば、日本の住宅断熱材は世界トップクラスだ。家庭内から放出される熱損失を大幅にカットできれば、その効果は大きい。リチャード・ムラー氏は『エネルギー問題入門』で、「秘密の投資機会をお教えしましょう。あなたの家の屋根裏に断熱材を入れるのです。（中略）屋根裏に断熱材を敷設する費用が一〇〇〇ドルかかったとしましょう。（中略）五・六二年後には（複利でない場合は）エネルギー費用を一〇〇〇ドル節約したことになります」といっているくらいだ。

エネルギー効率のトップ日本、という触れ込みで各種の省エネ商品が開発されている。それを次は海外に売り込む番だ。

エネルギー不変の法則と利益

あるとき、大学の講師がいっていた。「エネルギーは不変の法則というのに、おなじエネルギーを使って生み出すはずの利益は、会社によってだいぶ異なりますね」。面白い発言だと思った。エネルギーは、ジュールという単位で表現できる。しかし、会社の商品がもつ意味は定量化できない。

かつてインドネシアで大塚製薬のポカリスエットは売れない商品だった。その後、同社が、ポカリスエットを、イスラム教徒がラマダン後の渇きを癒やす飲み物として意味を変えた。同商品の売れ行きは上昇し、国民飲料と呼ばれるほどになり、地方の小売店にもかならず置かれるようになった。さらに、割高でも売れるようになった。商品はおなじで、作るエネルギーもおなじ。しかし、利益が異なる。

電気はどうだろうか。おなじく意味を変えた例がある。電池だ。単四電池が1本100

円としてみよう。すると、単四電池のコストは実に通常電気代の1万倍にもなる。単四電池の実力として、1・5ボルトの電圧で1アンペアの電流を1時間流して、だいたい100円としよう。すると1ワットアワーで計算すれば、100÷1・5＝67円となる。だから、キロワットに修正すると67×1000＝6万7000円だ。いっぽうで、電気代は1キロワットで20円だ。だから、3350倍になる。

ここには、ものを動かす電気そのものから、持ち運べる便利な電源というあざやかな意味の転換がある。エネルギーそのものではなく、それにまつわる意味に介入すればいい。

私は常々、中小企業の戦略は一言でいうと「値上げだ」と答えている。その意味からも、日本国を中小企業にたとえるならば、日本の技術を高く売る、商品の意味を変えることに注力すべきだろう。

以前、ガソリンが排出するCO_2は、植物の生長にとって、むしろ好ましいとされていた時代もあった。しかし、現在では温暖化の元凶とみなされるようになった。おそらく読者のなかにはCO_2による温暖化説に反対のひともいるだろう。私は、冷静に文献を読み込む限り、地球温暖化は間違いなく、かつ深刻なものだと認識している。ただ、断言はしない。あるのは、多くの研究が温室効果ガスにより地球の平均気温が上昇したと指摘している事実だ。そして日本の省エネ技術はたしかに世界トップレベルにある。
省電力というソフトで日本は世界のコンサルタントを目指すべきだ。

2022年に起きる変化

・代替エネルギー開発の本格化
・省電力というソフトパワーが注目を浴びる

考えておくべきこと

・エネルギーの意味を転換した商品づくり

こういうものが売れる

・海外工場や家庭での省エネルギーのコンサルティング
・クリーン発電技術

稼ぎ方

日本のエコライフのノウハウを世界へ

日本の「もったいない」が世界の流行語になった。現在では、ロハスやエシカルの名でシンプルな生活を志向するひとびとが増えた。この運動の特徴は、消費を抑えることに力を注ぐのではなく、むしろ、ロハスでエシカルな商品を積極的に購入・消費することが世界の改善につながるとする点にある。

省エネルギー化にシフトする世界では、きっと日本が先取りしていたエコライフが必要となってくる。また、現在は「頭で消費する時代」だ。商品が、どのように生産されてきたか、CO_2排出量は少なかったか、省エネルギーだったか。そういった商品情報が選定時に重要になってくる。こういった流行の前から日本企業ではＴＱＭ（トータル・クオリティー・マネジメント）として改善活動に勤しんできた。最終製品ではなく、そのノウハウを世界に提示すべき時代だろう。

また、電気も、電気を供給するサービスから、電気を使う経験を販売するようになる。きっと将来の電力会社は、個々の家庭が使用するエネルギー消費をコンサルティングし、最適な家電を提供し、家計の中から再生エネルギー投資を勧める等のファイナンス・アドバイスもするに違いない。どのような生活様式がもっともエネルギー効率が良いかも助言してくれるはずだ。電力会社は、エネルギープロバイダーから、ノウハウプロバイダーになるのだ。

現時点では電力会社との契約の問題から一瞬ごとに電力会社を切り替えるのは難しい。ただ、さらに進み、家電が電力会社をその都度、選んでくれるのはどうだろうか。使用量や時期、時間帯から、どの電力会社を活用したらよいかを自動選択する。

もちろん選択先が、電力会社である必然もない。もしかすると、街中で動いている自動運転の電気自動車から余剰電力を購入するかもしれない。電気自動車が自動で家庭に電気を運び、充電させてくれるイメージだ。実際には、バッテリーが高価なため、技術革新は必要だろう。しかし、個人が発電し、それを自由に売れる仕組みが、いま以上に発展すれば、それは本節で書いた内容と違った意味でのエネルギー革命になるだろう。

YouTube時代は一人ひとりがメディアになることで人気を得たが、YouPower時代は一人ひとりが電力の供給元になるのである。

87　2022年 総エネルギー需要がピークに。省エネ・コンサルティングが次なる売り物に

2023年

農業の6次産業化が進み、スマート農業が本格化する

稼げる農業への脱皮の年となるか

P **Politics**（政治）

農業の6次産業化が推進される。付加価値の高い農業への転換が国ぐるみで行われる。

E **Economy**（経済）

国内生産の食品類が減少し、いっぽうで、輸入品は増加する。国内市場の声を聞いた農作物生産が望まれる。

S **Society**（社会）

中国やアフリカなどが食品輸入大国になっていく。

T **Technology**（技術）

スマート農業といわれる、耕作地にセンサーを取り付けたり、ネットとつないだりしてIT技術を活用した動きが加速する。

変化の特徴

農業生産者が、生産だけではなく流通から販売までを網羅した、6次産業化が推進されている。農業経営体も減るなか、付加価値の高い農業への脱皮は急務だ。もっとも国内ではより多くの顧客ニーズを聞く必要がある。

日本の農産物は味、品質、透明性、有機などの強みがあり、また農業のIT化も発展してきた。これらの強みを世界に輸出できないかを検討する必要がある。

農業の6次産業化

２０１３年の安倍首相演説によると、２０２３年までに、成長戦略の一貫として農業と農村全体の所得を倍増させるとした。これはいわゆる第三の矢として発表された。安倍政権下では農政改革が進められ、農林水産省と農業団体にたいして、官邸が介在し「稼げる農業」を標榜してきた。そのときに使われた言葉が「6次産業化」だ。

この6次産業とは、農林水産省は「農林水産物の生産にとどまらず、加工や販売などを合わせて行うことにより、生産者の収入や地域での雇用の拡大を図る取組です」としている。簡単にいえば、自分たちの仕事範囲を拡大して、利益をあげていくものだ。

6次の6は、農林漁業の1次産業にくわえ、2次産業（工業・製造業）、3次産業（販売業・サービス業）をかけあわせた、（1×2×3）を意味する。生産者ばかりではなく農協等も想定されている。川上から川下までをつなげ、雇用の拡大等もはかる。この農商工連携事業は農商工等連携促進法が2008年に施行されてからの流れだ。

農業者への戸別所得補償制度においても、コメに関しては引き下げられ、生産コストと売上の差額補償について、2018年産からは廃止となる。いっぽうで新規の就農者を増やすために給付金は継続され、法人が農業分野で雇用を増やすための研修助成金もある。

また、農林水産省は「農業女子プロジェクト」を立ち上げ、女性農業者のPR事業も行っている。これは女性農業者が仕事や自然との関わりの中で蓄積したノウハウを活用し、新たな商品やサービスを作り上げていくものだ。

国としては強い農業を目指し、農業の魅力をあげようとしている。逆にいえば、それは農業の将来を危惧しているあらわれかもしれない。

縮む、国内の食用農林水産物

まずは農林水産物の推移から見てみよう。

国内の農作物供給

（単位:10億円）

区分		昭和55年	昭和60年	平成2年	平成7年	平成12年	平成17年	平成23年
生産段階	食用農林水産物	13,515	14,457	14,405	12,798	11,405	10,582	10,477
国内生産	食用農林水産物	12,278	13,056	13,217	11,655	10,245	9,374	9,174
	最終消費向け	3,910	3,500	3,947	3,544	2,947	2,772	2,874
	食品製造業向け	7,482	8,837	8,637	7,344	6,414	5,767	5,453
	外食産業向け	886	718	634	767	884	835	847
輸入	食用農林水産物	1,237	1,402	1,188	1,143	1,160	1,208	1,303
	最終消費向け	280	290	278	323	298	328	261
	食品製造業向け	888	1,045	805	661	712	747	929
	外食産業向け	69	66	105	160	150	133	113

資料：農林水産省

まず上段で、全体の食用農林水産物が大幅に減っていることがわかるだろう。昭和55年から比較すると、22％の減少となっている。国内生産も同傾向だ。それにたいして、輸入を見ると、食用農林水産物はむしろ増加している。日本では、よく諸外国からの食品の安全性について疑問の声があがる。ただ実際は国産がシェアを減らすいっぽうで、輸入品は皮肉にもシェアを広げている。逆に、海外産が増えたからこそ、その安全性への疑問の声があがったともいえる。

同時に農林業経営体は減少の一途を辿っている。たとえば、平成22年に１７２万だったところが、平成27年には１４０万となった。農業だけでも同傾向で、167万が137万になっている。

前述の6次産業化を実践した農家の目的としては、価格決定権の確保がある。全体の量が減るなか、どうしても1次産業者としては、2次・3次産業者から買い叩かれる可能性があるためだ。

さまざまな取り組みの小手先感

この6次産業化の流れを受けて、さまざまな取り組みが実施されている。いわゆるBtoCマーケティングといわれる、消費者への直接訴求が行われている。ただ、これは難しいことではなく、農家がホームページを開設して農作物の販売を開始したり、メールマガジンをはじめたり、ブログをはじめたり、SNSでの宣伝活動をはじめたり、といった内容だ。

とくに農作物は生産者の顔が見えたほうが安心だから、生身の生産者情報を発信して、関係性を構築する価値は大きい。また、地域の直売所に独自の農産物を出品して客単価をあげたり、学校給食への納入をはじめたりする例もある。

さらに地域にあるスーパーマーケットや百貨店と連携し、独自商品を企画・納入する取り組みがある。スーパーマーケットなどへ直接販売することによって、小分けした商品のニーズをすくい上げることや、味についての率直な感想を聞き生産に反映させるなどといった成果が出ている。

しかし、個々の取り組みは尊重すべきものの、どうしても個人的な感想では小手先にとどまっているように感じられる。どうも、地域活性のためのコンサルタントや、広告代理店等を儲けさせているだけの気がする。それは、きっと、まだ農家が、プロダクトアウト型（自分たちが生産するものを買ってもらえればいい）から、マーケットイン型（市場がほしいものを作る）に転換できていないためだと、私は思う。

日本の農家は生産者主体から脱却できるか

毎年3月になると農家はコメを作り始める。その際に、売り先の消費者が見えているわけではない。ＪＡに出荷するまでが仕事になっている。コメにかぎらず、生産者は、消費者どころか、食品加工メーカーのニーズも聞いているわけではない。そこで食品加工メーカーは海外に原料を求めるようになった。

農協では卸売市場へ委託販売するのが基本で、小売店や飲食店と直接取引の機会が少なかったことも原因だろう。

一般的にはコメ離れが進んでいるといわれている。家計あたりのコメの消費額も減っている。コメ余りのイメージがある。ただ、非常に奇妙なことに、業務用はむしろ不足している。農家にしてみれば、飼料用の米を作ったほうが、多くの補助金をもらえるからだ。しかも、業務用を作るより安定した収入となる。食品加工メーカーが海外から調達する対象には、コメも含まれる。

農林水産省はこの業務用米のミスマッチを130万トンとした。コメ全体の生産量750万トンとくらべるとその大きさがわかる。2017年3月21日の農林水産大臣記者会見で面白いシーンがあった。業務用コメの不足について記者から聞かれた大臣の答えだ。

記者：この130万トンのミスマッチの緩和というのは、現状では見通せていないし、相当困難だということですか。

大臣：努力をしているという段階です。

日本人は、二人以上の世帯で見ると、生鮮品3割、加工食品5割、外食2割の構成で消費している。外食の比率は今後2035年くらいまで変わらないと予想されている。ただ、生鮮品は減り、そのぶん加工食品が伸びる。おおよそ生鮮品2割、加工食品6割になると予想される。その加工食品メーカーが海外から原料を調達している。彼らからしてみても、大量かつ一定品質のものを安価に求めるため、どうしても日本の中小規模の農家では対応できない。それに、こちらの希望を聞いてくれるわけでもない、というわけだ。それに、生産者も積極的に食品加工メーカーとの関係をもとうとしなかった。

農業の話をする際に、どうしても道の駅での販売だとか、消費者へのネット販売等が話題になるが、実際には食品加工メーカーへの売り込みと、彼らのニーズを把握した生産物改良が必要だ。

海外でのコメ需要

国内での企業取引という隠れた需要だけではない。その販路は海外にも広がっている。当節のテーマである2023年の世界的な食料需給見通しを見てみよう。世界全体のコメ消費量は537・5百万トンにたいし、生産量もほぼ均衡している。しかし注目したいのは、中国で消費量146・2百万トンにたいし、生産量は143・9百万トンしかない。人口爆発がつづくインドネシアも消費量50・2百万トンにたいし、生産量44・3百万トン

各国のコメの需給見通し

（単位:百万トン）

	生産量		消費量		純輸出(入)量	
	2010〜12年	2023年	2010〜12年	2023年	2010〜12年	2023年
世界合計	461.5	537.5	458.2	537.5	0.0	0.0
北米	6.6	7.4	4.3	5.0	2.3	2.5
中南米	17.8	22.2	18.5	22.8	−0.7	−0.6
オセアニア	0.7	0.7	0.4	0.5	0.3	0.3
アジア	414.7	479.6	394.0	453.5	17.6	26.2
中東	2.1	2.5	8.8	11.0	−6.6	−8.4
欧州	2.9	3.6	4.3	4.6	−1.3	−1.0
アフリカ	16.6	21.4	27.8	40.1	−11.4	−18.8
（参考）						
中国	140.3	143.9	139.7	146.2	−1.4	−2.3
タイ	20.3	22.3	10.5	11.5	7.7	10.8
ベトナム	27.0	34.8	19.7	23.1	7.1	11.7
インドネシア	36.2	44.3	39.5	50.2	−2.2	−5.9
インド	101.9	128.5	93.1	113.0	7.6	15.5
バングラデシュ	33.1	41.8	33.8	42.5	−0.7	−0.7

資料：農林水産省

と同傾向にある。生産量よりも消費量が上回っており、彼らは諸外国から見て、有望なマーケットになっていく。

なおここでは象徴としてのコメをとりあげたが、コメだけではない。多くの農作物で、アジアのいくつかの国（くわえてアフリカ）では生産大国から消費大国になっていく。それは日本の好機と見なければならない。

そこで重要なのは、真に6次産業的な考え――、つまり前述のように顧客との対話のなかで農作物を生産していく志向性だろう。というのも、日本の6次産業化の例を見ると、どうしても、日本の良さを完全に活かせていない気がする。日本の強みは農作物そのものだけではない。

日本の「農業」だけに注目するのではなく、広く「食」と考えるべきではないだろうか。味だけではなく、安全性や透明性や有機、そして農業生産における日本の技術力をもっと主張していいと思うのだ。中国には、もちろん農作物そのものを販売してもいいし、彼ら農業生産者へ技術を販売してもいい。

農業技術の販売

実際に、技術を販売する動きもある。このところ、よくスマート農業という言葉を聞く。これはセンサー技術、インターネット、ビッグデータ分析といった技術を農業に展開したものだ。

温度や湿度、CO_2といったデータを取得し分析するスマート農業の市場規模は拡大している。たとえば農地ごとの収穫高と、各種データを比較すれば、どのような条件で収穫高が最大化するのか分析できる。矢野経済研究所の予想によると、2015年度に国内では約97億円だったスマート農業市場規模は、安倍首相の語った2023年には300億円を超える。酪農でも同様の動きがあり、牛の発情情報を、センサーを通じて察知し、受胎機会を拡大させている。

また、国土の狭い日本が、なんとかして農作物の収穫効率を上げるべく蓄積してきた技術は、海外にも販売できるだろう。たとえば、シンガポールの農食品獣医庁と住友化学は共同で栽培実証実験をはじめた。これは国土の狭いシンガポールを舞台に、都市部のビル屋上で作物を栽培し、農作物を通年で収穫できるようにするものだ。さらに太陽光発電技術も取り入れ、持続可能な都市型農業モデルを構築する試みだ。

農業はこれから生産者の高齢化を払拭するために、ＩＴ技術を使わざるを得ない。農業がＩＴ化し、農業にまつわるデータが蓄積されれば、農業収穫高保障の保険商品も生まれるだろう。これも農業データを収集することができれば可能なビジネスモデルだ。それを先物取引にも利用できるだろう。

透明性の極致、日本

話を安全性に戻す。日本では以前より、顔の見える農業＝安心できる商品保証、を進めてきた。

日本では、ＰＢ商品の食品パッケージには、「製造所固有記号」の使用が認められてきた。記号と数字を使って生産者を表示する方式で、販売者が行政に届け出ている。行政はそのPB商品の生産者を把握しているものの、消費者からしてみると暗号としか映らず、見ただけでは生産者がわからなかった。

その後、2016年4月に、この表示基準が変わった。まず、製造所固有記号を表示する場合は、「製造所所在地などの情報提供を求められた場合の連絡先」や「製造所所在地等を表示したWEBサイトのアドレス等」、もしくは「当該製品の製造を行っているすべての製造所所在地等」のいずれかを併記しなければならなくなった。つまり消費者の意思さえあれば、PB商品の生産者を調べることが可能になった。

さらには、同一商品をひとつの製造所のみでつくっている場合は、製造者の名称と所在地を表示しなければならなくなる。なお、これらは加工食品と添加物については2020年3月末までの経過措置期間があるが、当節の2023年には措置期間も終了している。

生産地がわかること、顔の見える食品であることのニーズは常に高まっている。そこで、顔の「見える化」はさらに進められるだろう。たとえば、農家が作物を育てる過程をスマートデバイスで記録し配信する。そしてその生産者の人柄も消費者が知ることになる。

とくに日本の主婦層は購買食品に過敏だ。過敏とは悪しき意味もあるが、それを積極利

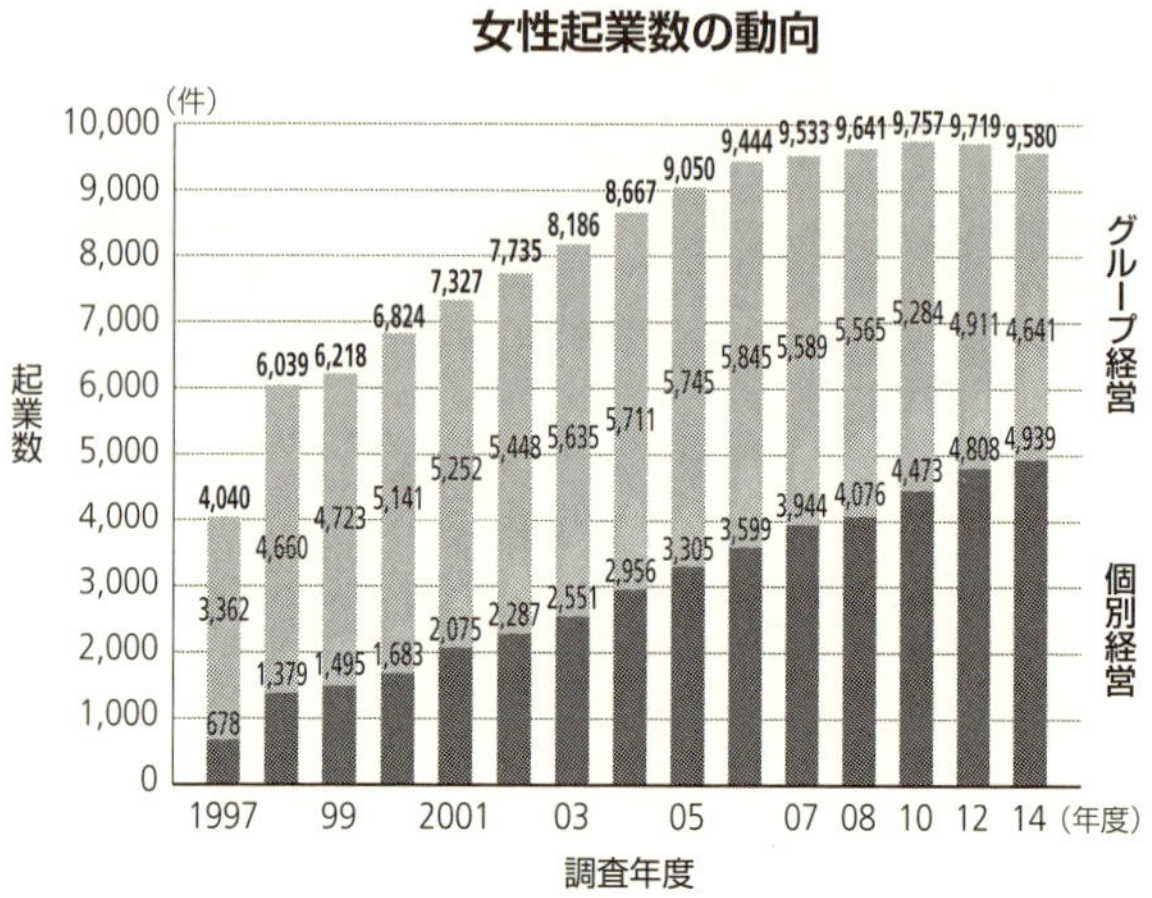

資料：農林水産省

用できないか。その意味で、これだけ食に注目が集まっているなか、なぜ作り手の主体として女性がもっと活躍していないのだろうか。農村女性の起業数を見てみると、近年は成長を続けてきたが、それでも1万に満たない。それどころか、むしろやや減少傾向にすらある。

女性の起業という場合、もちろん生産分野には限らない。2次産業もあるし、3次産業もある。実際にもっとも多いのは食品加工業への参入だ。生活者としての視点が女性にはある。地域との連携を含めた、こまやかな生産物が期待できる。

有機商品についても日本では普及度が高いとはいえない。米国が3・2兆円、ドイツが

1兆円、フランスが5700億円にたいし、日本は1300億円程度にすぎない（日経新聞2017年6月25日）。この分野は成長余地があると考えられる。すでに農林水産省も、「無農薬」といった言葉の意味を定義した。

日本の消費者＝生活者の感覚に立脚した農業こそが、世界に訴求できる日本の「食」になるのではないだろうか。

2023年に起きる変化

- 農業6次産業化の加速
- 農業のマーケティング志向化
- アジア、アフリカが食品輸入大国へ
- スマート農業化

考えておくべきこと

- 新たな農業ビジネスの可能性
- 異分野との連携、テクノロジーの活用

こういうものが売れる

・海外向けに日本の付加価値食品
・農業の収穫リスクを低減する保険商品
・農地からのセンサー情報から、収穫高を予想するようなシステム

稼ぎ方

効率的な農業が日本の強みになる

三井物産戦略研究所（産業調査第二室）の野崎由紀子さんが発表した「世界の食肉需要の行方」によると、所得水準と食肉消費には正の相関がある。各国のGDPの成長から野崎さんは食肉需要のこれからを予想している。すると2050年の段階では、現在の食肉需要の1・9倍ほどになる計算となる。さらにそれは飼料である小麦とトウモロコシの価格高騰をもたらすかもしれない。

これまで人類は人口増加のさいにも、生産効率の向上で食料を増やしてきた。これからも技術革新を含め、絶え間ない農業全体のサプライチェーン改善が必要だ。

日本の農業分野では、企業の力を活用することで、さらに効率化の向上を目論む必要があるだろう。企業は農地を所有できず、リースしかなかった。これは、企業は儲からなかったらすぐに農業を放棄する、という考えによるものだ。改正農地法により、企業も農地所有適格法人であれば所有できるとしている。ただ、農業関係者以外の構成員は総議決権の2分の1未満しかもてない。できればさらに規制緩和によって、異業種からの参入を促すべきだろう。それによって、農業分野に企業間の競争が生じ、結果として、効率的な農業そのものが日本の強みになるかもしれない。

地産地消から、自産自消へ

地産地消のつぎは、消費者が自ら農作物を育てるブームもやってくる。これは、複雑になりすぎた流通の反動から、安全・安心なものを自らの手で引き寄せる動きと見ていい。ただ、家庭菜園と何が違うのだろうか。簡単にいえば、手間がかからない。

たとえばバック・トゥ・ザ・ルーツ社では、手軽に始められる作物育成キットを販売している。ミニトマト、ハーブ、マッシュルーム、これらは定番のそれと変わらない。ただ、水をかけて放置するだけで生長する。

ものづくりは3Dプリンターの進化で、ビルの一室で行われるようになっていく。おなじく農業も、大きな耕作地ではなく、自宅で行われるようになるだろう。そしてそれはSNSで拡散し、マイクロ農業法人から個人に販売される。

また岡田斗司夫さんが流行させたレコーディングダイエットを自動的に実践できるアプリなどが普及するのではないだろうか。つまり、そのときに食しようとするランチやディナーの写真を撮れば、だいたいのカロリーを表示してくれるサービスだ。現在、似たようなサービスはあるが、まだまだ分析の精度は低い。可能なら、写真に撮るだけで栄養素まで判断してくれて、足りない栄養素を提案してくれればもっといい。人間ドックの結果と連動し、最適な食生活を提案してくれるようにもなるかもしれない。

また、地方文化との連携で食文化を盛り上げる試みも重要となってくるだろう。たとえば、地方の文献をもとに、地方独自の食文化や献立を提示する図書館の企画はどうだろうか。農業や産業の収益を超えて、それが一つの街興し・地域活性につながるだろう。

105　2023年 農業の6次産業化が進み、スマート農業が本格化する

2024年

アフリカで富裕層が急増

人口増によるビジネスが勃興

P **Politics**（政治）

アフリカ開発会議などで日本が大幅な経済援助を約束。

E **Economy**（経済）

富裕層の数の伸び、またGDPの伸びはアフリカ全体で堅調。

S **Society**（社会）

人口は世界の20%弱を占めるが、2100年には40%に拡大する見込み。

T **Technology**（技術）

ICT（情報通信技術）を活用したビジネスが増加。

変化の特徴

人口増が続くアフリカでは、GDP等の経済指標も堅調に推移している。そこで企業は人口増に伴い、市場としてアフリカを見るようになった。またICTの応用により新たなビジネスも生まれている。

ただし、アフリカ経済は原油の市況に大きく左右され、また農業生産性も低いままだ。リスクを抱えながらも、アフリカ市場をいかに戦略的に攻略するかが日本の課題になっている。

遥かなりアフリカ

高校時代、鬼才の文化人類学者・西江雅之さんの著作を私は愛読していた。氏といえば講義が面白くて大学の名物講義となり、かつ歩くのが速すぎて、人間離れしていると思われ、さらに10カ国語以上を操る、私のいわばヒーローだった。

私のアフリカなるもののイメージは、氏の著作を通じて作り上げられてきた。西江さんは驚くほど美しい文体で、しかし淡々とアフリカの日常を記述していった。以下はケニアの首都ナイロビでの出来事を切り取った記述だ。

食堂には、隣国のタンザニアから来た少年が二人、ルイヤ族の青年が二人、ボーイをしており、その他には、緑の制服を着たルイヤ族の女が五、六人ほど、ウエイトレスとして働いている。十七、八歳から二十四、五歳位までの女たちで、午前の十時頃から夜の十一時頃までの時間、仕事をしながらビールを飲み、ビールを飲みながら仕事をする。絶え間なく、ジュークボックスに硬貨を入れては、巨大な音でアフリカの流行歌を次々に流し、歌い、踊り、笑い、怒鳴りあう。わたしはその女たちが泣くのを一度も見たことがない。その女たちが人前で嘆くのも一度も見たことがない。

夜中に店を閉めると、女たちは近くの安ホテルへと、その晩に店で行き会った男と共に消え去るか、または、ひとまず自分一人の安ホテルへと向かい、改めて男を探しに街に出る。彼女たちには帰って寝る自分の部屋がないのである。

（西江雅之『花のある遠景』）

西江さんの紡ぐアフリカには、女性たちの売春があり、暴力と犯罪があり、しかしそのなかで、しなやかに強く生き、ただただ衝動に動かされて踊るアフリカ人たちがいた。悲惨な状況にもかかわらず、なぜか読後感は陰惨なものではなく、むしろ清々しささえある。それは氏の描くアフリカに、躍動と鼓動と、原始的な生命の歓喜を感じずにはいられないからだろう。

音楽家ブライアン・イーノはＷＩＲＥＤの編集長だったケヴィン・ケリーとの対談で、「問題はコンピュータにアフリカが足りないことだ」（"The problem with computers is that there is not enough Africa in them."）と述べている（米ＷＩＲＥＤ １９９５年５月号、ならびに日ＷＩＲＥＤ ２０１７年ＶＯＬ．３）。イーノは、クラシック音楽が古典的な階層構造、序列化、統御を象徴しており、そのカウンターとしてアフリカを持ち出している。イーノにとって、アフリカとは予測不能で統御の観念もないものだった。果てしなきリズム、そして原始欲求としてのダンス。

その鼓動とともにアフリカは世界においてラスト・フロンティアを超え、世界の中心に座しようとしている。

各国とアフリカ

アフリカは地球上で２番目に大きな大陸だ。３０００万㎢の面積をもち、低い平地が少なく高原大陸と呼ばれるように海抜300m以上の高原となっている。アフリカと日本は地理的にも心理的にも近いとはいえず、日本人の多くはアフリカ出身のひとと話したことすらないだろう。

アフリカというと内戦やテロなどぶっそうなイメージをもちがちだ。ただ、いっぽうで豊富な地下資源が眠っていることも知られている。莫大な量の石油が眠っており、またダイヤモンドも世界一の量がアフリカに眠る。ウランなどの資源も同様だ。この資源を先進国としては見逃すわけにはいかない。

2016年8月にはケニアの首都ナイロビで第6回アフリカ開発会議が開催された。日本も参加し、安倍首相は3年で1000万人の人づくりに取り組み、3兆円のインフラ整備等、アフリカの未来へ投資すると宣言した。

そしてもう一つ、忘れてはいけないのは中国だ。

中国はかつて石油の輸出国だったが、1994年からは輸入国に転じた。それから年度7%の高成長を見せている。あらたな石油源を見つけ、国民に供給せねばならない。

中国はアフリカの植民地からの解放運動を支援してきた。国家主席だった胡錦濤は2003年から頻繁にアフリカを訪れ関係強化に動いた。習近平もおなじく頻繁にアフリカを訪問し続けている。中国のアフリカ援助は過剰ともいえるほどだ。

2006年のFOCAC（中国アフリカ協力フォーラム）北京サミットにおいては、アフリカの重債務国と低所得国には債務が免除されるとしたほどだ。私はアフリカ人の知人の二人に聞いたことがあるが、いろいろな感想はあれど、全体として中国を悪くはいわなかった。なお、アフリカ3カ国に聞いた好感度調査によると、英＞中＞南ア＞独＞日＞仏＞印＞米だという（東大塾『社会人のための現代アフリカ講義』東京大学出版会）。

中国としてはアフリカを開発して資源を確保し、さらに自国商品を販売したいと考えるのは当然だろう。

そこで、まずはアフリカの人口や経済がどれくらい拡大しようとしているのか見ることにしよう。

アフリカにおける富裕層の拡大

日本の人口が1億2000万人を切ると考えられている2024年に、アフリカでは富裕層が増えると考えられている。The Wealth Report 2015 によれば、2024年までアフリカ富裕層の数は二桁の成長率で増えていく。そのなかでも、UHNWIの推移を見

UHNWIの人数と伸び率

国	2014年	2024年	伸び率(%)
アルジェリア	36	51	42
アンゴラ	72	112	56
ボツワナ	20	26	30
エジプト	276	387	40
エチオピア	36	72	100
ガーナ	31	62	100
ケニア	115	209	82
リビア	42	66	57
モロッコ	41	64	56
モザンビーク	10	19	90
ナミビア	17	23	35
ナイジェリア	210	399	90
スーダン	8	12	50
タンザニア	78	156	100
チュニジア	57	88	54
ウガンダ	21	35	67
ザンビア	16	29	81
ジンバブエ	26	38	46

てみよう。このUHNWIとは、聞きなれない言葉だが、ultra-high-net-worth individualの頭文字をとったもので、超富裕層とでも訳せるだろう。定義では、3000万USドル以上を有する。つまり、33億円以上をもっているひとの数だ。アフリカ各国ともに増加するのがわかる。アフリカ全体では、この期間に59%伸びる。

もっとも、アフリカだけで見てもわからないので他の地域とくらべておくと、UH

ＮＷＩは同期間で、全世界平均が34％、アジアの伸びが48％、ヨーロッパ／米国ともに25％となっており、アフリカはアジア以上に伸びているのがわかるだろう。

また、象徴的なＵＨＮＷＩから比較したが、通常の富裕層と定義されるミリオネア（資産１００万ドル＝１億１０００万円以上）の数も、同時期にアフリカは53％も増加する。この伸び率は、おなじく世界のどの地域の伸び率と比べてももっとも高いことを追記しておく。

人口やGDPの伸び

富裕層だけではなく、人口全体も見てみよう。国際連合World Population Prospectsによれば、今後アジアは老い、人口カーブは減少に向かう。いっぽうで、アフリカは急上昇していく。

細かな数字を覚える必要はないとして、世界人口の中心がアフリカになっていくことは理解できる。推計では現在（２０１５年国際連合調査）、世界人口73億５０００万人のうちアフリカの人口は12億を占める。これは比率でいえば16％となる。それが、２０２４年には18％に上昇し、２０５０年には26％、２１００年にはなんと40％になっていく。

世界地域別人口推移

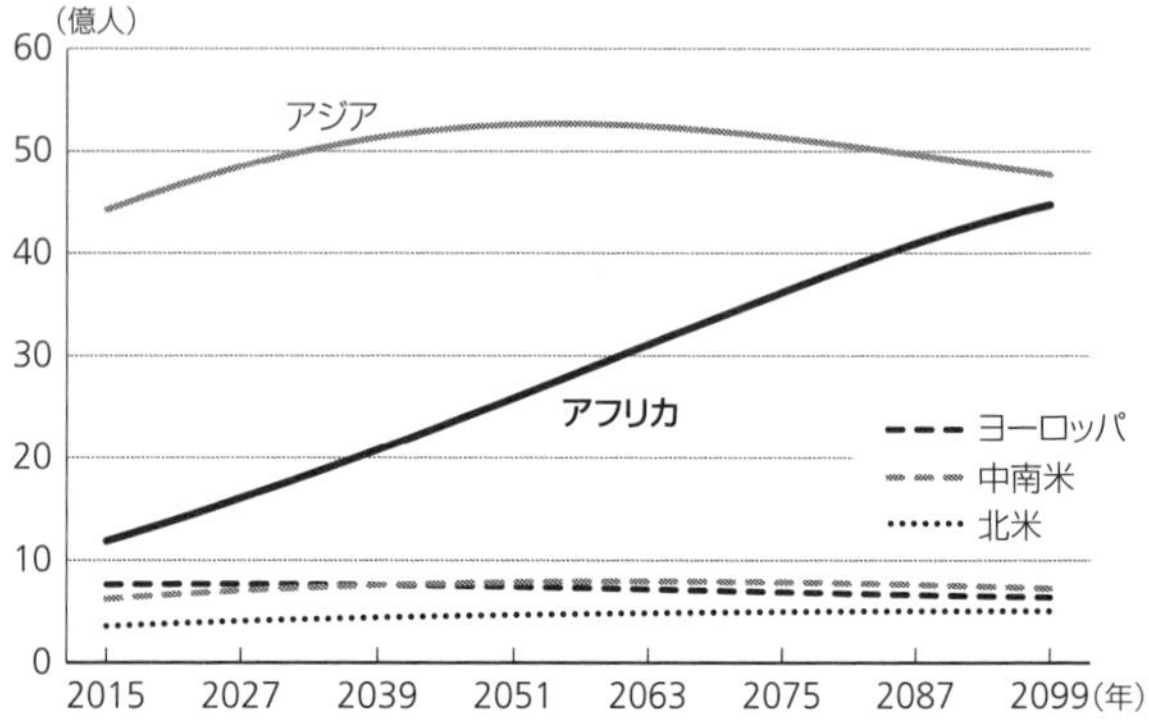

アフリカの実質GDPの伸び

2010年	2020年	2030年	2050年	2060年
4.90%	6.20%	5.90%	5.30%	5.00%

さらに２０５０年には世界における人口トップ20のうち、７カ国がアフリカになると予想される（ナイジェリア、コンゴ民主共和国、エチオピア、タンザニア、エジプト、ケニア、ウガンダ）。とくにナイジェリアは４億１００６万人を有し、世界４位になる。

人口が増えるので当然かもしれないが、ＧＤＰの伸びも継続していく。アフリカ開発銀行によれば、今後50年にわたって成長が見込まれる。

注目すべき3カ国

さて、この成長いちじるしいアフリカとのビジネスを考えていきたい。ところで、全体としてはざっと説明したが、それでもアフリカ個々の国についてどれだけ知っているだろうか。

以前、こういうことがあった。私のこどもが保育室に通っていたとき、アフリカ出身のお父さんが二人いた。共通点は日本語をほとんど話せず、さほど雄弁ではないということだった。うち一人は中古車の輸出業を営み、アフリカで販売しているという。

「どうやって仕入れるのですか」

「定期的に日本で中古車のオークションがあります」

「えっとアフリカは右ハンドルでしたっけ？」

「国によって異なります」

「左ハンドルの国には？」

「改造してもっていきます。車種にもよりますが1台、30万円から50万円で左ハンドルにできます」

「どのメーカーが人気ですか」

「国によります」

「まあ、そうですよね。じゃあナイジェリアは？」

「トヨタ車ですね」

「儲かりますか」

「国とマーケットの状況によります」

このお父さんが私と話したくなかった可能性をあえて無視すれば——だが、会話で「国による」と聞いて、たしかにそう思った。私が「アジアってどうですか」と訊かれても、たしかに答えようがない。アジアといっても多くの文化圏や事情がある。しかし、私たちがアフリカというとき、個別の差は消え去り、未知なる大陸である巨大なかたまりとしてしか考えられなくなる。

そこで、ビジネスの観点から、アンゴラ、ナイジェリア、ルワンダの3カ国を紹介しておく。

アンゴラ

アンゴラは原油やダイヤモンドに恵まれている。2000年代の中ごろには、経済成長

アンゴラ、ナイジェリア、ルワンダ

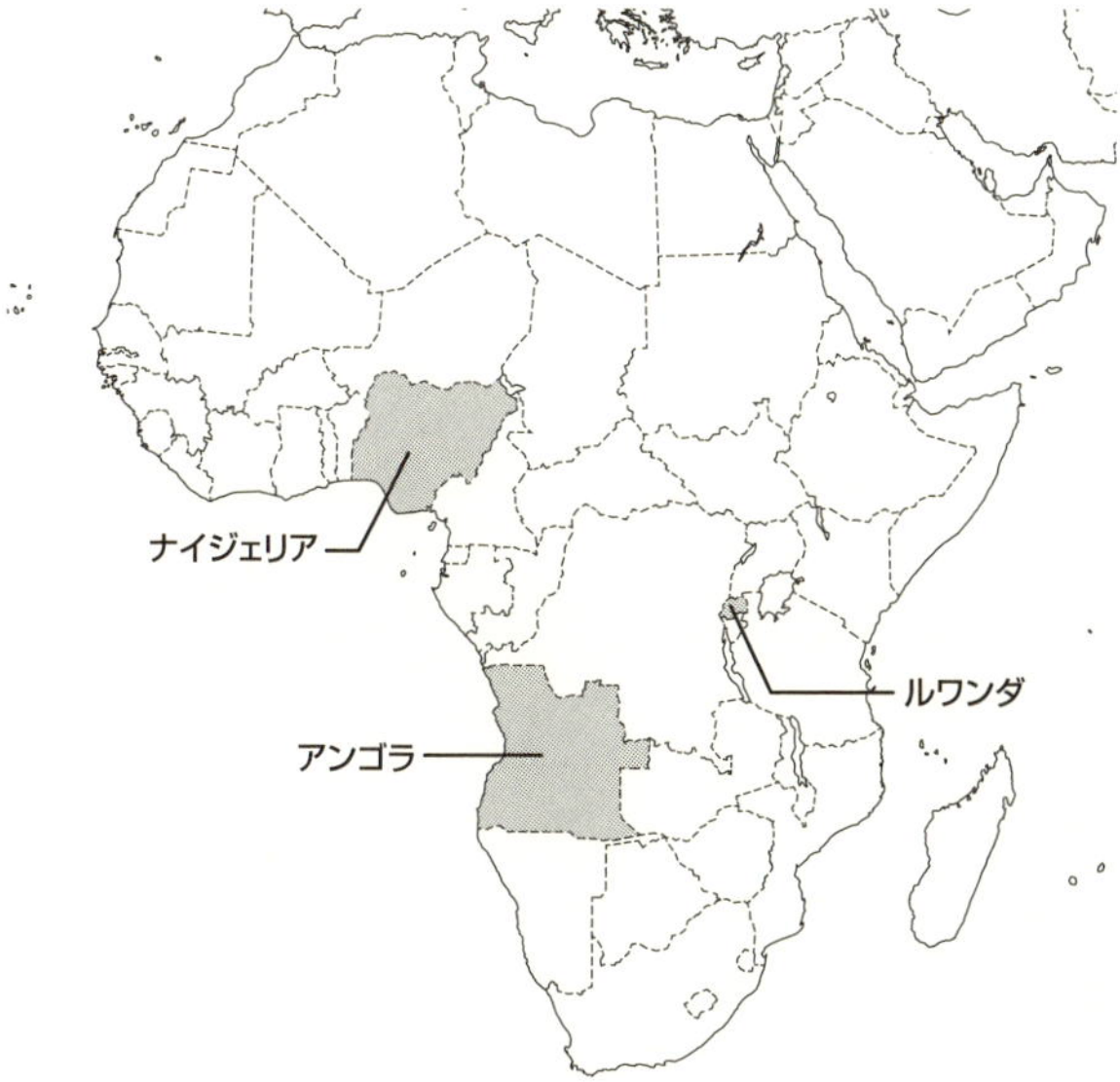

率が20％を超えた。それを強く牽引したのが、原油輸出だった。2007年にはOPECにも加入した。中国はロシアとサウジアラビアから原油を輸入しているが、意外なことに、3番目はこのアンゴラだ。

ところで話が変わるようだが、ここで注目すべきはミャンマーである。このところのミャンマーの発展には中国が関係している。ミャンマーからアンダマン海を抜けインド洋からアフリカを南まわりし、アフリカのアンゴラとナイジェリアから原油を調達するためだ。

世界地図を見てもらうとわかるように、シンガポール、マラッカ海峡を通るルートよりもミャンマーの港からのルートのほうがはるかに近い。中国はアフリカ投資、対アフリカODAを積極化していると同時に、ロジスティクス上の拠点もアジアに整備していたのだ。

中国がミャンマーを開発し、そして原油を運び、さらにミャンマーを通じて自国の商品をアフリカに送ろうとしている。中国の出口戦略の観点からもこのアンゴラは注目する価値がある。

ナイジェリア

GDPは4945億ドルにいたり、OPECの一員でもある。ナイジェリアは、国家の歳入の8割を原油が占めている。そのパワーは絶大で、ナイジェリアのGDPは南アフリカを抜くにいたった。まともなGDP統計が存在しておらず、電気通信や金融業を加算すると、実はアフリカ第一の経済大国に「認定」されている（なお原油の市況価格が下がった2015年の局面では、絶望的なダメージを受けたのも事実だ）。

ナイジェリアでは、英国から独立するほんの4年前に原油が見つかった。これは独立する観点からは幸福でもあり、不幸でもあった。なぜならば、その独立前の1956年に原油が発見されてから、内部崩壊がもたらされたからだ。内戦が勃発し、国が二分され、200万人が死んだとされる。現在では英国企業の多数がナイジェリアに進出しており、新たな植民地主義ともいうべき資源の取り合いが生じている。

欧米に原油を取られてきたナイジェリアだったが、このところ中国が積極的に介在している。原油を確保するために、立て続けに中国は二国間のプロジェクトを始動させた。これにより発電や原油施設などのインフラ整備に融資していく。

中国はナイジェリアから原油を調達する代わりに、それまでナイジェリア国産だった繊維製品を安価にナイジェリアに提供することとした。中国がしたたかなのは、ナイジェリアにとっても2007年以降は、米国ではなく中国が第一の輸入国となっていることだ。中国の狡猾な戦略によって、ナイジェリアは国内の繊維産業が斜陽となった。中国は原油をナイジェリアやアンゴラに依存している関係だったはずが、自国の安価な繊維製品供給によって、むしろナイジェリアが中国依存体質になっていった。

ナイジェリアは先にあげたとおり、アフリカの人口増を牽引するところでもあり、消費拡大により市場としても注目されている。

ルワンダ

ルワンダは内陸に位置し、地下資源などに恵まれていない。しかし、同国は「アフリカの奇跡」と呼ばれた。この10年間は経済成長率を8％程度キープした。そして現在、世界中からベンチャー企業を誘致している。同政府は２０００年に「ＶＩＳＩＯＮ ２０２０」を発表した。これはＩＣＴを活用し先進的な国家へ脱皮する宣言書だ。

カーネギーメロン大を誘致しコンピュータ修士課程を開講した。さらにＬＴＥサービスの提供をはじめ、電子政府プロジェクトをも開始した。ダボス会議ではルワンダはＩＣＴ活用にすぐれた政府と賞賛されたほどだった。

同国は１９９４年のルワンダ大虐殺が記憶に新しい。しかしいまでは、同国政府は汚職が少ないことでも知られ、腐敗認識指数では２０１６年に世界50位となった。これはボツワナに次ぐ高順位だ。会社設立が容易で治安の良さも高評価につながっている。

日ＷＩＲＥＤ２０１７年ＶＯＬ．３では、ルワンダでドローン配送ベンチャーを興したカリフォルニアのZipline社をインタビューしている。〈ルワンダを選んだ理由としては、政府がヘルスケアに、そしてすべての挑戦に協力的なのが大きい。（中略）最も重要なのは、ルワンダ人の多くがもつ起業家精神だ〉。同社はドローンを活用し血液を病院に届けるサービスを展開しているが、アフリカでは先進国が１００年かけて開発してきたテクノロジーをいますぐに使える利点があるという。あとは政府が積極的に技術を摂取しようとするかだ。

企業の反応１：人口増そのものにたいして

アフリカはこれまで資源の価格高騰によって外貨を稼ぎ出し、それにより経済が上向き、さらに個人消費を伸ばしてきた。実際に、原油価格とアフリカのＧＤＰ合計は相関関係にある。そして投資を呼び込み、その所得でアフリカでは個人が消費する。

アフリカにおいては政府消費や、農林漁業、鉱業、製造業などを差し置いて、個人消費がもっとも経済成長に寄与している。そして外資メーカーもそこに注目した。10年以上前よりＢＯＰなる単語が流行した。これはボトム・オブ・ザ・ピラミッドの略で、アフリカの低所得者層向けの消費財販売などを指す。洗剤などの日用品から、飲料などにいたるまで進出が続いた。

スーパーマーケットもアフリカではかつて富裕層向けビジネスだったが、庶民向け小売店として拡大するにいたっている。

アフリカの消費者はいったん気に入ったものは使い続ける傾向が、他地域より顕著だといわれる。一般財団法人経済産業調査会発行の『アフリカビジネス』には、〈保証は絶対条件である。テレビで3～5年、冷蔵庫で10年の保証を付している〉とか〈ブランドイメージの維持が重要である。一度値下げしたらアウトであり、日本企業も韓国企業も値下げしていない〉などといった意見が見られる。

企業の反応2：健康向上ビジネス

さらにアフリカでは医療にたいする飢餓感があり安価な医薬品や私立病院の建設などが期待されている。２０１７年の国連の調査によると、出生時平均余命は２０１０年から２０１５年までの期間で全世界平均70・8歳に対し、アフリカは60・２歳ともっとも低い。

アフリカは農業国のイメージがあり、実際に全労働人口の6割が農業に従事している。しかし、その生産性は先進国の４分の1から5分の1にすぎない。アフリカの農業生産性は低く、食料供給はこのままだと破綻するだろう。健康向上の観点からも、アフリカ人たちへの農業技術の提供は古くて新しいテーマだ。また、意欲のあるひとたちが農業機械などを買えるように、マイクロファイナンスも発展してきている。

出生時平均余命

ケニア	エチオピア	コンゴ民主共和国	ナイジェリア	南アフリカ	赤道ギニア
65.4	63.7	58.1	51.9	59.5	56.8

同時にアフリカへの穀物輸出をねらい、アルゼンチンなどからアフリカへ送るビジネスを手がける商社もある。

なお、国連開発計画によると、アフリカにおける女性たちの労働時間は長く、ケニアでは一日11時間ほど働くとされる。ケニアは一例で、アフリカ全体での家事労働の長さが指摘されているが、そのわずかな時間をぬって子どもたちのために美味しい食事を作ろうとするニーズがたしかにある。そこで加工食品メーカー等が進出している。

企業の反応3：未開分野開拓

ルワンダの箇所で〈アフリカでは先進国が100年かけて開発してきたテクノロジーをいますぐに使える利点がある〉と引用した。おなじく、アフリカでの同種の取り組みとして面白いのは、ケニアで施行されているOkHiというサービスだ。

73億5000万人の世界人口のうち、住所を有しているのは、30億人ほどしかいない。住所をもたないひとが40億人強もいる。彼らに荷物を届けようと思っても届けられない。しかし、彼らはGPSで観測できる座標はもっている。それによって配送対象を拡大している。

おなじくアフリカにはいまだに電気が通っていない地域がある。そんな地域で電気の自給は一つの解決策になるだろう。実際に、簡易的な自家発電装置を販売するサービスがある。

アフリカ諸国は再生可能エネルギーへの投資を急拡大している。ただでさえ既存インフラではまかなえていない電力が、人口増に伴ってさらに必要になるためだ。再生可能エネルギーで充足させられるのかは疑問であるものの、太陽光発電などが重要視されている。

また現在、ブロックチェーンの技術も話題になっている。これはビットコインでも活用されている技術だ。簡単にいえば、中央にある集中化したサーバーで情報を管理するのではなく、暗号化されたデータを分散されたコンピュータで所有し改ざんをしにくくする。これを活用しようというのが、アフリカにおける土地登記システムだ。というのもアフリカでは政府が信頼できず、国家にのみ土地管理データを預けておくと恣意的に改ざんされるかもしれない。それをブロックチェーンによって制御できれば、安全性が高まるため海外からの投資を呼ぶこともできるだろう。

アフリカに対する戦略が必要

もっともアフリカ経済が安全かというと、そうでもない。原油に依存しているため、価格下落に国家財政はダイレクトに影響を受ける。そこで、逆にアフリカの苦境を「活用」しようという動きもある。

とくに中国はモノづくりの原材料をアフリカから輸入し、そしてアジアの安価な労働力を活用し、さらにそれをアフリカに販売するサプライチェーンを構築している。たしかにそれは植民地時代の搾取システムと同義かもしれない。しかし、ナイジェリアのようなアフリカの国々を市場として開拓した先見性は認められてもいい。

日本も戦略性をもってアフリカと接しなければならない。まずは一度ナイジェリアなどに行ってみるところからはじめたらどうだろうか。

2024年に起きる変化

・アフリカが世界の中で存在感を増し、とくに人口増を背景としたビジネスが勃興する

考えておくべきこと

・自社商品のアフリカ市場への展開
・農業関連ビジネスの応用

こういうものが売れる

・食品
・日用品、雑貨
・インフラ関連ビジネス

稼ぎ方

アフリカの人口増は日本企業に恩恵をもたらす

アフリカの特徴として働き手が国境をこえている点がある。それは祖国への仕送りの多さを意味する。毎年２５０万人が祖国をあとにしている。現在ではビットコインなどを使った送金手段もある。出稼ぎ先と祖国をつなぐサービスなどは必要とされるだろう。

また、日本の高度成長期のことを考えてみよう。かつて日本では人口増により外食業界で調理時間が足りなくなり、それがセントラルキッチンという発明を生んだ。また、オリンピックの警備人員不足が民間の警備会社を躍進させた（セコム等）。

アフリカの人口増が、そのまま住宅を増やすとすれば何が起きるだろうか。その際に問題となるのは、建築家が足りなくなることだろう。そして、建材の生産ノウハウなども、日本が優位性をもっている。

くわえて、人口増が都市の密度をあげ、そして自動車であふれかえるようになったらどうなるか。アジアで見られる交通渋滞をさらにひどくした状況になる（現になっている）。そのようなとき、手軽に車中で暇を潰せるゲームが人気となる。

人口増はアイディアしだいで、日本企業にも大きな恩恵をもたらすだろう。

2025年

団塊世代が75歳へ

これまでの
シニアビジネスは消滅し、
シニア向けが普通になる

P　Politics（政治）

医療費の増大を抑えるために、国家として健康増進に取り組む。

E　Economy（経済）

シニアマーケティングは次の段階に入り、シニアを意識させない商品やサービスが流行する。

S　Society（社会）

20歳以下が人口の一部しか占めず、日本は大人だけの国家になる。

T　Technology（技術）

日本での先行事例が、これから高齢化を迎える国々へのコンサルティングビジネスとなりうる。

変化の特徴

高齢化が叫ばれ何年も経つ。実現しているのは、若者がいない国ニッポンである。シニアは特別な存在というよりも、ニューノーマルとなりつつある。そのときに、商品開発者と、需要者にギャップが生じる。

シニアも、別にシニアになりたくてなったのではない。一人の生活者としてシニアを捉えるのが大事だし、けっきょくは一人の人間として誰かとコミュニケートしたい欲望もしぼんでいるわけではない。孫や、あるいは異性との関係を醸成するビジネスは重要になってくるだろう。

さよなら青春の日々

歯医者に行ったとき、虫歯予防の質問をした。すると、同年代である歯科医は私に「おじさんは、虫歯の進行は遅くなっているでしょうから、歯槽膿漏などの注意をしたほうがいいですよ」といった。その「おじさん」とは紛れもなく私だった。

「うげ。おじさんって何歳くらいからですか」

「34歳くらいかな。だから、子どもの頃とは違うんです」

なんということだろう。私は知らぬ間に、数年前から歯科医の定義する「おじさん」になっていたようだ。考えてみれば、22歳で就職した会社で見た30代半ばの先輩社員は、たしかに「おじさん」か「おっさん」にほかならなかった。

新任教師は自覚のないまま、いつの間にか教壇に立ち、生徒なる存在に教える〝偉そうな〟立場になってしまう、という経験談を読んだ。私もその意味では、知らず知らずのうちに「おじさん」になってしまったわけだが、他人からそう指摘された事実にまだ違和感を隠せずにいる。

現在、「シニア」という言い方が一般的になった。55歳以降か65歳以降か、定義は曖昧で、本人たちがそう定義されて気持ちよくないと想像できる。2018年9月時点で、田原総一朗さんは84歳。世界の北野武さんは71歳だし、タモリさんは73歳、明石家さんまさんは63歳、桑田佳祐さんも62歳だ。年齢のわりに若すぎるひとたちがあふれている。芸能人ではなくても、身近に元気な70代、60代はいくらでもいる。実際に近年の体力・運動能力調査では、全体的に高齢者の体力は向上している。

だから「シニア」と前面に出されるとその商品を買いづらくなる。いや、買いたくなくなる。健康とか減塩とかばかりを打ち出されても、逆にちょっと反発したくなる。

自分のことならわかるのに、世の中にあふれるシニアマーケティングは、自分ゴトではないゆえの誤謬《ごびゅう》にあふれている気がしてならない。

人口の変化

「平成26年版高齢社会白書」によると、この2025年には団塊の世代が75歳以上となり高齢者の人口は3657万人に達する。日本の高齢化率は30・5%となり、文字通り、高齢社会が徹底していく。いわゆる後期高齢者が増え、それは介護者の需要も増やしていく。ただ供給は追いつかないままだ。しかも団塊ジュニアは、子育ても終わっていないはずで、介護と育児に生きねばならない。

まずは、日本人の人口構成を見てみよう。意外に知られていないのは、日本人のなかで20歳以上のいわゆる「おとな」がどれくらいいるかだ。実に日本は、80%を超えている。成人式だと、やっと「大人の仲間入り」のイメージがある。しかし、日本では、ほとんどが「おとな」で、子どもとおとなの区分けに、ほとんど意味がなくなってきている。

さらに将来には9割を超える。これは劇的な変化だ。むかし「平均寿命40歳のときに成人が20歳だった。だから、現在は、成人式に参加させる年齢を40歳にせよ」と語った論者

日本人に占める20歳以上の比率

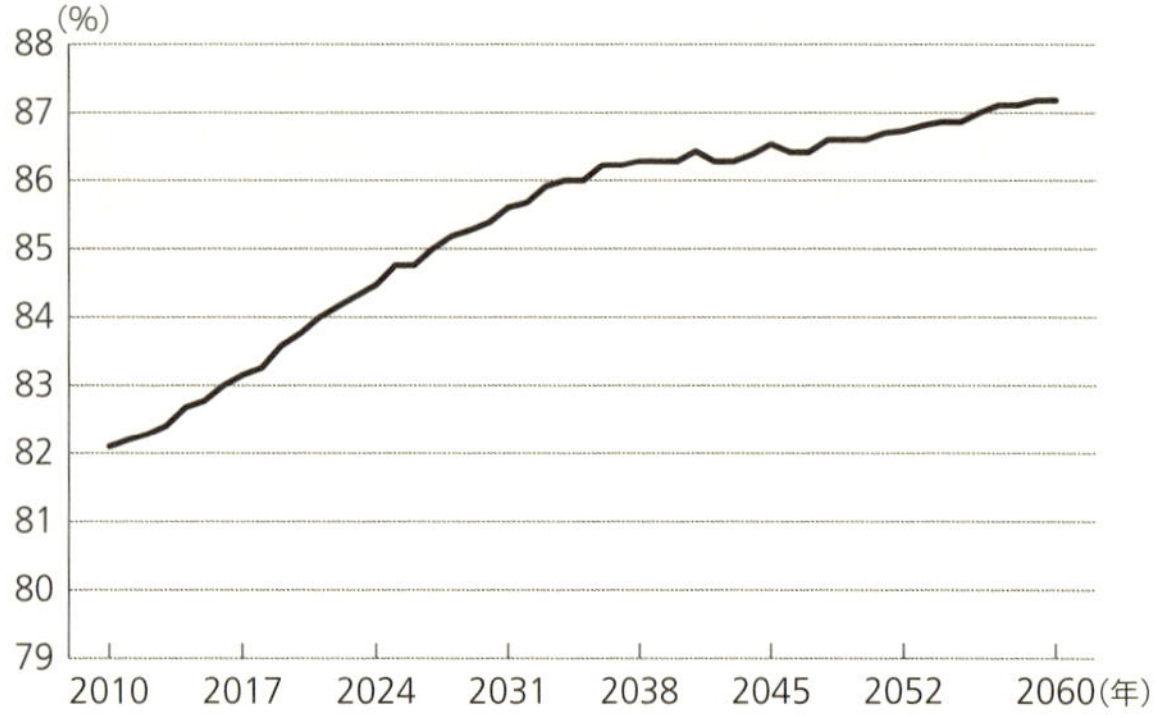

がいた。それは正しい指摘だった。しかし、もはや、そのような区分け自体が不要になっている。日本は全員が「おとな」の状況が到来しているからだ（年齢構造係数：出生中位（死亡中位）推計を使用した）。

ここまで来ると、医療保険制度と年金制度がいやでも不安になってくるものの、ここでは、積極的な観点から述べていきたい。

消費者としてのシニア

消費者としてのシニアを見てみよう。

そもそも高齢者の経済状況はどうなっているのだろうか。「平成29年版高齢社会白書」を見てみよう。これによると、「家計にゆとりがあり、まったく心配なく暮らしている」「家計にあまりゆ

高齢者の暮らし向き

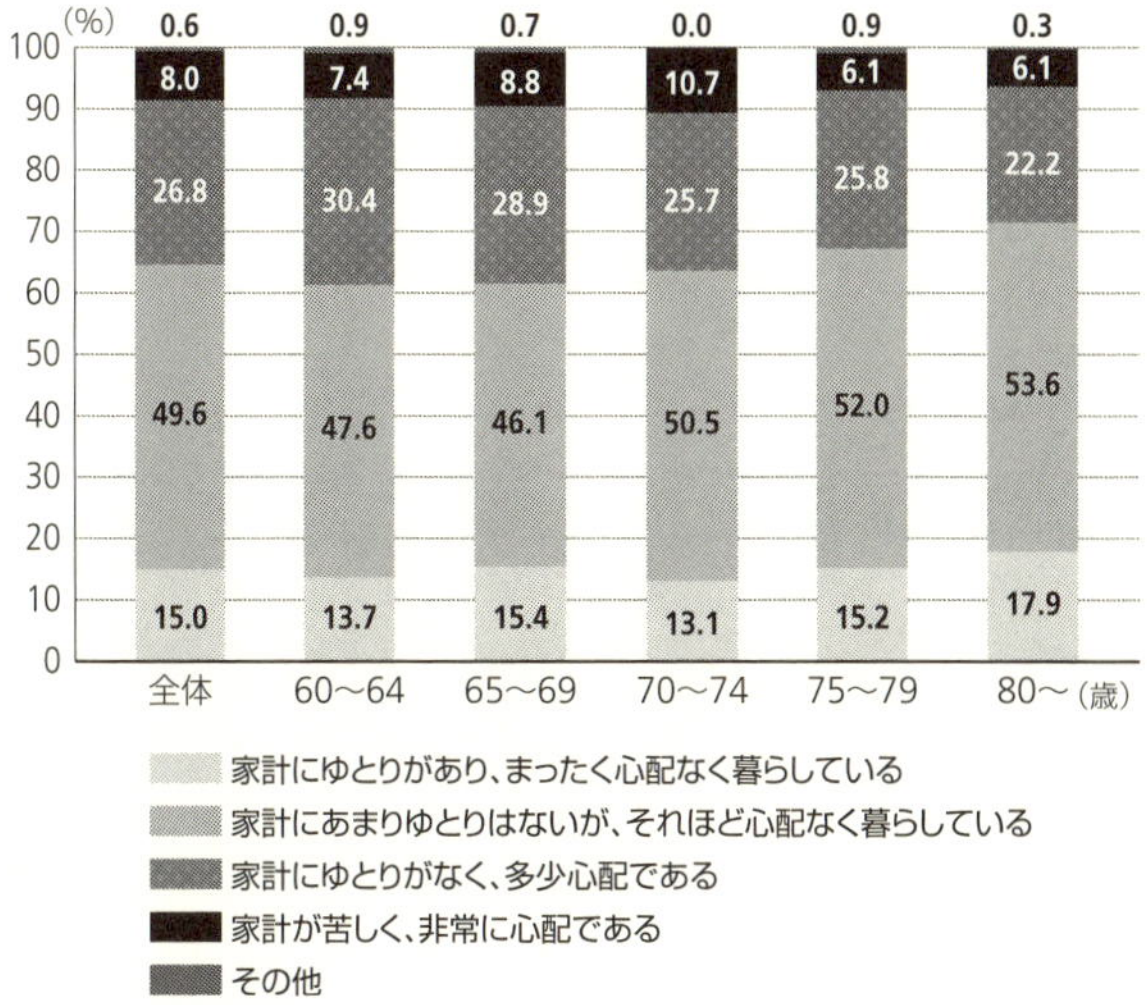

資料：内閣府「高齢者の経済・生活環境に関する調査」（平成28年）
（注）調査対象は60歳以上の男女

とりはないが、それほど心配なく暮らしている」の合計は、75歳以上になると上昇するとはいえ、全体とくらべてそれほど高くなっているわけではない。

しかし、すでに引退していれば収入が減り、心配がないはずはない。実際の貯蓄額で見ると、やはり高い。世帯主が60～69歳だと2402万円を有し、70歳以上でも2389万円とさほど差はない。

もちろん下流老人なる言葉が示すとおり、生活の厳しさに直面している層がいるのは否定しない。しかし、全員ではない事実を見つめ

世帯主の年齢階級別1世帯あたりの
貯蓄・負債現在高、年間収入、持家率

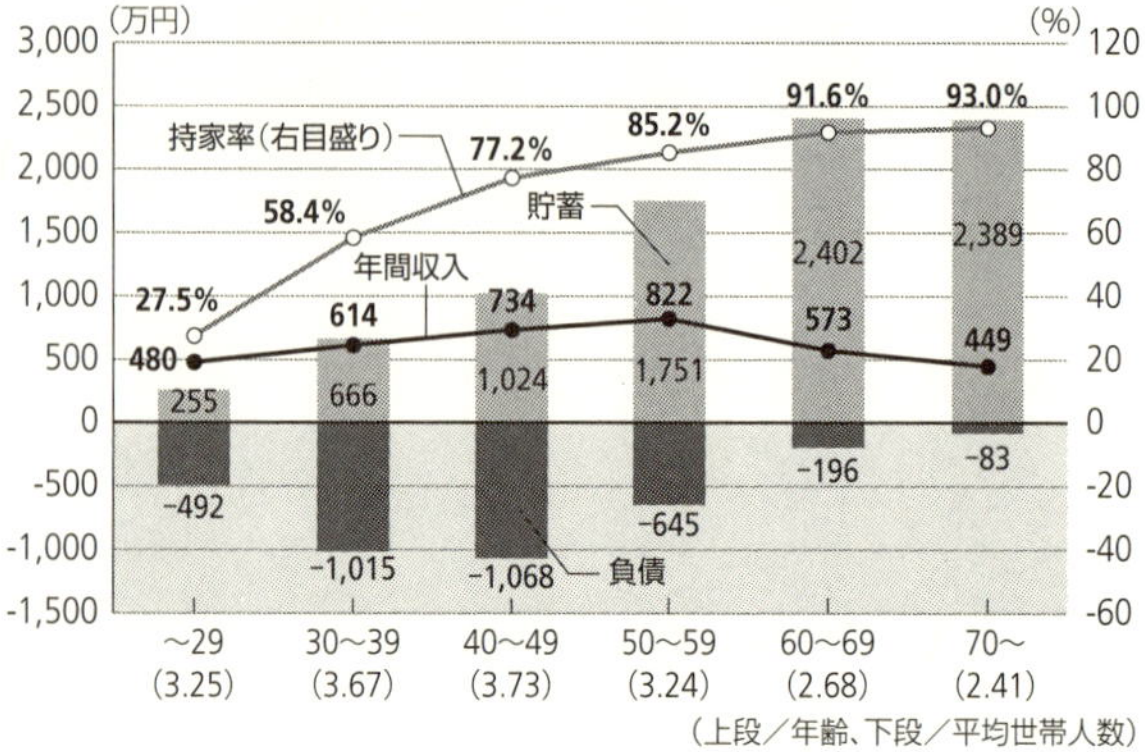

資料:総務省「家計調査(二人以上の世帯)」(平成27年)

ておきたい。

現代シニアの若さ

また、お金をもっているだけではなく、若い。

マンガ「サザエさん」の時代は定年が55歳で、1980年代まで続いた。その後、60〜65歳を超えても働く人は多くなった。波平さんの設定は54歳だ。漫画は社会の潜在的無意識を包含するから、きっと当時の54歳と考えれば違和感がなかったに違いない。そこからすると、おそらく15歳は若返っていると仮定してもいいだろう。

実際に日本老年学会は2015年に、現代の65〜79歳は「5〜10歳の生物学的年齢の低

60代のジーンズ所有率

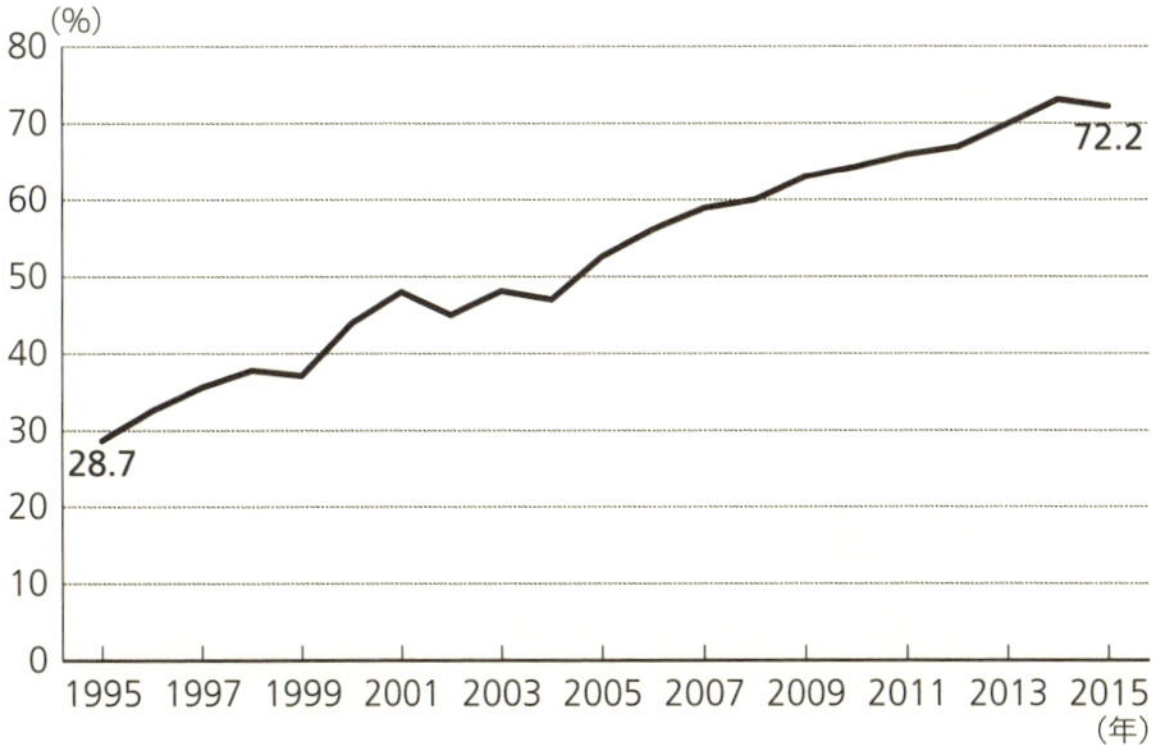

下を示唆する」と分析し話題となった。多少の異論はあっても、感覚として若返りは納得できる。

たとえば象徴的なのが60代のジーンズ所有率だ。若さの象徴とはいいすぎかもしれないが、ビデオリサーチの調査によればいまは60代の7割強がジーンズを有している。

シニアマーケティングは続くよ、どこまでも

そこで、具体的なマーケティングの対象は必然的にシニアに移る。かつては、毎月25日に消費が盛り上がるといわれた。働く父親たちの給料日だ。しかし、いまは15日に移行している。これは年金受給日だ。年金は隔月支給されるが、シニアたちは、消費習慣として毎月15日に消費を旺盛にする。

次ページのグラフは男女のちがいを見るために

牛肉消費金額（年間平均）

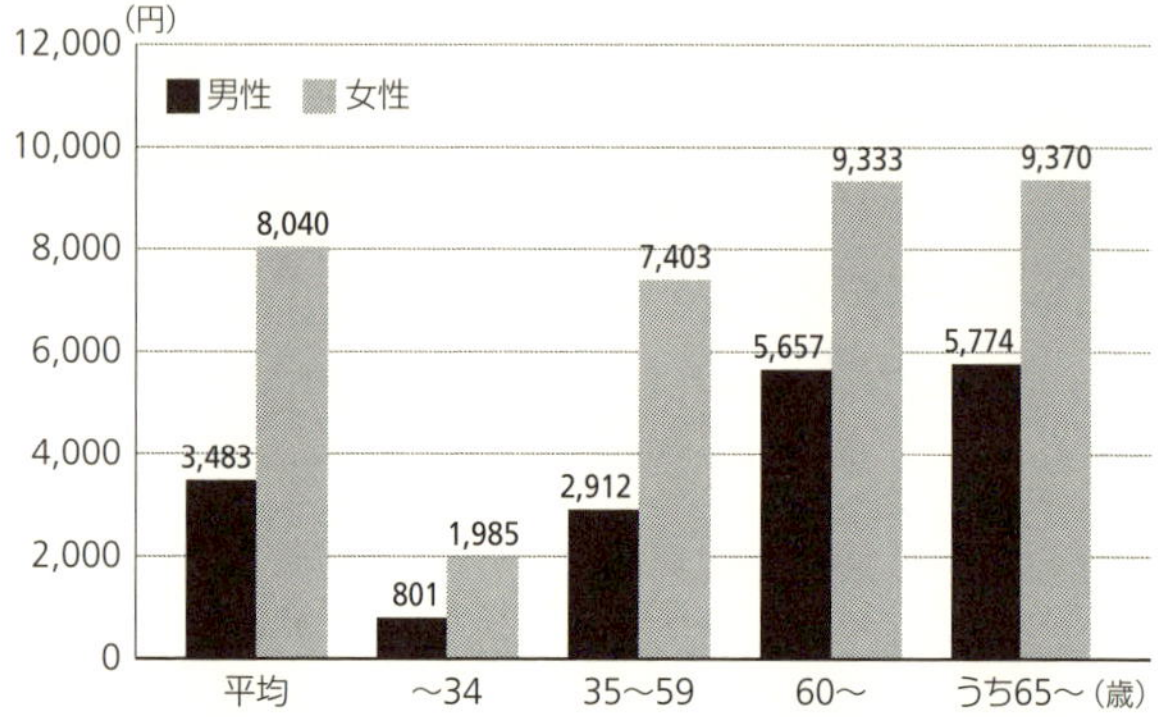

資料：家計調査

単身世帯の年齢階級別で、牛肉の消費金額を年間平均にしたものだ。いま、牛肉をもっとも購買するのは、シニアの女性である。だから、「肉食女子」は正確には「肉食高齢女子」が正しい。しかも、ねじれているのは、購入した先にいるのは、孫たちだ。だから、各社とも、シニアに向けて「孫に買ってあげたい食品」をアピールすることになる。

大垣共立銀行グループのシンクタンク、株式会社共立総合研究所は〈「孫」への支出実態調査（2011年）〉という身も蓋もない調査を行っている。それによると、「孫への支出」は年間平均26・7万円にも達し（！）、同居の孫へは一人あたり8・3万円も支出、別居の孫へも一人あたり7・2万円を支出する。孫は一人とは限らないので注意が必要だが、たとえば誕生日には年間平均で約4万円を支出するという。

高齢化する日本において、この流れは必然だ。そして、マーケティングでは、常に、消費者の悩みや不満にフォーカスしなければならない。これまで若者が中心だったところが、中高年以上、少なくとも、就職し社会に出たひとたち以上が中心となっていく。

さまざまな試み(1)店舗設計の変化

この高齢化は、店舗設計にも影響を与えそうだ。ルンバなどの自動掃除機は、プラグの抜き差しなどでしゃがむ必要がないため売れているが、若い設計者には実感がない。スーパーでもとくに売り出したい商品は視界に入りやすいゾーンに並べるべきだが、女性シニアの身長を考慮した高さ配置が求められるだろう。また、買い物中に、とにかく立っているのがつらいシニアはたくさんいる。だから、売り場に椅子を多く置いたところ、売上が伸びた例もある。買い物に同伴している夫が「早く帰ろう」という回数が減るためだ。

現在、大型スーパーマーケットで階段に段数を記載する試みがある。もちろんスーパー内部を広大な運動場にしてほしいからだ。何段上がったかを記録してもらうとともに、ついでに買い物も楽しんでもらう。

実際に私の子どもがそうであるように、大型スーパーにあるゲームセンターは、孫と祖父（じいじ）の遊び場になっている。インベーダーゲームで遊んだ経験を持つ祖父だから、比較的ゲーセンとは相性がいい。孫と触れ合う場となっている。

さまざまな試み(2)趣味・恋愛・旅行

以前、3G（スタディシニア、育児シニア、チャラチャラシニア）が流行った。チャラ爺がいまどれだけいるかはわからないが、共働き世帯が多い現在、育児には近隣に住んでいれば必然的に関わることになるし、学習欲についても音楽教室や大学・カルチャーセンターの教養講座は人気を博している。

私もそうだが、社会人になると同時に楽器を封印したひとは多い。時間があれば再チャレンジしたいものの一つだ。ギターなどの楽器教室、作曲教室などもにぎわっている。さらに楽器が弾ければ孫との交流にも一役買う。

本書の読者に自分の親の年齢と比較してほしいのが1964年という年だ。海外旅行が自由化されたのがこの年で、いまのシニアは海外渡航について心理的な障害はない。だから旅行代理店的な旅行提案機能はいっそう重要になるだろう。

また、本来の枠を超え、シニアの囲碁大会を開催したり、ゴルフコンペを企画したりするスーパーも出現している。コミュニケーションそのものが商品になるのだ。

シニアといっても、年齢がそのひとを諦めさせるわけではない。というのも、老人ホームで聞いた話では、つねに入所者の話題ナンバーワンは、入所者同士の恋愛話だという。恋も美容も、若いころと同じ、というわけにはいかないだろうが、隠れた感情をすくい上げておきたい。実際に、カルチャーセンターでも、習い事でも、新たな異性との出会いの観点は忘れてはいけない。

さまざまな試み(3)御用聞きビジネス

シニアにたいして、御用聞きビジネスがさかんになるとは前述したとおりだ。実際に買い物にやってきても重い物を持ち帰れないシニアも多い。実際のスーパーは、お客同士が憩いの場として使えるようにし、手ぶらで来て、手ぶらで帰ってもらう。ネット経由での注文を受け付けてもいいし、系列のコンビニで受け付けても良い。

また一概にシニアがスマートフォンやタブレットを使えないと断じてはいけない。それこそ冒頭で書いた陥穽にはまる。使用法を学ぶ機会が少ないだけだ。だから、サポート社員がやってきて初回注文から何回かは丁寧に、シニアに使い方を伝授する仕組みが考えられるし、実際にそれに近いものはすでに存在する。

常に安価な店舗を探したり、定番商品をもたずに切り替えたりすることをブランドスイッチと呼ぶ。シニアはこの転換がなかなか生じないため、コストをかける価値があるだろう（転換が起きない、というのが、現時点から考える思い込みかもしれないが）。

シニアとは新しい消費者層

たまに祖父母の家にいったとき、壁に飾ってある先祖の遺影を見て、その実年齢の低さに驚いたことがあった。50代だともう長老のようだし、30代でも定年間近のような雰囲気を醸し出している。

シニアマーケティングと繰り返し述べたが、これからは高齢者とか年寄りとか思うのではなく、新たな消費者層が誕生したと思ったほうが良い。つまり、ほんとうはもっと働けるし、体も頭も動かせるが、定年になったせいであり余る時間を有しているひとたちだ。

冒頭でもあげた北野武さんは、ビートたけしとして「高齢者は最強だ」とテレビで語っていた。「最強なのは高齢の暴走族だ」と。「止めなさい。君たちには将来がある」「将来なんかねえよ」と。この最高のギャグは、これほど高齢化が進んだ社会で聞くとさらに面白い。つまり、将来を考えることなく、余生を楽しめばいいだけの消費者層が誕生しているのである。

2025年に起きる変化

- 高齢者が大半を占める国となる。

考えておくべきこと

- シニアをシニアと意識させないビジネス

こういうものが売れる

- 孫むけ商品
- コミュニケーションサービス
- シニアの趣味・恋愛・旅行に関係するビジネス

稼ぎ方

高齢化する恋愛市場

シニア版の『バチェラー・ジャパン』がありうるのではないだろうか。『バチェラー・ジャパン』とはアマゾンプライムビデオで公開されているもので、一人のアッパーな男性を女性が取り合う悪趣味な番組だ。高齢で独り身の、しかし、魅力的な女性が、一人のアッパーな男性を取り合う番組が、ギャグではなくリアルに感じる時代に私たちはいる。

弘兼憲史さんの傑作『黄昏流星群』に出てくる40代は、たしかに10代から見たら「おばはん」かもしれないが、日本のマジョリティからするとじゅうぶんに〝年下〟だ。弘兼さん自身も、漫画を通じて40代女性の魅力を伝えたいと語っている（『どうする？どうなる？ニッポンの大問題』）。

人生100年時代だ。70歳になってから、最後の恋を見つけても、残り30年ある。リアリティショー『テラスハウス』のシニア版。恋愛斡旋ビジネスは必然として生まれるだろう。そして、高齢者版のシェアハウスも、介護者が足りない中、高齢者同士が助け合う観点からは有望だろう。

日本は外国にとっても実験場となるだろう。日本でどのようなビジネスが誕生するか。

それは、そのまま海外への展開材料になるだろうし、老年国家ニッポンのビジネスはもしかすると、超高齢化が進む中国へのコンサルティング・ビジネスになるのかもしれない。

2026年

若者マーケティングのキーは、SNSと愛国になる

沈みゆく国の、しかし満足している若者たち

P **Politics**（政治）

若い低所得層の税負担軽減のため基礎控除枠が拡大。

E **Economy**（経済）

学生は仕送り金額が最低へ。若い社会人も消費支出を減らす。

S **Society**（社会）

逆説的に若い層の生活満足度はむしろ高まり、愛国的な傾向を見せていく。

T **Technology**（技術）

SNSなどがさらに発展し、ライフログを簡単に公開できるようになる。

変化の特徴

残念ながら経済的には恵まれているとはいえない若者たちは、しかし、生活の満足度をあげている。消費支出はたしかに減っているものの、合理的な消費を行っている。SNSで日常をシェアし、そして愛国的な傾向を濃くする若者たち。彼らに必要なのは常時接続された人間関係のなかで「いいね！」を得られる商品となる。

2026年の若者を語るということ

2026年には、ちびまる子ちゃん連載開始40周年、ウルトラマン生誕60周年、仮面ライダー生誕55周年、さらにはサザエさん生誕80周年となる。古典的作品の記念の年だ。2025年はシニアビジネスをとりあげた。それと同時に考えてみたいのが、若者向けビジネスの動向だ。

私は1995年を、旧来的な日本システムが崩壊した年だと考えている。速水健朗さんが『1995年』という書を出しているほどだ。阪神・淡路大震災、地下鉄サリン事件、マイクロソフトWindows 95発売、『新世紀エヴァンゲリオン』のテレビシリーズの初放映。そして、バブル崩壊が決定的になった年——。私は当時、まだ17歳にすぎなかった。

しかし、日本がふるえているのがわかった。

1996年をよくも悪くも、形を変えた日本元年とすれば、その年に生まれたひとたちが2026年には30歳を迎える。現在、就職活動をしている年代だ。

なお、ほとんどの読者が「共修《きょうしゅう》」という単語を知らないと思う。これは、技術や家庭科のような学校教育を男女いっしょに学習するということだ。家庭科の男女共修は、1993年度に中学で、1994年度には高校で実施されている。この年代はゆえに、フラットな教育を受けた第一世代ともいえる。

若者はモノを買わないか

よく「若者はモノを買わない」というけれど、極端だと思う。巷の言論を見ると、若者がまったく物品を買わないかのような印象を受ける。そんなことはない。データうんぬんではなく、街中を歩いていると、じっくりと吟味して衣料品を買う若者を見る。昔のようにクーペを買って彼女とデートする、というわかりやすい消費から、こだわって分野を特定し消費するスタイルに変わっただけではないか。

実際に、若者がモノを買わないのであれば、昔と比べて貯蓄率が何十倍になってもいい

世帯の1カ月あたり消費支出

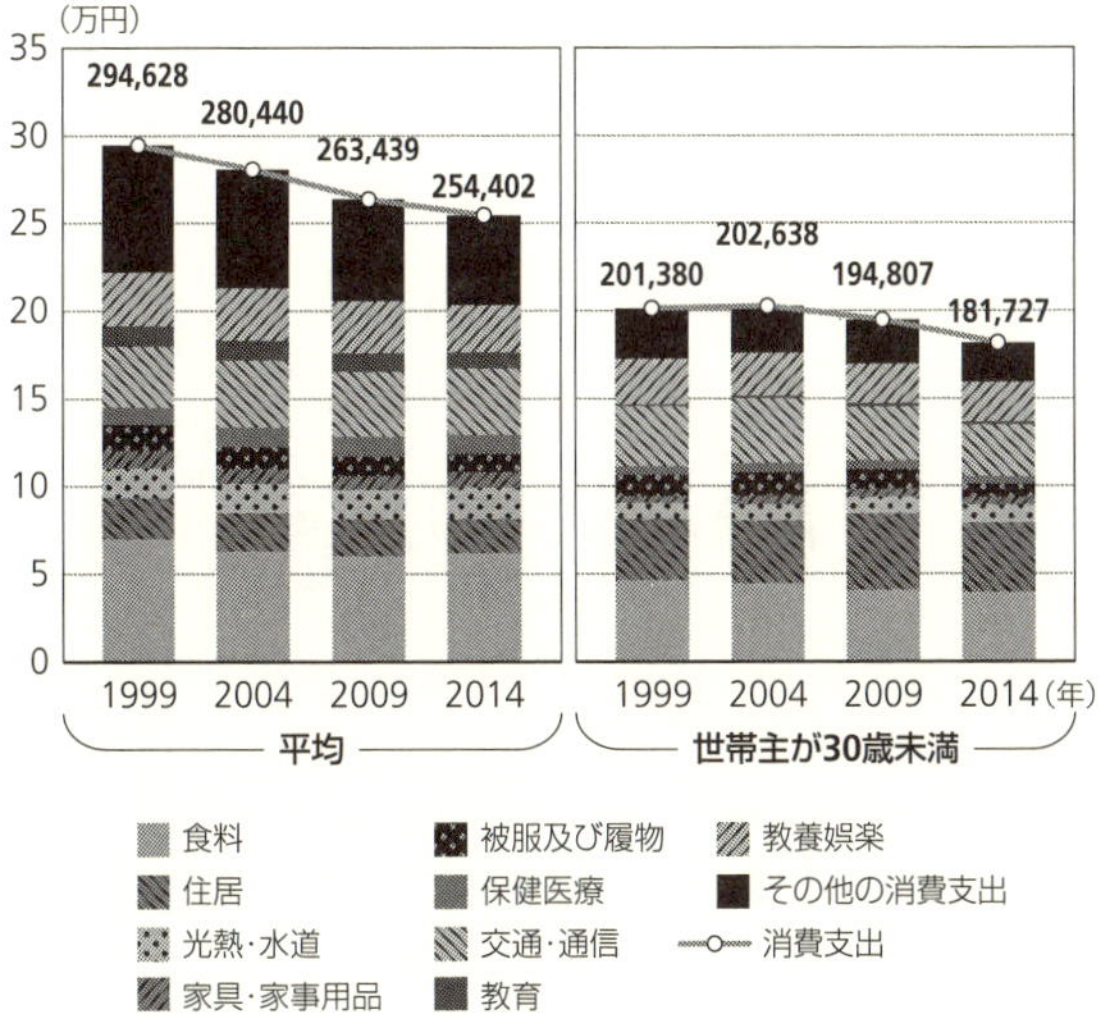

資料：消費者庁

はずだが（生活費以外をすべて貯蓄にまわすスタイル）、実際にはそうなっていない。けっきょく、何かには使っているのだ。1カ月あたりの消費支出の推移を見てみると、たしかに下がってはいる。

それでもなお、「若者はモノを買わなくなった」と断じたいひとがいる。とくに大学生は、モノに興味がないのではないか、と。私は人間性の変化にあまり与《くみ》するものではない。ただ、それがあるとしたら、原因は、たんに若者がお金をもっていないからだ。

東京地区私立大学教職員組合連

「6月以降の仕送り額（月平均）」の推移

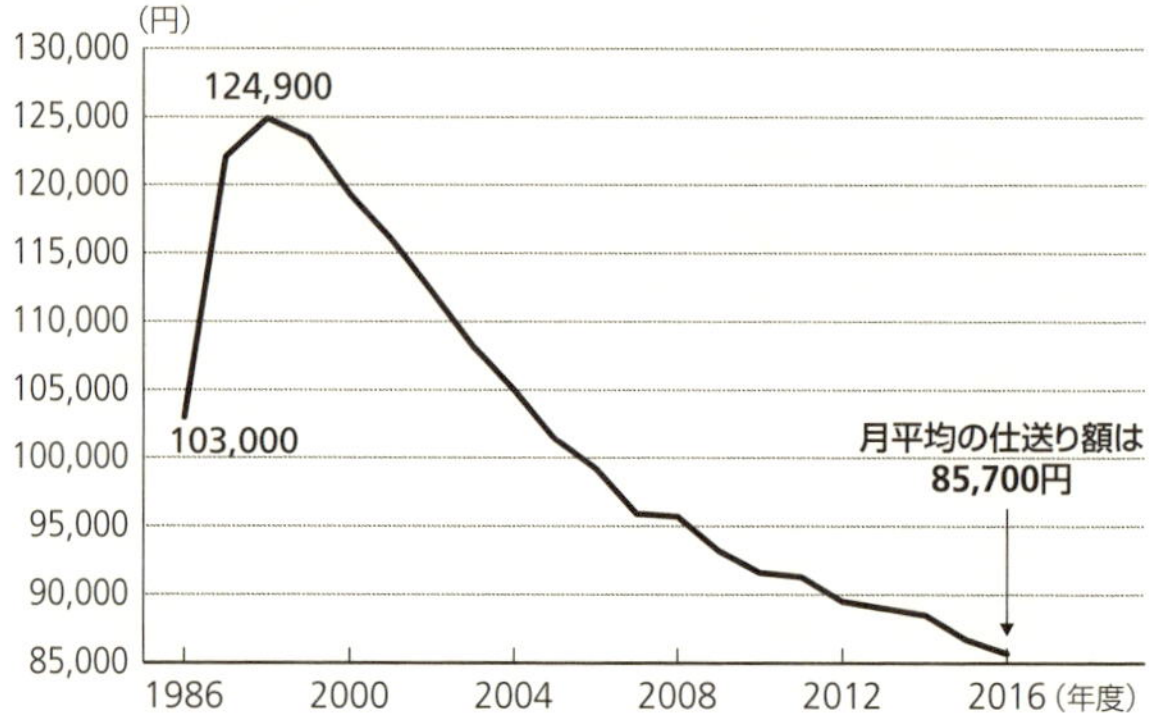

合の「私立大学新入生の家計負担調査２０１６年度」によると、仕送り額が右肩下がりになっている。１９９４年度にピークをつけた12万４９００円から、２０１６年度は８万５７００円にまで急落している。

　この日本では、半数の大学生が奨学金を含む借金によって学生生活をやりくりしている。コスパ重視はしかたのない側面がある。

とはいえ若者消費に特徴はあるか

　仕事柄、さまざまな会社の社員と話す機会がある。そのなかには新入社員もいる。そこで、「最近の若者は」と論を展開したいところだが、そう簡単ではない。評論家のいうような一様な傾向などありはしない。実にさまざまだ。

現在の生活に対する満足度

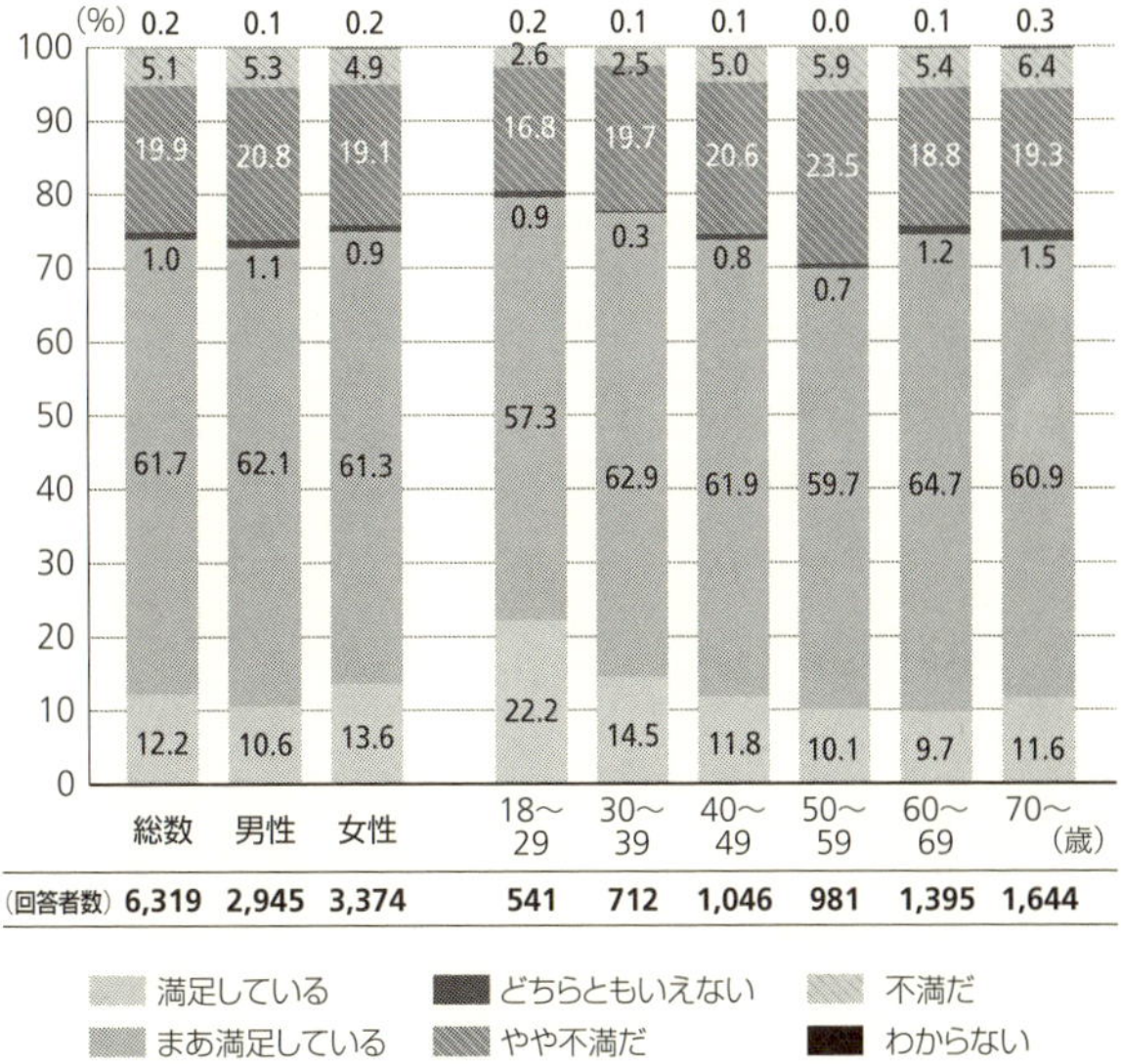

とはいえ、現代の傾向からビジネスのヒントを得ようとすれば、次の三つが若者に特徴づけられる。

①金はないけど満足

平成29年度「国民生活に関する世論調査」を見てみよう。この調査が定義する満足（「満足している」＋「まあ満足している」）の比率は18〜29歳の若者がもっとも高いのは注目に値する。8割は、もう現状に満足しているのだ。

だから別にモノによって自己

乗用車ドア数
【購入時期が新しい順から2番目に買った車を含む】

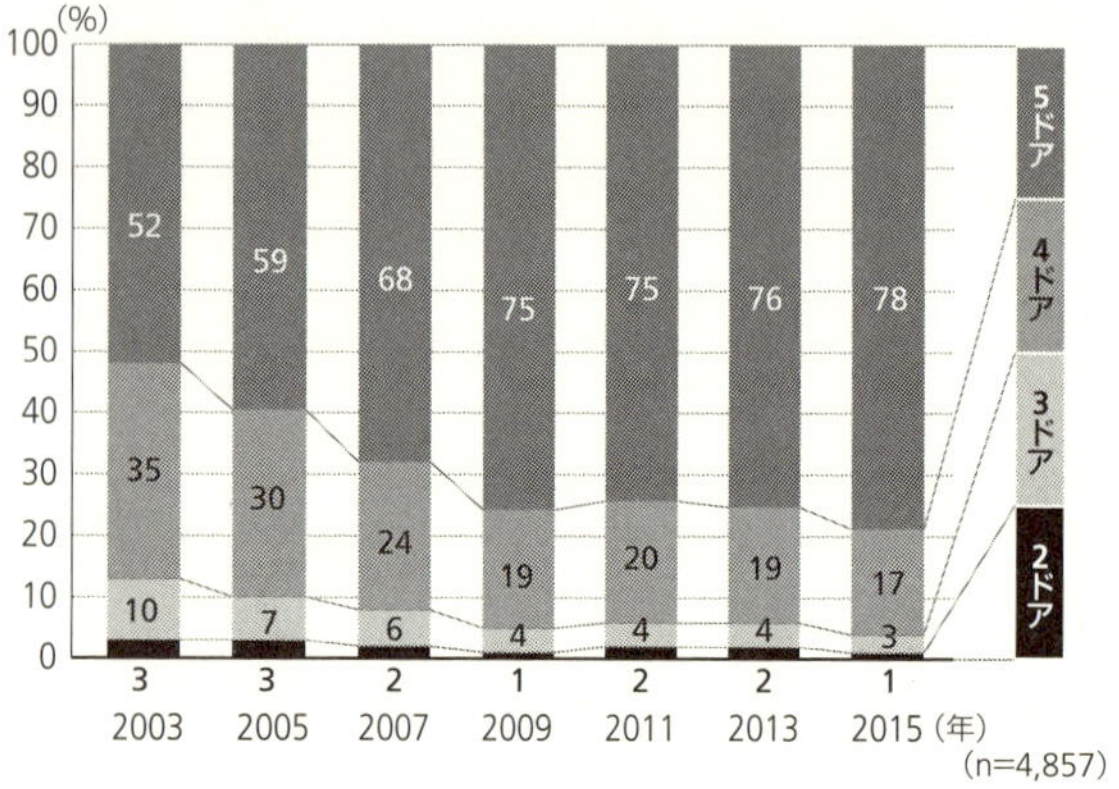

資料：一般社団法人日本自動車工業会

顕示をする必要もない。車は乗るだけならカーシェアでいい。若者はセコいというよりも、合理的になった。

たとえば、若者の消費離れで指摘されるのはクルマが多い。デート車として使われている2ドア車はずっと保有比率を減らしている。

バイクも売れていないが、消費者からの安全性に不安がある、という声ならまだわかる。面白いのは、「電動自転車」を代替商品としてあげるケースが多くなっていることだ。ここにも合理性が見て取れる。

②等身大のカリスマが好き

また、特徴的なのは、インスタグラムの

ようなSNS経由で消費している点だ。商品を探すというより、たまたま出会った、というべきだ。かつての世代が楽天で商品を検索していたところを、いまの世代はインスタグラムで〝偶然見かけた〟商品を確認しにいっている。

よく無縁社会というけれど、若者が直面しているのは多縁社会ともいうべきものだ。ツイッターやインスタグラム、LINEでつねに接続している社会。若者はよく自分の意見をもっていない、とどの時代もいわれるけれど、とくに現代では「いいね！」を集めるために自分の意見は封印し他人から「楽しそう」「面白そう」と思われる内容を優先しだした。

つまり、こういうことだと思う。いわゆる昔の企業的な商品から離れているだけではないだろうか。その代表例がインスタグラムだろう。インスタグラムは写真投稿を中心とするSNSで、消費にも大きな影響を与えている。企業が作り込まれたCMを流すよりも、インスタグラマーといわれるインフルエンサーが紹介したほうが売れる。

マーケティングの世界ではROI（リターン・オン・インベストメント）という。これは、投資したお金にたいして、どれだけの見返りがあったかを見る指標だ。たとえば、テレビCMでは1000万円を投下すると、1300万円くらいの売上が見込めるとされる。

この計算は、ほんとうは正確ではなく、いったん商品を買ってくれた消費者はふたたび商品を買ってくれる可能性が高いから実際にはもっと生涯売上は高くなる。ただいったんこの数値を採用すれば投下金額にたいして1・3となる。

そのいっぽうでインフルエンサー・マーケティングは、テレビCMほどの資金投下は不要なのに、そのリターンで見ると2〜3になる。つまりテレビCMよりもはるかに効率が良い。

日本には、いくつかのモノ雑誌がある。私もその一つで連載をもっている。モノの仕様を検証し、そして類似品同士を比較検討し、どれが優れているかを分析する。ただし、若者からすると、これほど非効率なものはない。その道のインフルエンサーが勧めているものを買えばいいからだ。

もちろん、そのインフルエンサーのステルスマーケティングかもしれない。だからステルスマーケティングかどうかを見分ける嗅覚が異常に発達してきた。そのひとがほんとうに勧めているかどうかをひとびとは感じるようになってきた。しかしそれでもインフルエンサーが推奨する商品は、まれに劣位なものかもしれない。ただ重要なのは〝おおむね〟間違いなければ良い点だ。検証記事を読んだり、自分で比較検討したりするよりも〝おお

日本は一流国だ

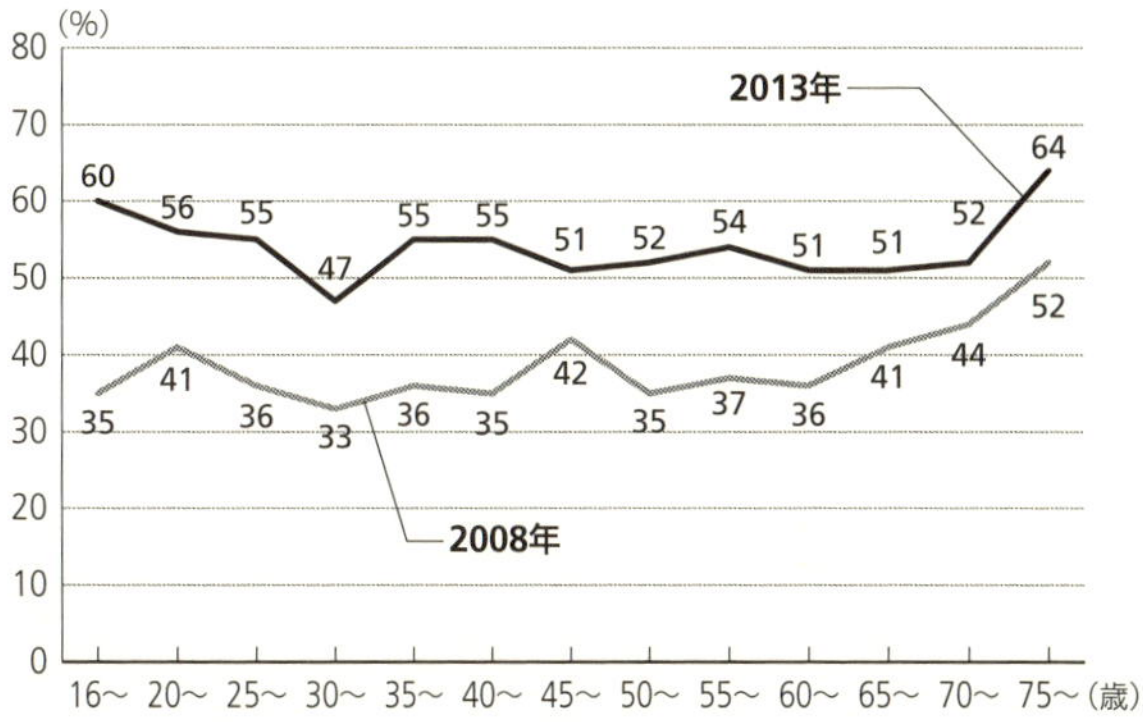

むね〃正しければSNS経由で情報を入手したほうがはるかにスピードは速い。

③日本が大好き

野村総合研究所が2015年に発表した「生活者1万人アンケートにみる日本人の価値観・消費行動の変化」によると、「日本の国や国民を誇りに思う」とした若者の増加が顕著である。とくに10代と20代の伸びが目立つ。男性は10代が44・4%→75・8%で、20代が49・9%→71・1%、女性は10代が41・8%→84・7%で、20代が49・2%→78・3%となっている。

さすがにこれは多いと思いきや、類似調査も同傾向だ。NHK放送文化研究所『現代日本人の意識構造』では、「日本は一流国だ」「すぐれた素質」といった日本にたいする自信について伸びているとわかる。
おそらく、野口悠紀雄さんの次の指摘ほど的を射ているものはないだろう。野口さんは80年代までの終身雇用を前提とした構造を説明したあとで、こう語る。

しかし、それは、90年代以降の日本経済の長期的な衰退過程の中で変質した。企業がもはや終身雇用を約束できなくなり、非正規労働者が増えてきたからだ。最近では、非正規労働者が全体の4割にも及ぶ。企業に帰属し得ない若者たちは、どこに拠り所を求めるか。それは、学校で教えられてきた概念である「日本国」だ。国が彼らを守るというのは幻想にすぎないのだが、国に対する依存が強まる。歴史上初めて、人々が国に帰属意識を持つようになったのだ。それは、外国人に対する強い嫌悪感と密接に結びついている。

（野口悠紀雄『世界史を創ったビジネスモデル』）

節約、SNS、日本

節約志向にならざるをえない若者にたいして、居酒屋も施策を重ねている。学生割引をはじめ、低価格メニュー化を進めている。安い金額で、しかし、飲むなら手っ取り早く酔えると喧伝したセンベロ酒場もある。これは1000円でも、ベロベロに酔っぱらえる酒場を指している。

SNS志向としては、たとえばお菓子のプレスリリースを見ると、あらゆる商品が「インスタ映え」を喧伝している。外食店舗も、これからは店内じゅうが写真を撮られる前提でデザインされねばならないだろう。衣料品店では「試着ファッションショー」がある。これは試着だけして友達同士で楽しんだり、インスタグラムにアップしたりする遊びだ。インスタグラムで拡散されればたしかに集客できるからと、ディズニーランドも追随した。ディズニーランドでコスプレを楽しむトレンド（基本的には禁止されているものの、ディズニーハロウィンの一定期間のみ可能とされている）もSNSと無縁ではない。

若者の目にはCMがリアリティのない世界に映っている。自動車CMのなかに出てくる、幸せな家族像に、まったくリアリティを感じられないのだ。それならば、インスタグラムで見る一枚の写真がはるかにリアリティをもった世界に私たちはいる。

個人的には生活を晒して切り売りしているみたいで好ましくはない。ただこれからもSNS映えを意識した商品づくりやマーケティングが盛んに行われるだろう。

最後に、愛国マーケティングは隣国でさかんに行われているが、なにもあからさまな右翼的志向だけではない。文化として日本的なものにふれる場合も、これを指す。たとえば京都や鎌倉、寺巡りや仏像を見てまわったり、歴史を学んだり。商品開発時にも、日本人のDNAから探すのは有効になるはずだ。

なんとなく、わからない

音楽と同じく、著作の引用に対価が払われていたら、きっと田中康夫さんは大金持ちになっていたに違いない。よく消費文化を語る際に、田中康夫さんが一橋大学4年生のときに書いた『なんとなく、クリスタル』(1980年)が引用される。たとえば、こういう具合だ。

テニスの練習がある日には、朝からマジアかフィラのテニス・ウェアを着て、学校まで行ってしまう。普段の日なら、気分によってボート・ハウスやブルックス・ブラザーズのトレーナーを着ることにする。スカートはそれに合わせて、原宿のバークレーで買ったものがいい。

でも、一番着ていて気分がいいのは、どうしてもサン・ローランやアルフア・キュービックのものになってしまう。いつまで着ていても飽きのこない、オーソドックスで上品な感じが魅力になっている。

とこんな調子で、主人公自身の趣味が多数の固有名詞とともに書き連ねられている。そしていっぽうでこうも書かれる。

私たちが外に出ようとすると、ちょうど入れ違いにカップルが入ってきた。女の子の格好が傑作だった。クリスチャン・ディオールのシャツに、前面に大きくマークの付いたランバンのスカート、ウンガロのキャンバス地のくつ。バッグはヴァレンチノで、なんと御丁寧なことには、この蒸し暑いのにエルメスの大きなスカーフまでしていた。

これは、非常に重要な文章だと私は思う。AとBが対置され、Aのセンスは良いが、Bはいただけない、わかるだろ？　と、さもある水準のセンスを当然のように要求している。

おそらく、当時の読者の大半はAもBも意味不明だったはずで、そこに残ったのは驚きだけだっただろう。そこにはこの小説を権威づける何かが存在している。

とはいえ、これを昔の若者消費行動における象徴とみなすのはどうかと私は思う。高校生のとき読んだ私はほとんど意味がわからず混乱し、大学生になってから周囲のおとなに訊いてみたが「自分とは無縁の世界だ」といわれた。あくまで都会人の一部が理解していただけだし、その他はスノッブな受け止め方をしていたにすぎない。そもそもこれがセンセーショナルなヒットを飛ばしたのは、小説の内容が、実態と乖離していたからだ。

田中康夫さんが『なんとなく、クリスタル』で描いた主人公はいまの大学生だったら、いわゆる〝パリピ〟なのではないだろうか。原田曜平さんは『パリピ経済』のなかで、トレンドを作り出し周囲に情報を発信するカタリスト（媒介者）をパーティーピープル＝パリピと呼んだ。イベントで人集めの中心となり、DJやモデルをこなし、そして裕福な家庭育ち——。つまり、『なんとなく、クリスタル』で描かれたのは若者一般像ではなく、どの世代にもいる一部の層ではないか。

ときに彼らが消費の代表のように説明されるケースがある。ただ、彼らは、良い意味で、先端のハズレ者だ。マスの若者は、地味に、そこそこで満足し、堅実に生活し、SNSで知人の「いいね！」を希求しながら、そして日本を愛し生きていく。

2026年の時代変化

・新日本人世代が30歳を迎える

考えておくべきこと

・節約、SNS、日本志向が強まるであろう若者への訴求方法

こういうものが売れる

・合理的な価格の商品
・他人へのPRを目的とするSNS映え商品
・愛国に立脚した商品

稼ぎ方

スマホを手放すことへのニーズもある

ところで、私がいつも驚いてしまうのは、SNSに自然体で自慢できる現代若者の気質だ。私などまだ逡巡があって、どうしても自分の写真をほとんど載せられない。有名人と一緒だとか、そういう言い訳がなければためらいがある。

97年ごろからネットを使ってきた私からすると、だいぶ日本人のプライバシーに関する考え方が変化してきたように思う。

若いひとのSNSなどを見ると、それが当たり前かのようにのびのびと自分の写真を掲載している。おそらくハロウィンも、「こういう格好の私もいいでしょ」と、ごく自然に見せたい願望の先にヒットしたイベントだろう。花火大会の浴衣、成人式での着物、そしてハロウィンでの仮装がおそらく定番になっていく。そして、それが友だちと一緒に行うイベントであるという側面は無視できない。インスタグラムは現代の化粧となっているから、現実をよく見せられるようなツールは常に需要が高い。

また、もはや、彼らにとって現代の出家は、スマホを手放すことだから、その出家を楽しむ空間もニーズが高まるに違いない。

2027年

フジロック30周年

ライブという原点回帰、
原体験重視の30年

P **Politics**（政治）

音楽ソフトの売上が下落するなか、同分野の、著作物再販制度適用の見直しがありうるか注目される。

E **Economy**（経済）

音楽ソフトの売上が低下するいっぽうで、代替として、ライブ関連売上が伸び続ける。関連売上高は、音楽ソフトの売上規模を超える。

S **Society**（社会）

ひとびとは、リアルを売り物にするライブを好む。音楽を通じ、ライブで他者と直につながろうとする。

T **Technology**（技術）

楽曲のレコメンデーション機能がAIなどによって、さらに加速する。また、ヒット曲分析や、作曲にもAIの活用が進む。

変化の特徴

音楽はひとの心を揺さぶる。多くのひとの心に届くヒット曲をＡＩなどで事前分析できたり、ＡＩが作曲したりするかもしれない。

いっぽうで、従来の音楽産業では、楽曲をフリーにして、ライブやグッズ販売で儲けるビジネスモデルが続伸していく。そこで重要なのは、ライブが、非日常空間であり、ナマ・リアルなイベントであることだ。

フジロックの衝撃

フジロックの初回は１９９７年で、私が大学に入学した年だった。知人から誘われ、たまたま先約が入っていた私は、その後、フジロックがひどい環境と寒さのなかで敢行されたと聞いた。実際に台風９号が襲来し、そして気温は劇的に下がり、雨が降り続いた。そして、２日目は中止となった。

しかし帰還した知人は「ひどかったよ」といいつつ、歴史的イベントに参加した高揚を隠しきれずにいた。

フジ・ロック・フェスは、遊園地だった。
——スリリングでの命がけの、行けなかった人が死ぬほど後悔するような遊園地。お客さんの誰もが「死ぬかと思った」って答える、考え方によっては最高の遊園地。だからこそ、あそこから生還できたことは、ボクらにとって、すっごく日常な、楽しいイベントだったのかもしれない。

（Quick Japan vol.16 村田知樹「ドキュメント　フジ・ロック・フェスティバルからの生還」）

最悪もここまで来ると、話は変わってくる。なにしろ自分はその後、一ヶ月以上も、取り憑かれたように「フジ・ロック・フェスティバルがいかに最悪だったか」を人に話しまくり、原稿なんか書き終わっても、まだ調べ続けていたのだ。（中略）普段なら白痴的とも言える形容詞しかないように思える。そう、凄い。凄かった。物凄かった。「世界一凄いロック・フェス」。これが一番しっくりくる。頭狂ってんだもん。

（鶴見済『檻のなかのダンス』）

というコメントがもっとも当時の感じを記述しているのではないかと私は思う。そしてライブというその場限りの原体験の衝動に、このころからひとびとが目覚めた、というと大げさだろうか。ひとびとはナマとリアルを感じたい30年だったのだ、と。２０２７年から振り返ると、あのフジロックの惨劇は、むしろ象徴的だったのだ、と。

原体験としてのライブの勃興

そのころ、ライブは儲からないと誰もがいっていた。ＣＤで稼ぎ、ライブはファンへのサービスだと。そして、さらにＣＤを売るためにライブがあった。しかし、いまでは、音源は儲からないから、宣伝を目的としタダで配ったほうがいい、そしてライブで儲けるのだ、とまったく逆のことがいわれている。

さきほど１９９７年のフジロックのことを話したが、その年の音楽ソフト生産量を見てみると、ピークであるとわかる。金額でいうと１９９８年がピークとなっており、90年代後半が栄華の頂点だ。

１９９０年代後半までは、いわゆるレコード会社の時代といっていいだろう。エイベックスが小室哲哉さんのソニー専属契約を、業界の慣例を破って〝解放〟させたあとに、１９９０年代前半からいくつものヒットを量産していく。ＴＲＦを生み出し彼らがデビュー

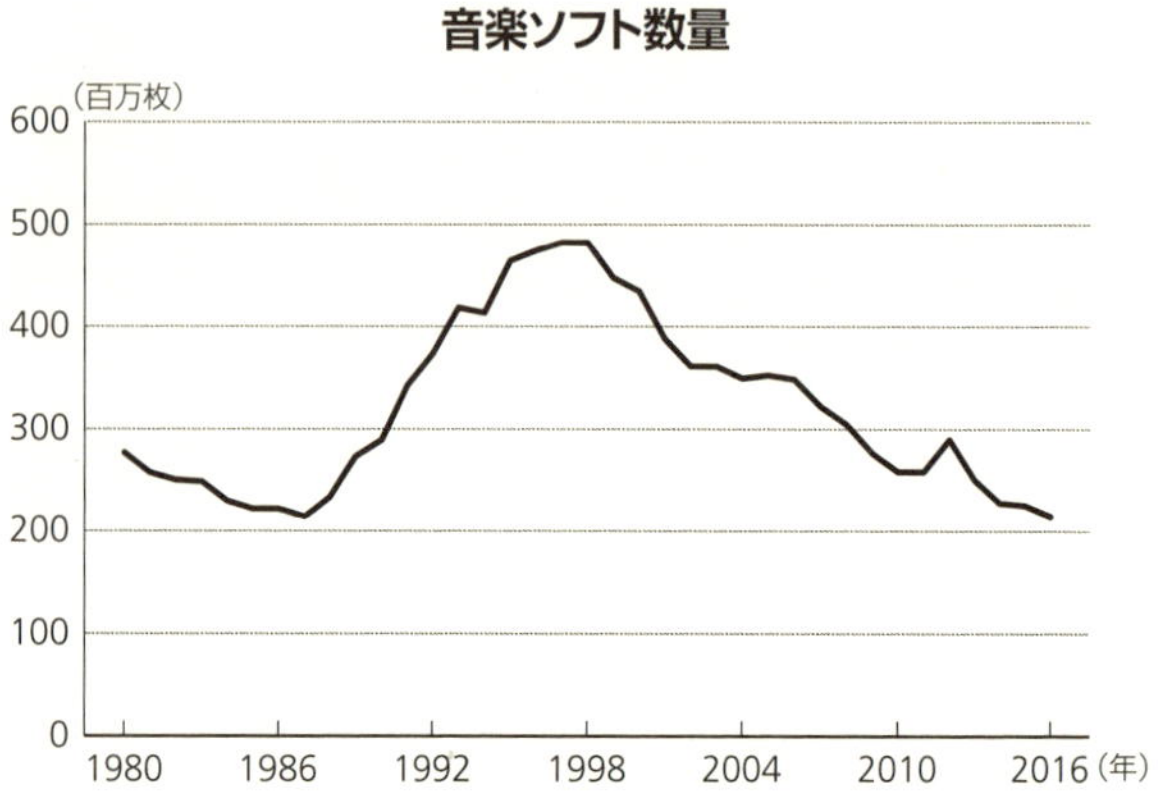
音楽ソフト数量
(百万枚)
600
500
400
300
200
100
0
1980
1986
1992
1998
2004
2010
2016
(年)

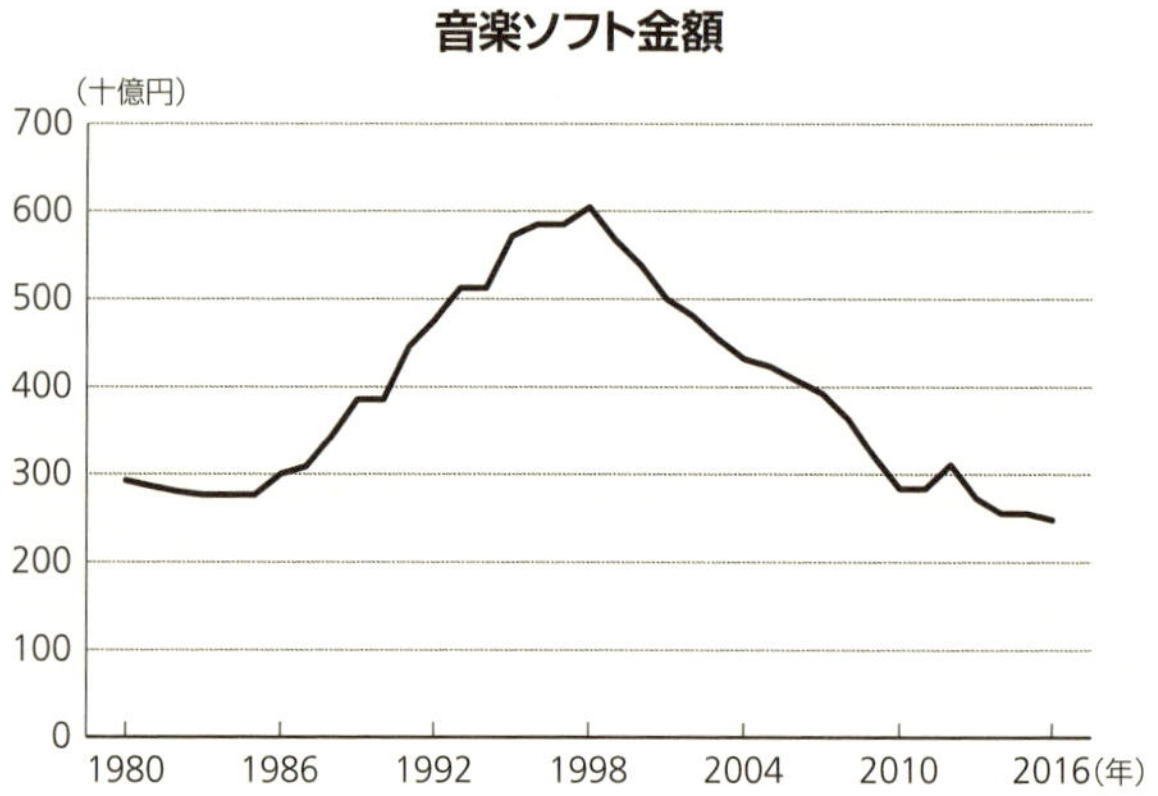
音楽ソフト金額
(十億円)
700
600
500
400
300
200
100
0
1980
1986
1992
1998
2004
2010
2016
(年)

資料:日本レコード協会

コンサート動員と売上

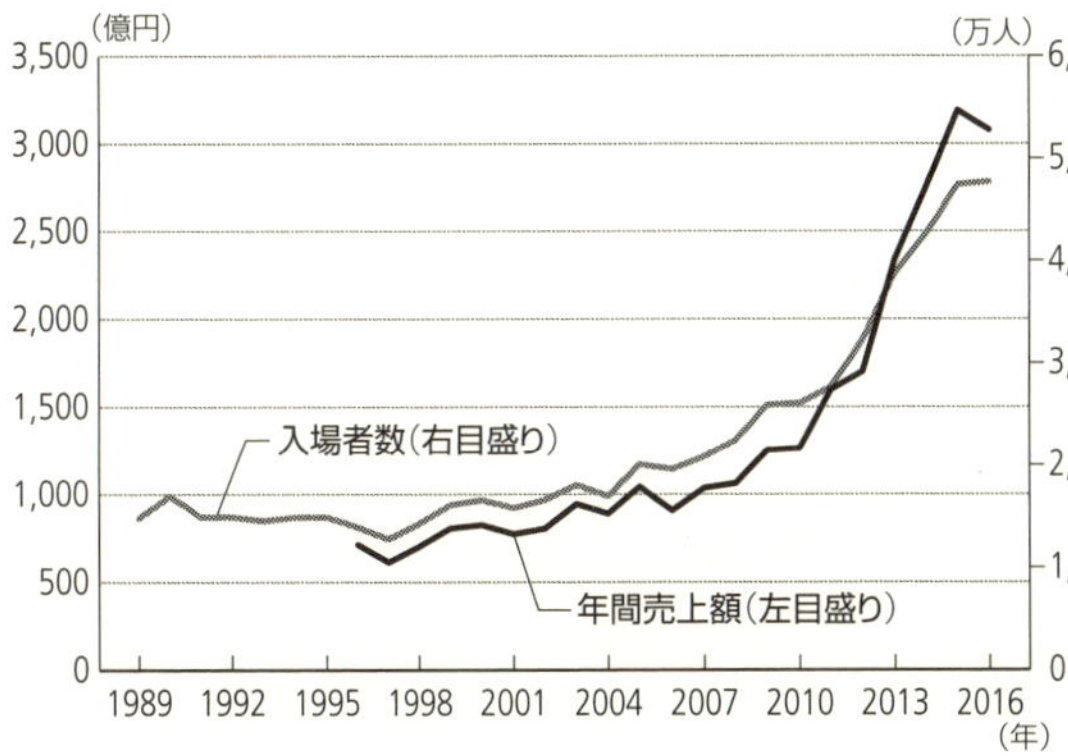

資料:コンサートプロモーターズ協会

したのが1993年で1998年に浜崎あゆみさんがデビューする。

それときわめて対照的なのがライブ動員数と売上高だ。ソフトに使う金額が減少するのと反比例するかのように、右肩上がりとなっている。フジロックの1997年あたりがもっとも底辺で、そこから右肩上がりを続けているのだ。音楽の楽曲自体はコピー容易になっている。もちろん違法コピーなどの取締りは重要だろうが、むしろアーティストは楽曲を開放することで、リアルなライブでの体験自体を販売する傾向を強めていった。

面白いのは、現在、音楽ソフトの売上高は約2450億円となっている。そして、コンサート動員による売上は約3100億円と逆転して

カラオケ売上推移

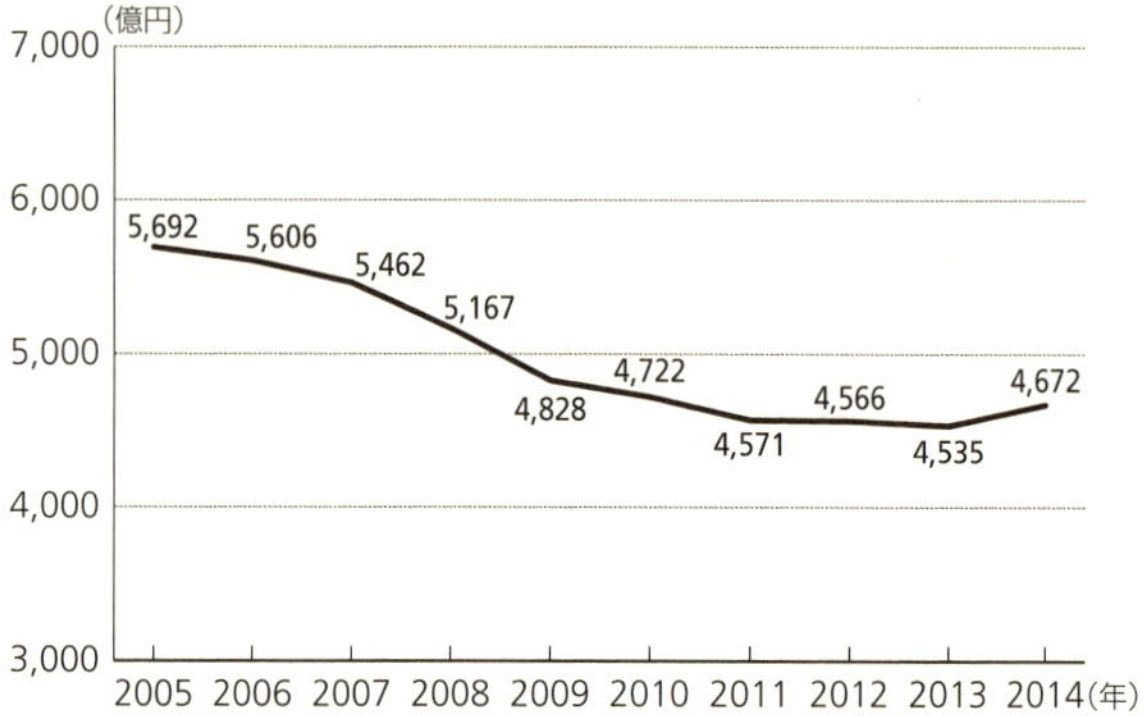

資料:デジタルコンテンツ白書

いることだ。これは2014年あたりからの現象でこれ以降も続くだろう。

公正取引委員会は、現在のところ、音楽用CD等について、著作物再販制度を認めている。これは、文化産業である音楽CD価格を下落させないためだ。現時点では、あくまでも著作物再販制度下において進めているが、見直されるか注目だ。

ところで、カラオケはどうだろうか。おじさんたちが集まって歌う、という意味では古い。接待も下火になっている。しかし同時に、若者がリアルな交流を求める点では、ニーズとしても合致している。それもあってか、カラオケは横ばいの状態が続いている。奮闘している状態だ。

インターネット配信

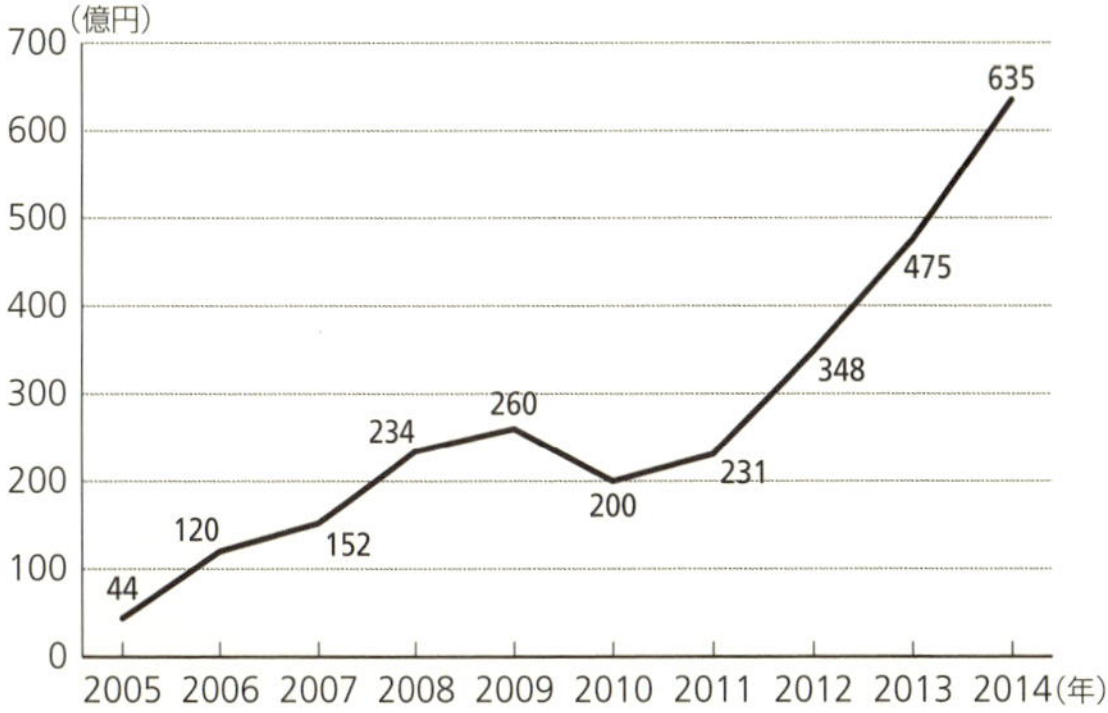

資料：デジタルコンテンツ白書

インターネット配信も着実に売上高を伸ばしてきている。音楽がそもそも配信にむいていたのは、データ量の軽さにあった。テキストからはじまり、通信速度の向上とともに、楽曲を気軽にウェブからダウンロードできるようになった。それを嚆矢《こうし》として、次に映画などの動画コンテンツが配信されるにいたった。なるほど、アップルの復活劇がiPodからというのは示唆的である。

しかしインターネット配信は、音楽ソフトの代替ではないと私は思う。音楽を定額で安価に提供し（Spotify や Amazon Music のように）、それ以降のコミュニケーションで売上高を伸ばす仕組みに変わってきているからだ。そのコミュニケーションの代表例が、ライブだろう。チケット収入にくわえて、飲食、そしてグッズ販売などだ。

ご存じの通り、アップルミュージックは、iPhoneなどの端末から楽曲をダウンロード、あるいはストリーミングできるサービスだ。私などは、毎日のように、一つの新着アルバムと、そして一つの懐かしいアルバムを聴いている。意外にポップスだけではなく、さまざまな楽曲が用意されている。音楽を選び自由自在に流すこと自体がインフラになっている。

ライブの優位性

ところでライブの優位性は、ひとびとを、まったく隔離された空間に置く点にある。ライブが非日常だからだ。たとえば、他のメディアは、日常のなかの時間剝奪戦を繰り広げている。

わずか10年で、テレビ・新聞などの主要メディアへの接触時間が減り、携帯電話やスマホの時間が増えているとわかる。それにたいして、ライブは、その人物の時間をそのまま奪ってしまう。つまりテレビは、視聴中に、つねに他のメディアとの時間の奪い合いに晒されているけれど、ライブは基本的にひとびとの空間と時間を支配している。もちろんラ

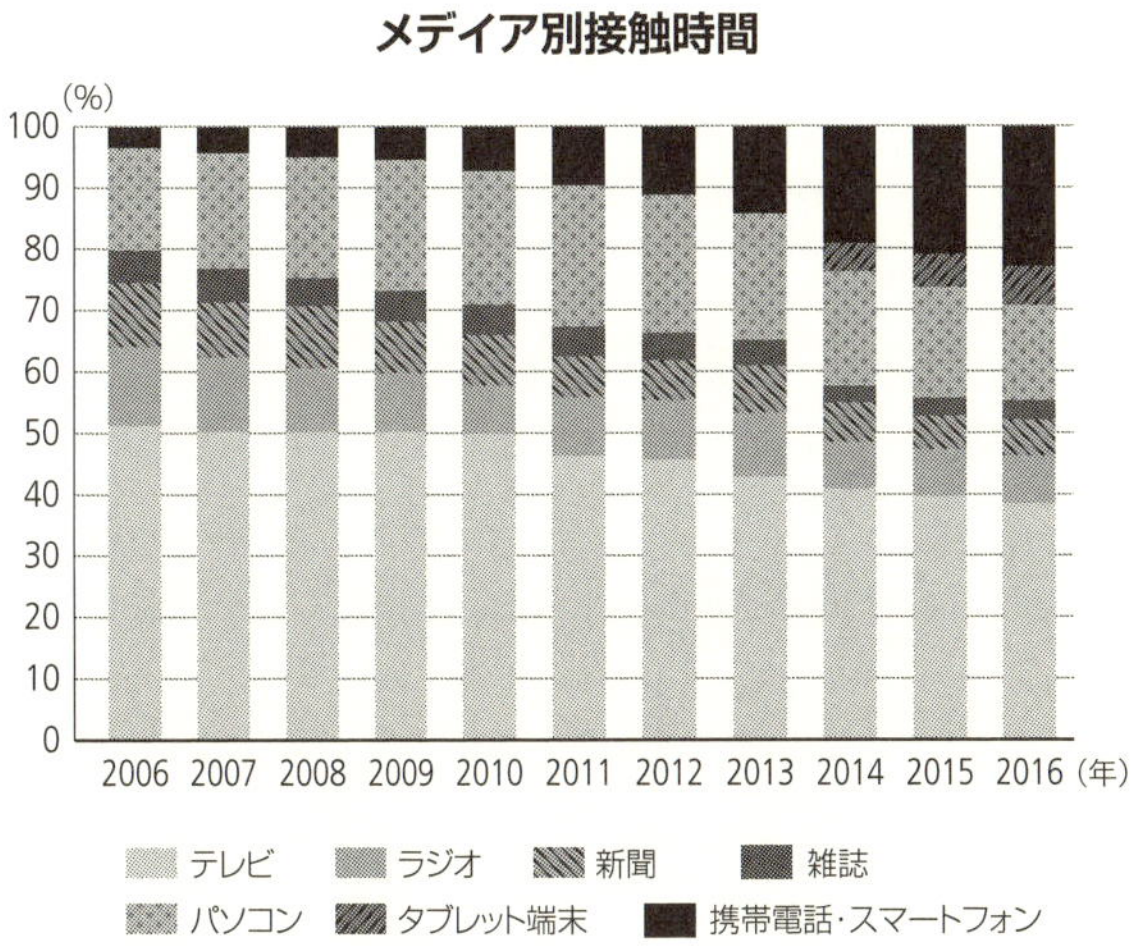

資料：動画配信ビジネス調査報告書2016

イブの休憩時間にスマホは見るだろうが、新聞は広げないだろう。

これ以降、動画配信サービスなどが勃興してくる。そのなかで、いかに時間を奪い、そして、他に逃げられずに支配下に置くかが重要になってくる。また音楽産業は、ライブやイベントのように、異空間にひとびとを置くことに注力するに違いない。

音楽フリー戦略

楽曲が無料あるいは定額制で聴けることで、私の音楽への支出は伸びている。

高校時代に愛聴したBrutal Truthの旧アルバムに再会して、懐かしすぎて解説ムックを買ってしまった。SikThも楽曲を聴いてから復活ライブに行ったし、Emperorも試聴してからLOUD PARKに行って、さらにはTシャツまで買ってしまった。MEGADETHは新作をダウンロードしてお台場まで見に行ったら、仕事帰りのビジネスパーソンであふれていた。かと思えば、たまたまアップルミュージックのラジオで聴いたGiovanni Alleviの曲に感動し、知人にCDをプレゼントした。おそらく2000～3000円のCDを買わせるより、それ以降のバックエンド商品(ライブやグッズ)を買わせたほうが良いはずだ。とくに、客の年齢層が高くなるほど有効だろう。

このように、楽曲をタダにする、あるいはそこで儲けることなく、バックエンド商品などに誘導することを、フリー戦略と呼ぶ。つまり、まず無料で多くのひとに訴求したのちに、上位層に高利益ビジネスを展開する方法だ。

音楽業界はコンテンツ産業の先端を示しているが、かつてこんなことがあった。ラジオ番組に出演した際、前の番組にアーティストがゲスト出演していた。スタッフに「ああいうアーティストの出演ギャラ捻出は大変でしょう」というと「あれは無料なんですよ」といわれた。驚く私に「宣伝になりますから、そういう習慣なんです」と。

これまではテレビなどのメディアがタダで、のちに楽曲販売で儲けようとしていた。それが、楽曲販売を放棄し、ライブ等で儲けるモデルになったといえる。

データドリブン・ミュージック

宗教が歌を使い、信者の帰依を深めていったように、音楽でしか訴求できない何かがある。アイドルが歌でファンを惹きつけるように、人間は歌によって心動かされる。たとえば、街中で聴いた曲に胸を衝かれ、気になってしまうことがある。その衝動を繰り返せるよう、楽曲を特定するアプリが重宝されるだろう。私もスマホにアプリをもっているが、まだ精度が高いとはいえない。メロディを分析し、曲名を提供すると、それはその後の楽曲売上にも貢献するだろう。

しかし、どんな歌によって動かされるかはひとによって異なるのが、やはり音楽の面白いところだ。

だいぶ前、高校生のころ。佐賀県に住んでいた私は、ハードコア、ノイズ、グラインドコアなどを愛聴していたが、それらの音源を売っている場所がなかった。佐賀駅から博多駅に特急電車で向かい、地下鉄に乗り、そしてボーダーライン天神店に向かう。片道2時間。そうやって発見したハナタラシの伝説ライブ画像とかマゾンナ、ゲロゲリゲゲの音源……といった体験談も、いまでは中年の自慢譚でしかない。

それらを見ようと思えば、もはやYouTubeで検索したらじゅうぶんだし、中古音源もアマゾンを使えば手に入る。ほんとうは、片道2時間の価値を語りたいけれど、早く手に入ることにデメリットがあるはずもない。世界に無限に広がる音楽をネット経由で積極的に摂取して、新たな音楽を創り上げる新世代のアーティストが登場し、そしてほんとうの意味で国境を超えるだろう。

多くの音楽データが電子上で使えるようになったとき、同時に期待できるのは、楽曲の売れ行き分析だ。

かつて『その数学が戦略を決める』（2007年）のなかで、すぐれたワインをみわける方程式が紹介されたのは衝撃的だった。降雨量や、平均気温などを入力するとワインの価格が予測できるのだ。また、現在、さまざまな分野でビッグデータを用いた機械学習によって、商品の売れ行きが分析されている。

しかし、音楽に関しては、さまざまな研究はあれど、なかなか事前の売れ行き分析は難しい。たしかに、新人アーティストの楽曲を分析してヒット予想を行うといった研究はある。ただし、音楽というものが、過去に聴いたことがなかった種類のものをひとびとに提供し、心の震えをもたらすものだとしたら、ビッグデータはそもそも過去の情報なので、分析になじまないのだ。

その困難さをどう乗り越えられるのか。マーケティングの観点からも興味津々だ。さらにヒット曲予想だけではなく、ＡＩなどを活用し作曲する試みも継続している。もしかすると、それは最大公約数の、つまらない楽曲なのかもしれない。それは、逆説的に人間の創る音楽の神秘性をひとびとに伝えるだろう。

2027年の時代変化

・ひとびとを異空間に置くビジネスが続伸する
・原体験としてのライブの観客動員数が引き続き伸びる
・ＡＩなどを活用したヒット曲分析、作曲

考えておくべきこと

・ナマとリアルを前面に出したビジネス

こういうものが売れる

・徹底したフリー戦略からのバックエンド商品
・非日常を演出したイベントビジネス

稼ぎ方

音楽推薦ビジネスの可能性

米国を旅行して驚くのは、スーパーなどの量販店でCDがたたき売りされている光景だ。再販制度がないために、人気の作品だけが並べられ、そして安価に販売される。そこにはレディー・ガガとテイラー・スウィフトしかいない。米国では、売れ筋のものだけが普及していく。

日本の独禁法ではもちろん価格の硬直性を認めていない。ただし、前述のとおり音楽は文化産業とされて例外になっている。正確には時限再販と呼ばれるもので、発売後一定期間を経なければ値下げ販売が実施できない。また、たとえば、2017年のCD発売累計数2万2845タイトルにたいして、1958タイトルは非再販CDとして発売された。

ただ、逆にいえば、大半は再販制度上での発売となっている。時限再販についても、期間が設定されている以上、小売店としても新作を値下げ販売はしない。だからまだ多様性は担保されている。

ただし、大きな流れとして、楽曲はタダになっていく。そのときに、私たちが聴くのがたった数人のアーティストだけというのも寂しい。音楽は多様性の象徴だというのに。故・佐久間正英さんは「一人のアーティストが100万枚を売るより、100人のアーティストが1万枚ずつ売るほうが文化的に正しい」と卓見を述べた。

そこで、現在のレコメンデーション機能をさらに飛躍させたキュレーションが求められる。たとえば、現在は似たアーティストや、ダウンロード履歴からおすすめが提示されるが、そこにはなんの驚きもない。音楽配信サービスは、利用者の状況によって細かな楽曲提案が必要だ。また、ジャンルやアーティストを提案するのではなく、利用者の好むコード進行や歌詞、ボーカリストの声まで分析して楽曲を勧めてほしい。

たとえばその曲が、そのアーティストにとってどのような意味をもつのか。歴史的な意義。あるいは他の曲との音色の違い。楽曲の元ネタ……など、これまでの音楽雑誌ならばすでに書いている情報との組み合わせがなければつまらない。逆に、情報との組み合わせで、もっと「ナマで見てみたい」新たなアーティストが増えるに違いない。

現在、アーティストはＣＤ販売のかけ算モデルから、ライブの足し算モデルに移行した。ただ、同時に、かけ算モデルも模索せねばならない。販売するのはグッズだけではなく、音楽以外のサービスでもいい。アーティストがより創造的な時間を過ごせる工夫が必要だ。

2028年

世界人口80億人を突破

そして水が新たな資源となり、ビジネスとなる

P Politics（政治）

国家は食料を自国民に与えることから、自国民に水を飲ませることに関心が移っていく。

E Economy（経済）

世界で水を扱うビジネスが勃興する。

S Society（社会）

人口は80億人を突破すると同時に、水資源が貴重になってくる。

T Technology（技術）

水精製機器の小型化。

変化の特徴

出生低位の推計で見ても2028年ごろには世界人口が80億人を突破する。そのとき、食料に代わって、事態が深刻化するのは水だ。現在でさえ、世界人口の大半が安全な水にアクセスできないといわれている。

水の精製、濾過技術。また、漏水を防ぐもの、あるいは節水商品など、ビジネスの観点からはさまざまな展開が考えられる。

水という投資対象

映画『マネー・ショート 華麗なる大逆転』は、サブプライム・ショックを予想した男たちが、いかに空売りを仕掛け大儲けしたかを描いた傑作だ。

米国ではサブプライム・ショックの前まで、住宅市場の活況に沸いていた。そこでは低年収のひとたちでも、たやすく住宅ローンが組め、かつ住宅価格が上昇していたから売却して利ざやまで稼げた。金融屋は、それらリスク債権を複合的に組み合わせることで、リスクをヘッジし（ているように思い込み）、住宅バブルを拡大していった。

そんななか、この映画に出てくる主人公たちは、住宅ローン返済の焦げ付きが目立ってきたことや、街のストリッパーまで5軒の家を持ちうる異常さに気づき、巨額の空売りという大勝負に出る。

この映画のなかで、つねにヘビーメタルとハードロックを聴きながら、部屋に閉じこもって投資を続けるマイケル・バーリが印象的だ。人とのふれあいを嫌い、流布する情報ではなく、みずからが集めた情報によって市場を読み、歪みを見つけていく。

映画の終了間際、驚いたのは彼の次なる投資対象だ。映画は、主人公たちのその後を字幕で伝えるが、鬼才マイケル・バーリは「水」を投資対象としているという。

あの、水――、だ。

直近300年の著しい人口増

日本が人口減少に陥っているのは何度も指摘したとおりだ。2025年ころからは東京でも人口減少が予想されている。

そのいっぽうで、世界では、遅くともこの2028年に人口が80億人になると予想されている。もちろん細かな仮定の違いはあるし、今後、何が起きるかわからない。人口が70億人をこえたのは2011年10月のことで、十数年で80億人にたっする。

日本の将来推計人口

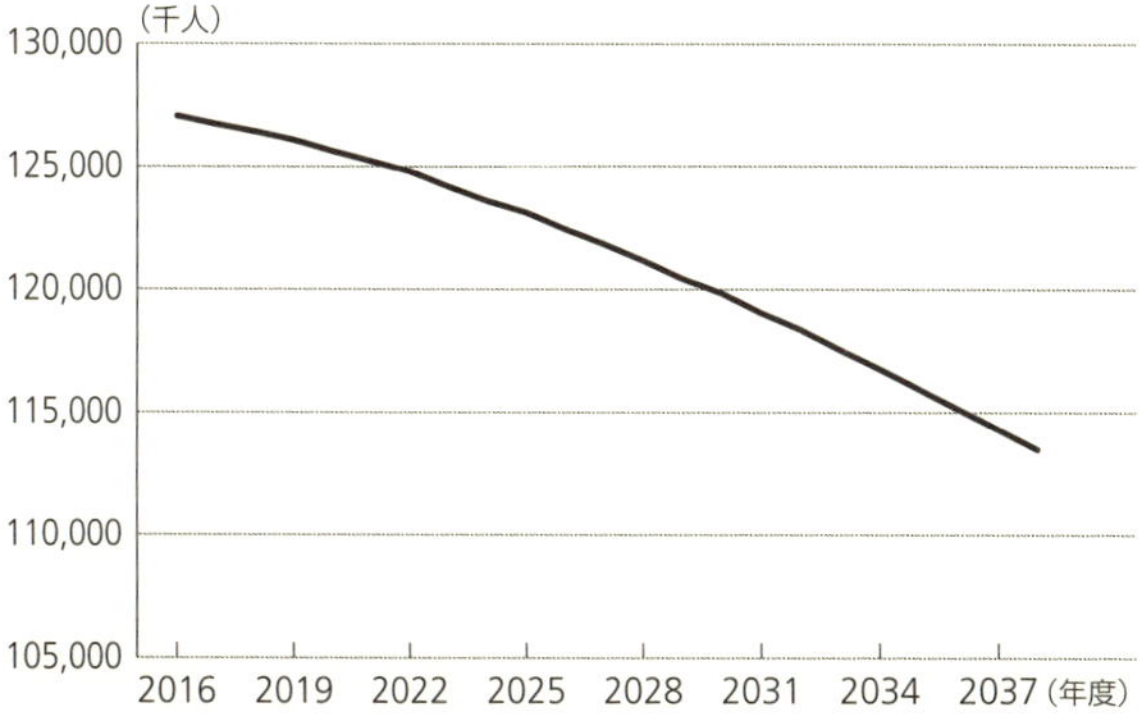

資料：国立社会保障・人口問題研究所

しかし、この人口がずっと直線的に伸びてきたかというと、急増したのは、地球の歴史からすると、ごく最近であるとわかる。現生人類、ホモ・サピエンスの歴史は20万年だが、人口の急増はこの300年ほどにすぎない。しかしこの300年の伸びは著しく、マルサスはあの有名な『人口論』で、食料生産の伸びよりも人口の伸びが激しいので、人口を抑制しろと主張したほどだった。

数百年後の予想は難しいものの、2100年には100億人にたっする。そして、そののち、伸びは緩やかになり、人口は横ばいになると予想される。

つまりいまが急激に増えている最中で、この例外を除くと、出生率は安定化し、横ばいになる。

前述のとおり、アフリカは伸びるだろうが、欧州

世界人口の推移と推計

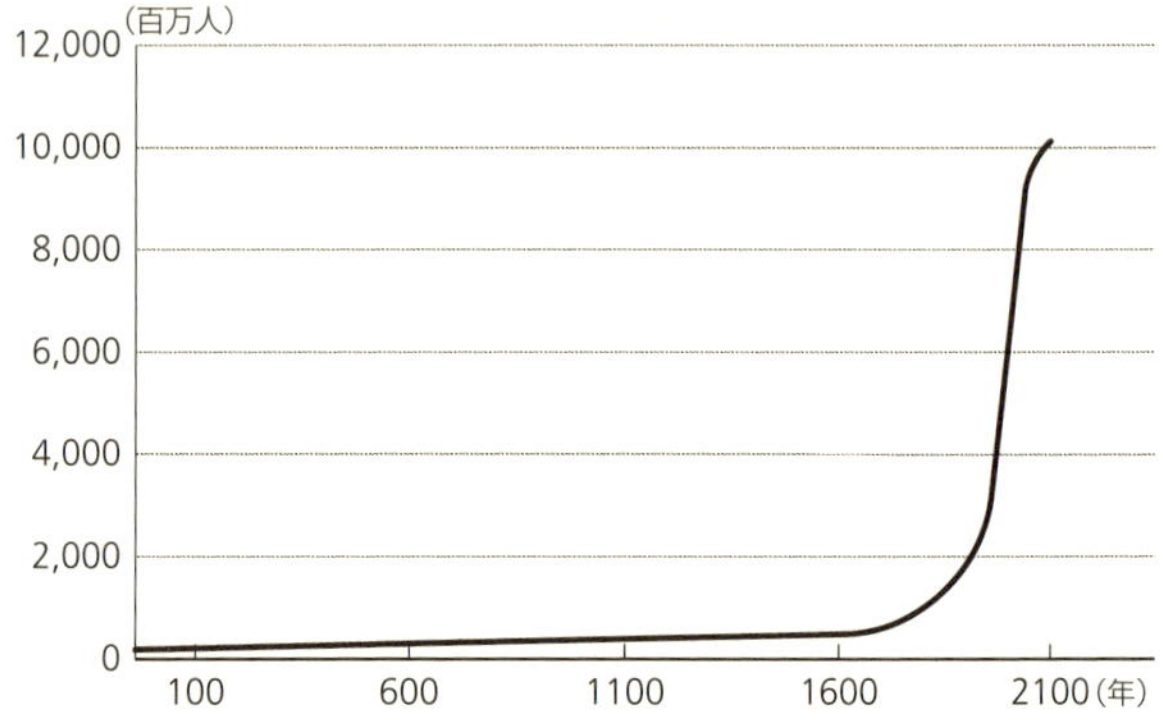

資料:日本の人口動向とこれからの社会

や日本、中国といった国々は、負の影響を受けていく。しかし、それとて、「先進」国というとおり、長い歴史から見ると、他の国々の先を走ったにすぎない。

考えてみると、たとえば日本で人口が半分の6000万人になったとしたら、企業の顧客対象も半分になってしまう。これでは経営は成り立たない。しかし、6000万人以下の小国などどこにでもある。たとえば店舗や従業員も半分になっても、それはそれで成り立つ。だから「人口減といっても悪くはない」とする論者もいる。極端には約60万人のルクセンブルクは労働生産性が世界でトップではないか、と。

ただ、問題は、この半分に至るまでの過程で、そこには縮小・閉店・リストラなど、あまりに多くの苦痛を伴う。人口減国家は、その過程で、富をえられないひとたちが格差を訴える。そして逆に人口急増の国家では、CO_2排出などにかまっていられずに、とにかく拡大を試みねばならない。

そのいくつかの軋みのなかで、80億人をどうやって食わせるかという食料問題や、あるいは高齢化問題、そしてアフリカや中国の人口増減問題がある。しかし、それらは節をあらためて書いている。そこで、人口増にともなって、近年、食料よりも注目されている水資源問題がある。食料危機は、生産性の向上でなんとか乗り切れるかもしれない。しかし、水はかなりやっかいだ。ここでは世界の人口増で問題となる、水についてとりあげたい。

日本人の気づかない水という資源

たとえば、2008年の映画『007 慰めの報酬』では、ジェームズ・ボンドが対決する組織は原油ではなく水を利権として世界を制覇しようとしていた。しかし、水といわれても日本ではピンとこないかもしれない。

水資源の豊かな日本にいると、水ビジネスの興隆について、あまり実感をもてないからだ。水があまりに安全に、そして大量にある私たちにとって、その貴重さすら再認識することはない。

しかし、現在、世界で8億4400万人のひとたちが安全な水にアクセスできない。さらに、23億人が下水設備を使えない状況にある。毎日、世界各地で女性や女児が2億6600万時間を、水を運ぶ時間に費やしている。

90秒に一人の子どもが汚染水によって死亡している。そして死亡にいたらずとも、健康被害から経済的な損失が生じており、それは、2600億ドルにもなる。さらには水の確保にかかっていた時間を有効活用できれば、教育の面や生産性向上にも寄与していくだろう。

地球の水の97％は塩分濃度が高すぎる。2％は極地にある。水の入手に困っているのは世界の農村部だ。どうすれば彼らに安全な水へのアクセスを可能とするか。

わかりやすいのは、お金はかかるが、安全な水を生むプラントをつくることだ。カタールでは、三菱商事が海水淡水化の大型設備を導入し、電力と水をともにつくるプラント事業を開始した。

くわえて、水関連プロジェクトに全世界から寄付を募る道もある。のちにスターバックスが買収することになったエトスウォーターは、もともと水不足で困窮する国を見たことからはじまったボトル水メーカーだ。スターバックスの店頭でそのペットボトルを買えば、安全な水を提供するための寄付ができる。

また、大掛かりなプラントではなく、手軽に水を精製する装置ができないか。これは実際にSlingshotという企業がビデオを公開しているので観てもらうと早い。洗濯機のような機械で、飲料水をつくり出す。

また、これはすでにアマゾンでも購入できるように、浄水フィルターのLIFESAVERがある。これは、泥水も飲料水に変えるものだ。前述のSlingshotに手が届かない地域などは、重宝するかもしれない。

サプライチェーンの水使用量に注目せざるをえない時代

水ビジネスに注目したいのは、水そのものをつくるにとどまらないからだ。

企業活動のプロセスにおいて、限られた資源である水の使用量を、これからいかに抑えるかが注目されるようになってきた。それは自国内製造分にとどまらない。というのも、日本の工場だけで使用水量が減ったといっても、海外の取引先の使用量が多かったら意味がないからだ。

とくに水資源に乏しい国で大量の水を使っていれば、他への影響は避けられない。生産プロセスが大幅に変わらなければ、どこの取引先から調達してもおなじと思うかもしれない。ただ、たとえば、水資源に乏しい国から調達するよりも、豊かな国から調達したほうが、取引先が同じ量の水を使用していたとしてもまだマシだ。もちろん、調達地を変更すると同時に節水に努めればいい。サプライチェーン上の節水に、積極的に取り組めば、企業イメージが向上する。

数年前のレポートではあるものの、「ピークウォーター：日本企業のサプライチェーンに潜むリスク」（2012年KPMGあずさサステイナビリティ）というきわめて面白い報告書がある。同報告書では、日経225銘柄の企業が、どれほど水を使用しているかを調査している。興味深いのは、自社使用量だけではなく、取引先の使用量までも推計している点だ。

それによると、日経225銘柄企業の使用量は約190億㎥だが、取引先は600億㎥になるという。つまり水使用量の76％は、取引先ということになる。ということは、前述のとおり自社管理だけではほとんど効果はなく、取引先への節水教育がこれから必要になっていく。

とくに工業製品のセグメントでいえば、取引先の使用量が9割を占めているから、ここの使用量削減なしには進まない。

たとえばコカ・コーラは新興国への展開に積極的であることが知られている。同社はやはり水にたいする取り組みも先鋭的だった。いちはやくNGOと連携しサプライチェーン全体の水使用量削減に努めている。ネスレやペプシコなどの飲料関連メーカーも同種の取り組みをおこなっている。

日本のメーカーも、ソニーが主要取引先と節水目標をもち、必要におうじて節水支援を行っていくという（日経新聞朝刊2016年1月13日）。排水や雨水の利用を推進することで、自社工場では使用量が6割も減った実績がある。

その他、キリンは茶葉生産取引先に水質管理認証資格を取得させることで、適切使用を促す。横浜ゴムも海外取引先に節水指南をおこない、調査結果を取引先選定に活用する。

もともと日本は節水うんぬん以前の話として、漏水率がきわめて低い。先進国のなかでもトップクラスで東京都ではわずか3・1％しかない。料金徴収率も99・9％となっており、日本の産業と生活を支えている。この技術は輸出できるはずで、日本が世界に貢献できる余地がある。

悪のビジネス商人がねらう水資源

書籍『地球を「売り物」にする人たち』（ダイヤモンド社）は、やや陰謀論的なきらいがあるものの、地球温暖化をビジネスに利用する動向を紹介していて面白い。温暖化によって氷が解けるのは、その下の原油利権を狙うひとたちにとっては好機ですらある。また保険屋はそこに商機を見出し、雪製造機メーカーは莫大な利益を上げながら販売先を拡大している。

そのなかでもページをかなり割かれているのは、水ビジネスの実態についてだ。CO_2の排出と、地球温暖化にどれだけ因果関係があるか。専門家ではない私は断言を避ける。ただ、気温と水温の上昇は、海水の蒸発を増やすのは間違いがない。気温の上昇ゆえに湿気が凝結できず、そして水の需要は増える。

「気候変動関連投資家にとって、水は明白な投資対象だった。二酸化炭素の排出は目に見えない。気温は抽象概念でしかない。だが、氷が解け、貯水池が空になり、波が押し寄せ、豪雨が降り注ぐというのは、具体的ではっきり捉えられる」（同書157ページ）。また、世界の人口は増え続けるのに、水の供給が細っていくことは、需給のギャップを生み出す。今後40年ていどで、世界人口の50％が水に困るといわれている。皮肉にも〝ビジネスチャ

郵便はがき

料金受取人払郵便

代々木局承認

1536

差出有効期間
平成30年11月
9日まで

1518790

203

東京都渋谷区千駄ヶ谷4-9-7

(株)幻冬舎

書籍編集部宛

1518790203

ご住所　〒
都・道
府・県

フリガナ
お名前

メール

インターネットでも回答を受け付けております
http://www.gentosha.co.jp/e/

裏面のご感想を広告等、書籍のPRに使わせていただく場合がございます。

幻冬舎より、著者に関する新しいお知らせ・小社および関連会社、広告主からのご案内を送付することがあります。不要の場合は右の欄にレ印をご記入ください。　不要 □

本書をお買い上げいただき、誠にありがとうございました。
質問にお答えいただけたら幸いです。

◎ご購入いただいた本のタイトルをご記入ください。

『　　　　　　　　　　　　　　　　　　　　　　　　　　』

★著者へのメッセージ、または本書のご感想をお書きください。

●本書をお求めになった動機は？

①著者が好きだから　②タイトルにひかれて　③テーマにひかれて
④カバーにひかれて　⑤帯のコピーにひかれて　⑥新聞で見て
⑦インターネットで知って　⑧売れてるから／話題だから
⑨役に立ちそうだから

生年月日	西暦　　　年　　　月　　　日（　　　歳）	男・女		
ご職業	①学生	②教員・研究職	③公務員	④農林漁業
	⑤専門・技術職	⑥自由業	⑦自営業	⑧会社役員
	⑨会社員	⑩専業主夫・主婦	⑪パート・アルバイト	
	⑫無職	⑬その他（　　　　　　　　　　　）		

ご記入いただきました個人情報については、許可なく他の目的で使用することはありません。ご協力ありがとうございました。

ンス〟なのだ。

「世界の水の消費量は1日1人当たり50リットルから100リットルです。ですから不足人口を考えて、それを25億倍してみてください！　それだけ必要になるのです。潜在的市場は、と訊くのなら、それがその潜在的市場なの」（同書119ページ）というコメントが印象的だ。なるほど、ヘッジファンドのマネージャーであるマイケル・バーリが注目しただけはある。

2028年の時代変化

・世界人口が80億人に。それにともない水が貴重な資源として、より注目される

考えておくべきこと

・水ビジネスの展開
・サプライチェーン全体の節水

こういうものが売れる

・水精製商品
・節水ビジネス
・漏水防止ビジネス

稼ぎ方

日本の水道技術

「日本人は水と安全はタダだと思っている」といわれる。しかし、意外に日本人は、タダと自虐した水を大切に使ってきた。漏電と同じく、漏水はどこでも問題だ。配管の途中、マンションの給水管など、いたるところで漏れている。

電気は、その問題をスマートグリッドで解決しようとしている。スマートグリッドとは、送電網をデジタルで制御し、漏電の探知等を行うものだ。それと同じく、水でもあらゆる管に取り付けることで水量を測定しようとしている。

ただ、そもそも必要なのは、漏れないインフラづくりや、メンテナンスなどの管理体制を構築することだろう。日本の場合はインフラがしっかりしているし、限られた資源をうまく、そして効率的に使う、という手法自体を輸出できる。実際に東京都水道局はミャンマーにたいして水道のノウハウを伝授している。

前述のように悪の商人たちは、地球温暖化に乗じてビジネスを拡大していくかもしれない。ただ、水資源の減少に呻吟《しんぎん》する世界で、実は日本の活路はこんなところにあるのかもしれない。

2029年

中国が人口のピークを迎える

老人国家となる中国は
成長の限界に立つ

P　Politics（政治）

中国共産党政府は政権の正統性を保つために経済成長を掲げてきたが、ここにきて歪みが露呈してくる。

E　Economy（経済）

経済成長は低速（新常態）となりインフラや設備投資などバブルの後始末がはじまる。

S　Society（社会）

人口のピークを迎える。同時に一人っ子政策の歪みが露呈し、未婚男性が3000万人にいたる。

T　Technology（技術）

介護や少子高齢化の商品やサービスは日本が先行しており、中国へ輸出が可能となる。

変化の特徴

中国の官製経済ともいうべきインフラ投資や素材生産も、行き詰まりを迎えてくる。経済成長を前提に国家運営していた中国のターニングポイントとなる。同時に、一人っ子政策の影響もこのころ出てくる。人口が減り始め、かつ結婚できない成人が増えていく。

中国はゆるやかに老人国家になっていく。そのとき日本は、先輩老人国家としてビジネスチャンスを見出さねばならない。

中国の構造的限界

２０１６年のダボス会議で、投資家として有名なジョージ・ソロスは「中国はハードランディングするだろう」と述べた。中国を見切り、中国元を売ると宣言したわけだ。私は中国のピークは２０２９年ごろと考えている。それは中国の人口がピークになる年であり、そこから中国は世界に例のない巨大な老人国家として歩むことになる。

１９５６年、日本の「経済白書」は〈もはや「戦後」ではない〉と語った。これは戦後復興需要に頼っている時代は終わりという意味だった。２０１３年に発足した習近平政権は「新常態」と自国経済を名付けた。それまでの高度成長が終わり、新たなステージに入

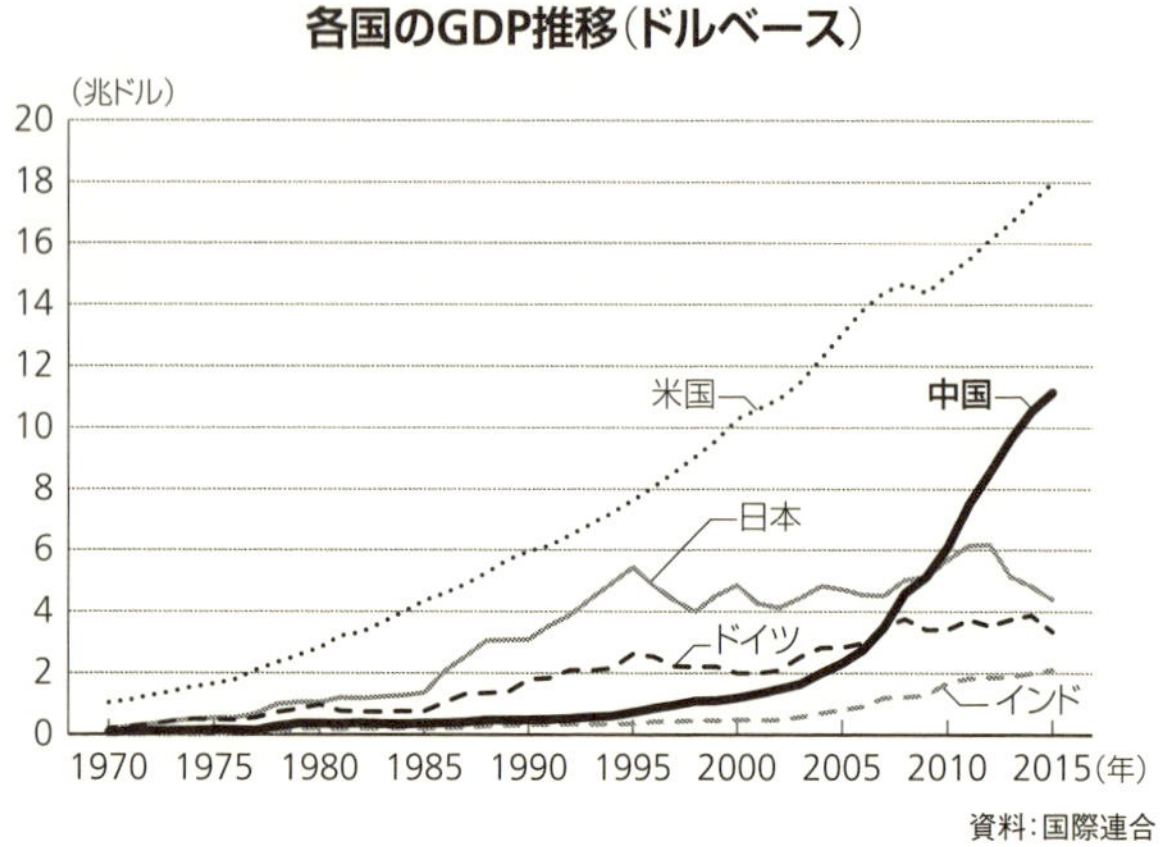

った と国民に告げた。経済成長の鈍化こそが、もはや常態というわけだ。

前フリは、以前からあった。

面白いのは中国自身が経済成長にやや自虐的な態度をとっていたことだ。ＩＭＦが中国は米国を追い抜き、米国時代の終焉を述べたところ、むしろ中国のメディアにはまだまだだと反論が載った。中国メディアが当局の意向を忖度していることから、それは興味深い（この経緯は何清漣・程暁農『中国――とっくにクライシス、なのに崩壊しない〝紅い帝国〟のカラクリ』に詳しい）。

中国経済の実情については多くの論者が指摘するところだ。

中国のＧＤＰについても疑問視する声は多い。

日本のＧＤＰを確認したひとはわかるとおり、なかなか確報値が出ない。しかも先に出た速報からかなり修正される。いっぽうで中国はあれだけの大国なのに数週間でＧＤＰをまとめてしまう。

どんな国も、相手がいる輸出と輸入はごまかせないといわれる。２０１５年に中国が大幅な輸入減少を見せたが（▲13・２％）、それでも約７％の経済成長率を記録していた。直観的にも整合性がない。

問題①　官製需要の終焉

私が思うに、中国には現在、二つの問題がある。それは、官製需要の行き詰まり、そして、一人っ子政策の禍根だ。

２００８年のリーマンショックでは需要が激減した。政府は内需を創出しようと、４兆元もの公共投資を断行した。公共インフラの多くがこれで整備されたいっぽうで、本来は必要のないむだな投資も生まれた。素材バブルも生じた。くわえてモラルハザードも生み、とっくに事業を畳んでしかるべき「ゾンビ企業」も生まれた。

前述のＧＤＰは良いとしても、中国の各種指標には、やや強引さがにじむ。かつて「鉄

中国の粗鋼生産量グラフ

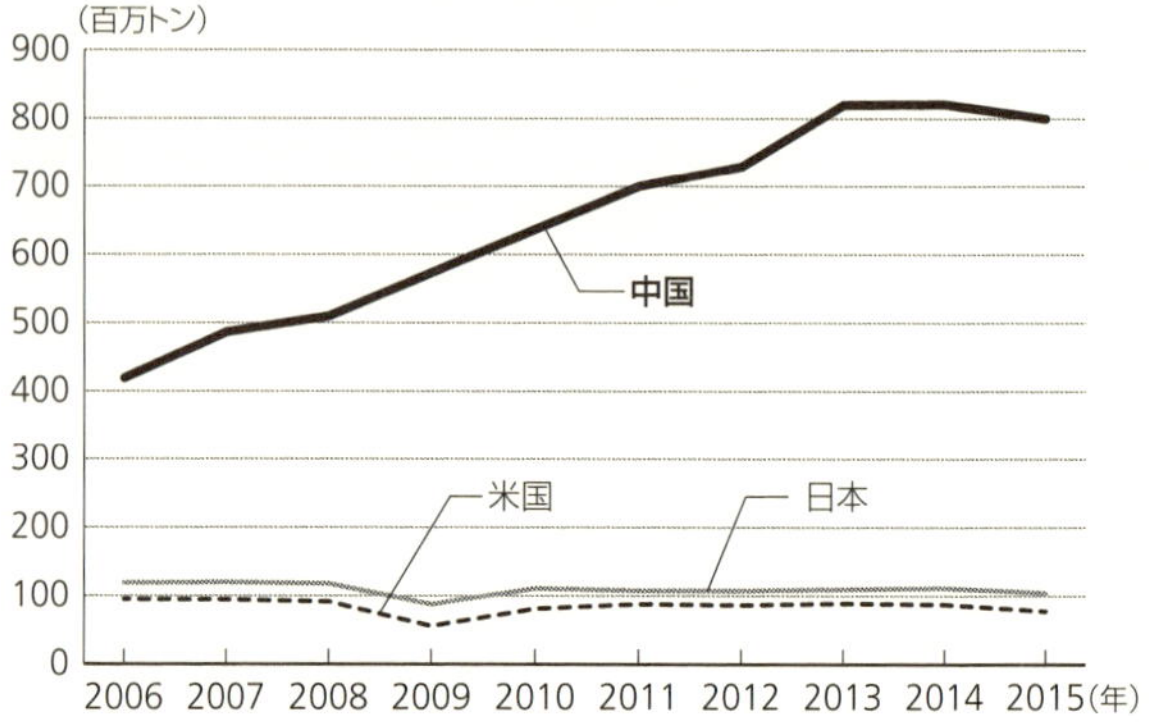

資料:WORLD STEEL ASSOCIATION「STEEL STATISTICAL YEARBOOK 2016」

は国家なり」といわれた。そこで、粗鋼生産量を見てみよう。

この粗鋼生産量の伸びは異常といってよいほどだ。供給過剰のなか、鋼材市況が低迷、さらに中国の鉄鋼各社が収益性・利益性を下げていった。4兆元の投資で、なんとか続いてきたが、さすがに頭打ちだ。もっとも自動車はまだ伸びるとはいえ、人口増の限界がある。さらにインフラはそれほど伸びない。

鋼材価格が反発したり、あるいは建材需要があったりと、なんとか持ちこたえているように見える。ただ、それも共産党政府の強い意向があるためで、廃炉などゆるやかに減少の途につくだろう。

しかし、いまなお中国では地方都市の9割が、新たな市街地計画をもっている。中国ではゴーストタウンならぬ、ゴーストマンション化が進行している。橘玲《あきら》さんの『橘玲の中国私論』では写真つきで、著者が見聞きしたゴーストマンションの実態があざやかに書かれている。これを「鬼城」と呼び、枚挙にいとまがない。たとえば、内モンゴル自治区のオルドス市では計画開発された地区に100万人の居住を予定していたが、実際には8万人ほどだったという。

これらインフラ投資が、ケインズ型の成功例としてではなく、失敗例として重くのしかかってくるだろう。過剰設備、過剰インフラが、中途半端な状態で中国に点在しているのだ。

問題②　一人っ子政策の陥穽

中国の定年は55歳で、2018年ごろから大量の定年退職者が生まれると予想されている。そこから数年後に、本節のテーマである、2029年は中国の人口がピークを迎える年にたどり着く。その数14億4100万人。もちろん、前後のずれや、数値の修正はあるだろう。しかし、一人っ子政策を続けてきたこの大国は、それ以降、人口を減らしていく。

一人っ子政策は1979年から開始され、2015年まで続いた。いまでは37歳ほどが中

中国人口予測

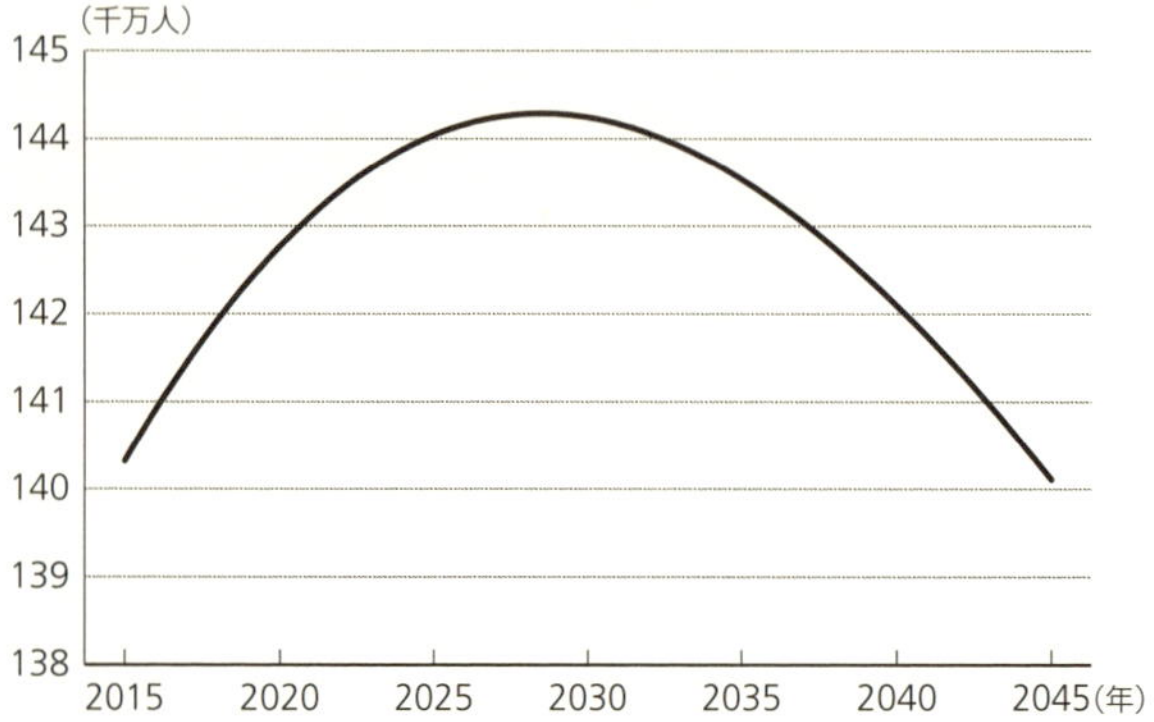

資料：国際連合

国の中位年齢だが、このころには43歳になっていく。アジアの巨人も、そのゆるやかな老人化から逃れられない。

　中国は421型といわれる世帯構造だ。両親4人、夫婦二人、子ども一人を指す。この構造は日本以上に中国の将来に暗い影をおとす。深刻な高齢化と介護問題が生じるはずだ。

　さらに、もう一つ気になるのは、中国における出生性比だ。

　これは文字通り、出生時における男女比を表現している。値が大きいほど、男の子が多い。一人っ子政策で、中国では男の子が望まれる、としたら、間引きなどさまざまな要因が考えられる。

・中国：1・16

・アゼルバイジャン：1・14
・アルメニア：1・13
・ベトナム：1・11
・インド：1・11
・（日本：1・06）

一人っ子政策時の、かなり無理な状況については山田泰司さんの『3億人の中国農民工 食いつめものブルース』に詳しい。

一人っ子政策時の子どもたちは、次々に結婚適齢期になっている。それなのに結婚できない男性人口は3000万人に上る。これは日本の晩婚化とか非婚化とは、問題を異にする。日本は結婚をしないのが問題だが、中国は男女全員が結婚を望んだとしても男性が必然的に余る。仕事で出会ったミャンマー人男性は「ミャンマーの女性は中国へ行って結婚するでしょう」といっていた。かつて日本の農村へフィリピン人女性が嫁いでいったように。「あるいはアフリカから女性を連れてくるしかないでしょう」。

一人っ子政策は、社会の歪みも生んでいる。中国では誘拐問題が多発しており、男の子がさらわれる。以前、テレビで、誘拐された男児の父親が、インターネットなどを使い執念をもって捜すドキュメンタリーを見た。この誘拐は農家で女の子しか生まれなかった場合の、働き手として〝活用〟するためだった。

2015年の一人っ子政策終了後は、この傾向がなくなっていくことを願うが、この政策が社会に落としたものはあまりに大きい。

中国リスクふたたび

これまで、中国の為政者は、国民にしっかり食を提供することで、なんとか政権の正統性を保ってきた。

毛沢東は蔣介石を台湾へ追放し、1949年に中華人民共和国を作った。その後、朝鮮戦争を経て米国と対立した。毛沢東は暴力革命によって私有から公有へと切り替え、階級制度を崩壊させ、そしてプロレタリア化を完成させた。そして、共産党政権のみが資産を有する体制を開発した。

1958年からはじまった、かの有名な大躍進政策では農民を鉄鋼産業に従業させることで食糧不足を招き、そして3000万人が餓死した。国民を食わせられなかった毛沢東は国家主席を辞し、引き継いだ鄧小平らは農業重視の方向に舵を切り、また同時に、経済政策を進めるなかで、共産党トップらの実質的な企業統治を可能としてきた。

１９８０年代くらいから中国は市場経済化を進めた。『共産党宣言』で予想された資本主義から、社会主義、そして共産主義への道程はすっかり無視され、共産主義と資本主義がいちゃつく、という奇妙な制度が誕生した。

経済成長は恩恵を施したいっぽうで、急激な物価上昇は人民に不満をもたらした。

１９８８年にはインフレ率が20％を超え多くのひとは困窮した。翌89年には天安門事件を引き起こす。学生たちが政権への不満をぶつける場となった。たまたまソビエトのゴルバチョフ書記長が訪中していたのは良くも悪くも偶然だった。ゴルビー目当てだったはずの各国のメディアは天安門事件の様子を世界中に配信するに一役買った。

天安門事件が人民への弾圧を国際社会に印象づけることとなり、その後、Ｇ７は中国への制裁を決める。

中国は国際社会の仲間入りをはたし、貿易を活発化させねばならなくなっていた。そこで、１９９７年、企業の私有化政策が決められた。国有企業の非効率さが問題となりまったく利益を生めない状態が続いていたからだ。そこで一部の株式が外資に売却された。そしておなじく一部の国有企業が民間に売却された。国内の産業は再編され、それらの改革をへて、やっと中国がＷＴＯに加盟したのは２００1年からだ。

こう見ると、共産党政府の正統性を人民に信じさせるため、なんとか経済という果実を提示しなければならない苦しさも感じられる。

中国の抱える問題

しかも、現在も問題はくすぶっている。

さきほど、企業改革についてふれた。その過程で、役得というべきだろうか、多くの共産党員が国有企業を譲り受ける形で資産家となっていった。『共産党宣言』思想が骨身にしみているはずの党員の末がこれだった。20〜30年前にはプロレタリアだった彼らは富裕層となっていった。そして、社会主義国家にもかかわらず、貧富の巨大な差を生んだ。

一般的には、中国は「貧しい農業国を脱した」と理解されている。ＧＤＰは世界第2位になり、爆買ツアーの一行が日本に押し寄せ、そしてＩＴ機器で世界を席巻している。深圳などの沿海地域に経済特区が80年代に生まれ、いまでは深圳はドローンなど先端機器の生産地として発展している。

ただし、巷間で喧伝されている姿は、中国の一部でしかない。中国では、戸籍上も、農村（農村戸籍）と都市部（都市戸籍）で明確な違いがあり、前者の多くはまだ貧しいままだ。

膨大な人民を食わせるために農民は農地に縛り付けられていた。その後、非国有企業が農村から労働力を集めるようになった。そして、農村からの人員を都市の工業化に〝活用〟してきた。しかし、日本のそれと違い、中国では都市において下の地位に甘んじ、搾取の対象となった。

中国の統計を見ると気づくのは、都市部と農村部をわけていることだ。これは都市と農村での明確な〝身分制度〟の存在を意味している。食料が配給制だったから、農村で稲作に従業する国民がどうしても必要だった。都市部と農村部の所得格差は相当なもので、習近平があえて農村と都市部との格差是正を強く押し出したのも、逆説的にいえば、現在の乖離を物語っている。

人民の平等を毛沢東は夢見たはずだったが、いまでは高級官僚をヒエラルキーの頂点とし、私営企業経営者、都市居住者と階層化されている。その都市には農民が流入し、さらに下の階層を構築するにいたっている。都市部の人民は、天安門事件で共産党政権にたいする不満が鬱積したかと思いきや、彼らが経験したのは未曽有の経済成長だった。その躍進を農村からの労働者が支え、むしろ、都市部の人民は恩恵の享受者となっている。既得権益者たる都市部人民は、農村からの出稼ぎ労働者を、侮蔑する対象とすら考えている。

共産党が民主主義的な選挙を行えば、農村の支持を受ける政党が大躍進するはずだ。それは都市部の人民と共産党にとっては不都合な現実でしかない。だから、農村部での大規模な反乱が起きない限り、そう簡単に現体制が崩れることはないだろう。

ただ、矛盾するようだが、中国人民の潜在的な不満がいつ表出するかはわからない。

たとえば2016年に暴露されたパナマ文書では、オフショアカンパニーを設立し蓄財している権力者たちが明らかになった。中国でも権力者の数人と、そして習近平の親類などがリストアップされた。本人たちは認めていないものの、中国人関連は3万人以上にのぼる。

日本にとって、中国は有力な貿易相手国に違いない。ただ同時に、老人化しさまざまな矛盾を抱える中国は、より深い問題を抱えるようになっていく。おおいなる黄昏国家への注意が必要だろう。

2029年の時代変化

・中国の経済低迷
・中国人口のピーク

考えておくべきこと

・中国バブル崩壊時の対応
・農民工を中心とした暴動の勃発

こういうものが売れる

・成熟国家としての日本のシニアビジネス

稼ぎ方

日本の少子高齢化の経験を中国で活かす

天安門事件の騒動がおさまったさい、まっさきに中国に向かったのはビジネスパーソンたちだったというエピソードは象徴的だ。つまり、イデオロギーうんぬんとは別に日中間では貿易が模索されてきた。実際にいくつかの波はあるものの、1978年に華国鋒首相（当時）が発表した「国民経済発展10カ年計画」以降、日本の対中貿易は右肩上がりで伸びてきた。

さらに、中国からの訪日客も順調に推移している。中国は爆買いを日本で流行させた。中国人のうち、ちかぢか、2億人ほどが海外に旅行することになる。2017年は過去最高の2869万人もの外国人が日本を訪れた。そのうち、736万人と、韓国を抑えてトップの座にいる。ただ、ポテンシャルは韓国にくらべてあまりに大きい。

だから、問題は抱えているとはいえ、大きな存在であるのは間違いない。中国をこれまで老人国家と指摘してきたが、より高齢化が進んでいるのは日本であり、日本で開発したサービスを展開することが可能だろう。いいたかったのは、その成長に翳りがあるということだ。

中国の消費者も、日本人とおなじ道をたどる。少子高齢化のなか、健康志向が芽生え、ジョギング、低カロリー・低糖質ブームがやってきたように、中国の消費者もそれを望むだろう。日本が提供できるソフト面も多くなっていくはずだ。

日本の少子高齢化は喜ばしいことではない。しかし、その不幸を海外へのコンサルティングとして活用できる。

2030年

女性が指導的立場の半分に

女性の働く比率が高まり、子育てサービスが充実する

P　Politics（政治）

国連などでの宣言をうけ女性活躍推進法をさらに強力に推進する。

E　Economy（経済）

女性管理職の比率が高まり、ウーマノミクスといわれる女性活用の経済活性化策が採られる。

S　Society（社会）

女性が結婚を機に仕事をやめ、子育て後に再び職に就くいわゆるM字カーブが緩やかになり、子育てしながらの就業がさらに拡大する。

T　Technology（技術）

クラウドソーシングなどによる在宅ワークの拡充や、マッチングサービスなどによる育児のシェアリングが行われる。

変化の特徴

世界的規模で男女の立場が同列化しているなか、まだ日本では管理職比率で差がある。しかし、改善の途上であり、さらに保育施設の充実などが望まれる。

次には、単なる保育施設に子どもを預けられるだけではなく、より親の負担を軽減するサービスが求められる。さらに、女性は会社員としての生き方だけではなく、男性と同じく、起業する生き方もある。ワンストップで女性の起業を支援する動きが加速する。

働き方と女性の社会進出

職業柄、コンサルティングでさまざまな会社に出向く。すると、働き方改革についてどう思うか、と訊かれる機会がこのところ多くなった。長時間勤務をすこしでも減らし効率化を図るためだ。

そのとき、いつも決まっていうのは、二つだ。「信じられない成果をあげるのは、一部のひとたちが異常な情熱にほだされて働くからだ。しかし、がむしゃらに働いても成果があがらない場合もある。自ら進んでその愚挙に挑もうとするのは、もうベンチャー企業でしかありえない。だから、徹底的に働きたいひとは、大企業を辞めるしかない時代だ」と、

「それよりも、大企業のみなさんは、働き方改革の会議とか、ワーキンググループとかを止めたほうがいい。それらのせいで、もっと忙しくなっている」ということだ。

皮肉のつもりはない。これまでも働き方改革を喧伝する企業から、何度も会議に呼ばれて、結論の出ない議論を延々と聞かされた。さらに、平日は忙しいからと、土曜日に研修を頼まれた。

おなじく不思議な感覚をいだいたものに、女性の起業セミナーのたぐいに呼ばれたときのことだ。私は講演をしたのだが、他のセミナーでは、インスタグラム映えのする写真の撮り方とか、仕事を引き寄せる名刺の作成法などをやっていた。あれはいったいなんだろうか。効果がないとはいわない。しかし、ただただ弛緩する内容が、来るべき女性時代にふさわしいだろうか。

うらはらに、受講していた女性たちのキラキラした目だけが印象に残っている。

消費の中心はいつでも女性だった。そして、消費がバブルを迎えていた80年代、女性政治家であるマドンナ議員ブームが起きた。その後も、1986年に男女雇用機会均等法が施行、女性たちの社会進出が本格的にはじまった。

企業の商品企画には男性しかいないが、消費は女性が中心になる。そうであれば、女性の発想が重要になるのはいうまでもない。同時に、政策などの意思決定にも、これまで以上に女性の視点は重要になってくるだろう。

国連が目指す2030年に女性が指導的立場で半数に

国連は、過去も現在も、男女の雇用格差解消に努めている。もともと国際人権規約として女子差別撤廃条約がある。2015年には、2030年までに男女の差をなくすよう各国政府合意のもとで政治宣言を行った。そして、2030年までには、指導的立場の半分を女性が占めるように推進していく。実際にフランスは閣僚の男女比率を1対1とするほど徹底した平等化を進めている。

ウーマノミクスと呼ばれる、女性活用を積極的にする動きは、国連での宣言を受けるかたちでこれまでも発展してきた。1985年の国連で女性の政策決定への参加率をあげる、とした宣言から、日本で1986年の男女雇用機会均等法が施行された。今回も、2015年の政治宣言を受け、「女性の職業生活における活躍の推進に関する法律」が10年間の時限立法で成立した。いわゆる、この女性活躍推進法は、女性の採用比率などについて中堅以上の企業に情報公開を義務付けたものだ。女性管理職の比率や、その数値目標にむけた行動計画を練らねばならない。

同時に、この法律において、女性採用に積極的な企業は、「えるぼし」認定を厚生労働省から受けられる。基準を満たしている企業を3段階で認定するものだ。これは丸いマークに「女性が活躍しています！」と書かれたもので、名刺や求人ポスターに活用できる。

かつてアラン・グリーンスパンは、女性労働者が低く評価されているとし、女性を自社コンサルティング会社で積極的に活用した。なぜならば、男性を雇うよりもはるかにコストパフォーマンスが高いからだ。そして事業を軌道に乗せた。

古い資料で恐縮ではあるものの、OECDのレポートでは女性雇用平等化は、雇用不足を解消するものだとし、かつGDPを増やすためにも必要だと結論づけている。

ただ、残念ながら日本での女性の社会進出は、まだ道半ばといわざるをえない。

難儀な日本社会

米国では、管理職の約4割を女性が占める。製造業が多いドイツであっても、3割ていどだが、日本と韓国は1割にすぎない。

日本の女性は学力などのデータから見ても、世界でトップクラスの実力をもつ。しかし、

管理職への昇進を望まない理由

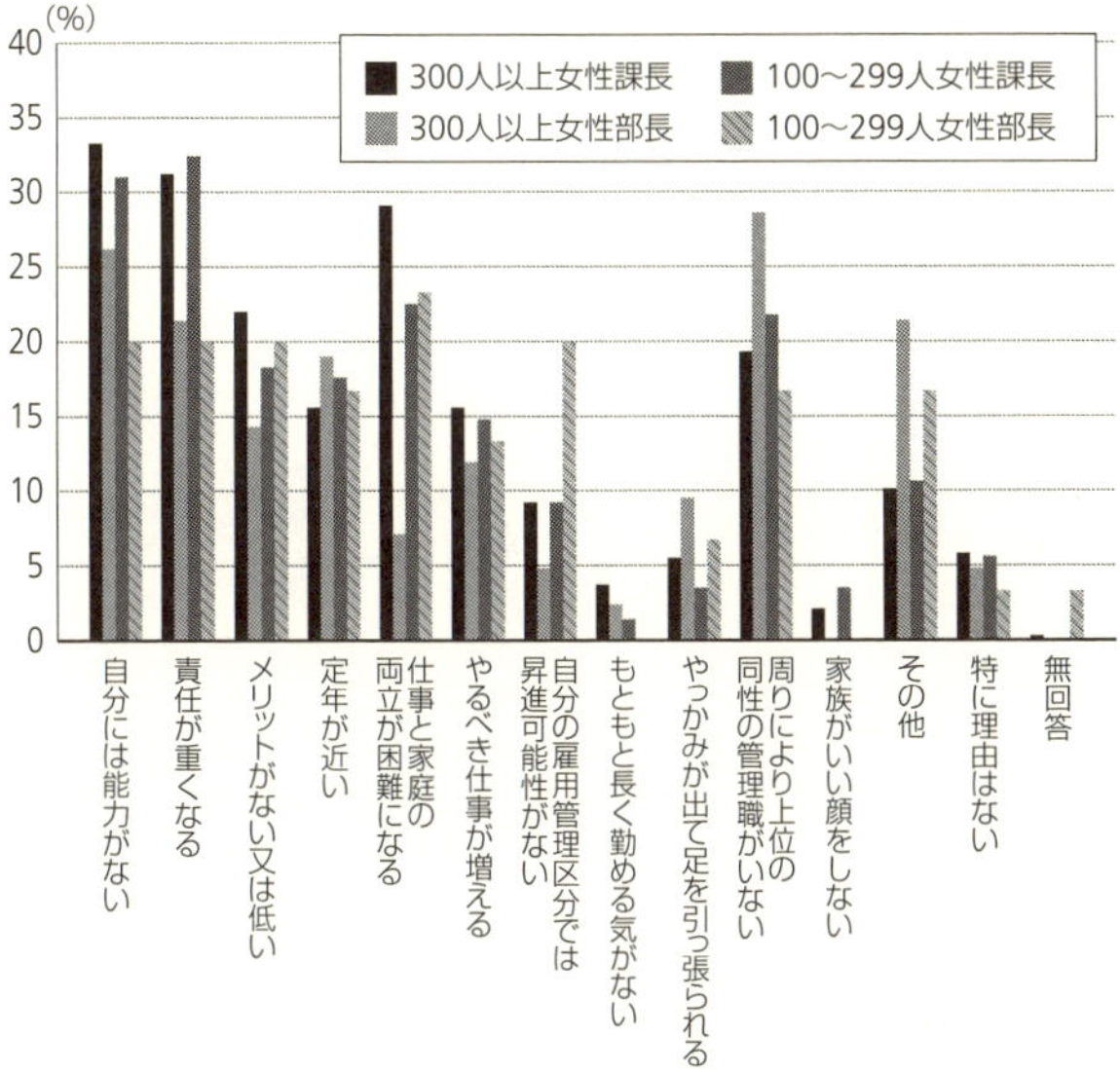

同時に管理職になりたいと考えている比率は低い。いや、これは、管理職になりたいと「考えないように」なったというほうが正しいのかもしれない。

実際に、内閣府「男女共同参画社会に関する世論調査」によっても、女性が就業を続ける方がいいと8割は賛成している。ただ、それでも、女性が実際に働きはじめてから昇進を望まなくなる理由は、意外なほど「仕事と家庭の両立が困難になる」「周りにより上位の同性の管理職がいない」が高い。

キャリアとして年数が短いと、

女性管理職が少ないあるいは全くいない理由別企業割合の推移

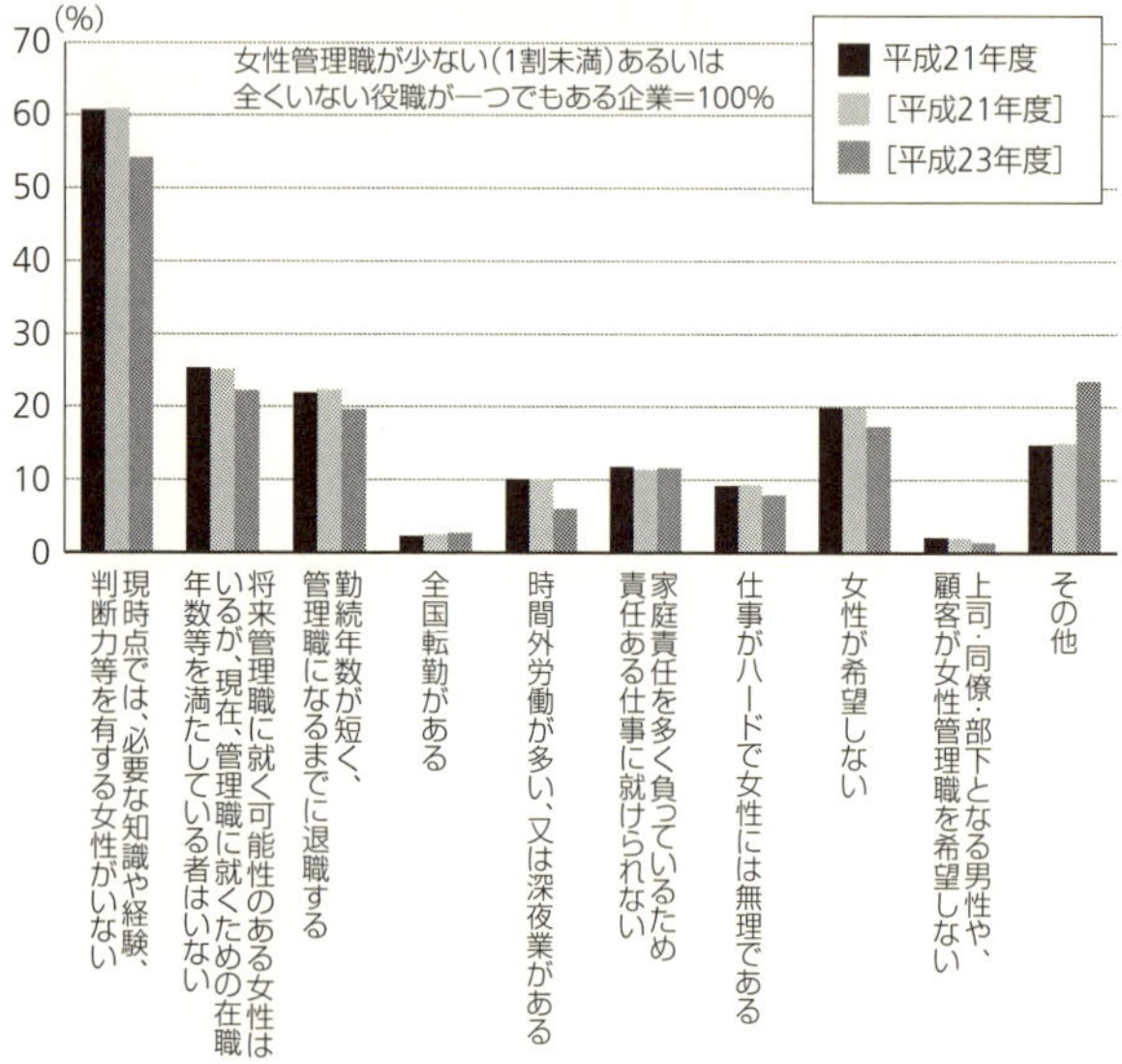

資料:厚生労働省雇用均等・児童家庭局「平成23年雇用均等基本調査」

能力は男性と同等であっても、どうしても経験値で負けてしまう。教育の年数も差が開いてくる。

それにしても2030年までに男女差をなくすといっているのに、企業では女性管理職ゼロも少なくない。その理由1位が「現時点では、必要な知識や経験、判断力等を有する女性がいない」となっている。これを答えたのは、きっと女性社員ではないだろうから、男性社員がそう判断していることになる。

年齢階級別女性労働力率（2014年）

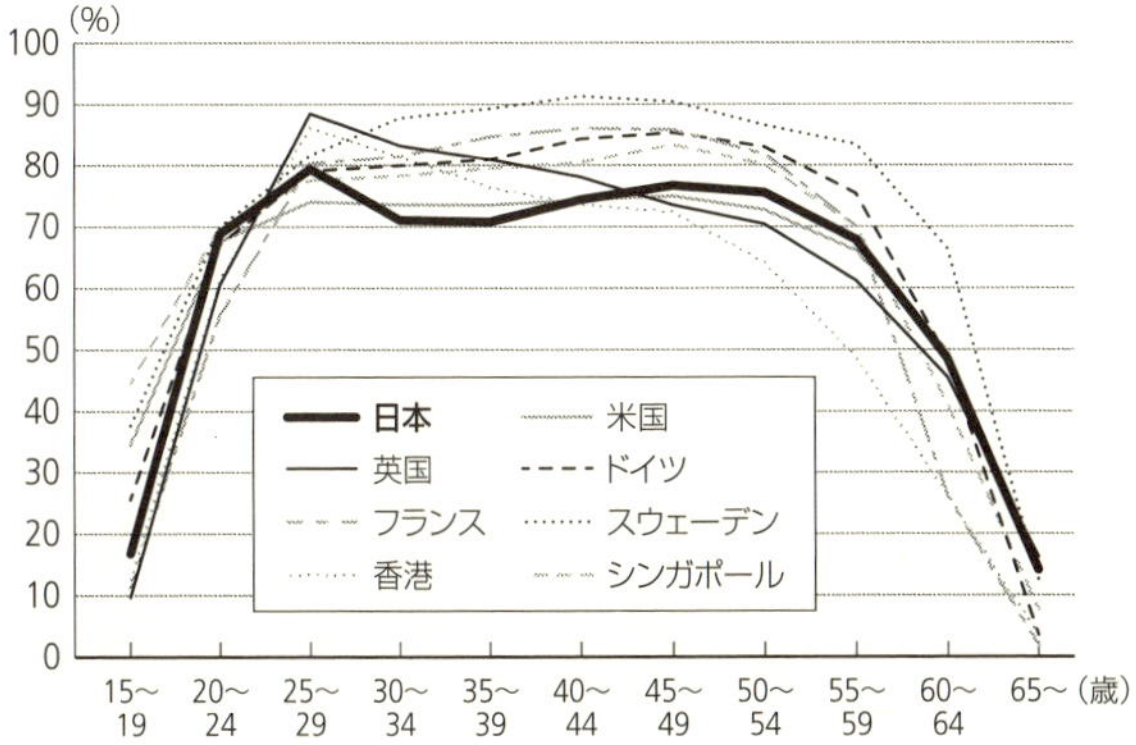

優秀であれば経験年数は不問で問題がないと私は思うものの、「管理職に就くための在籍年数等を満たしている者はいない」が続く。

きっと、女性たちは、このような環境のなかで、昇進の動機が減退していったに違いない。よくMカーブと呼ばれる、女性たちが結婚出産を機に職場から離れ、一段落したのちに就業する事象がある。そのM字形状は、たしかに、日本がもっとも激しいとわかる。逆U字になっているスウェーデンなどと比べると、それは顕著だ。

なお、このM字カーブに日本企業の古さが表出していると批判されるものの、公平に付け加えておけば、このM字は緩やかになってきている。１９７０年代、80年代の異常なほど深いM字形状にたいして、２０１０年代以降は、まだ問題がある

各国の合計特殊出生率と女性就業率（2009年）

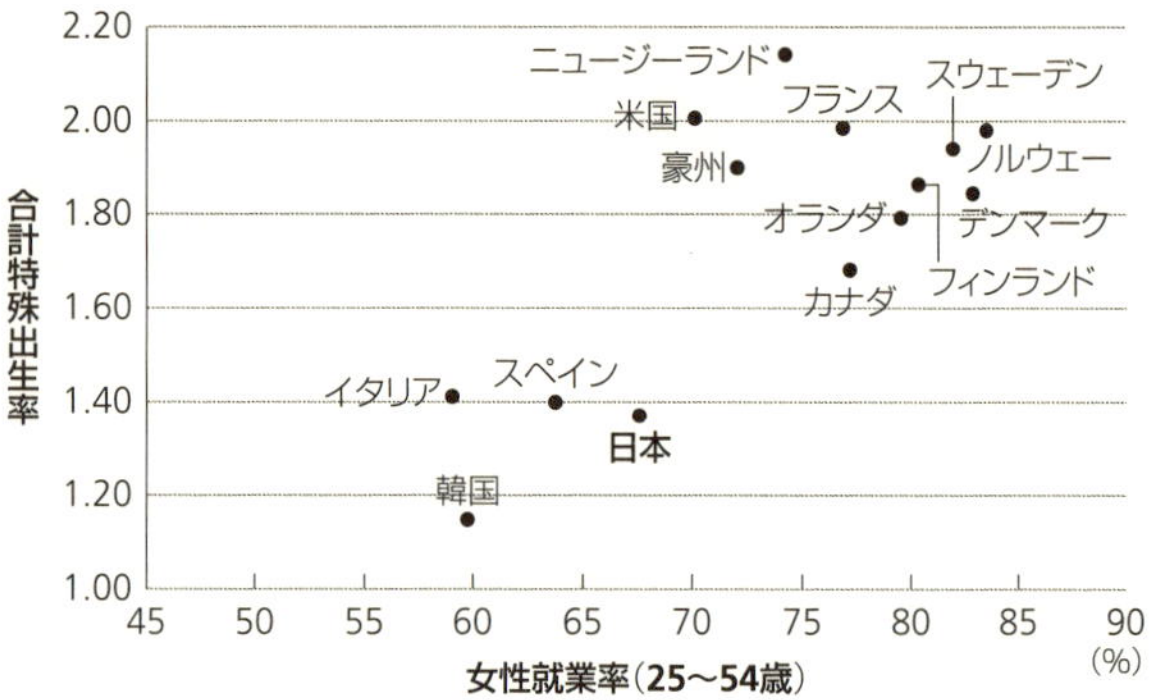

資料：OECD Family database

とはいえ、改善されている。

また、女性の社会進出によって、出生率が下がる懸念が指摘されている。実際に第二次世界大戦後に、女性が働き始めてからは出生率が各国とも下がった。ただ、各国とも家庭と両立しやすい仕組みを志向してきた。すくなくとも、現代では、女性の社会進出とともに、逆に出生率は上がる傾向にある。公共の保育施設の充実とともに、子育てしながらも働きたいひとは働けるようなテレワークなどの仕組みづくりが重要だろう。

育てにくさ、起業しにくさの解消を

ところで、個人的な経験から、子どもを育てやすい環境と、女性が働きやすい環境づくりを、それぞれビジネスに引きつけて述べておきたい。

まず現在、日本では、保育園等の拡充が図られている。ただ、保育園等に預けられたとしても、親の手間はかかる。たとえば、1～2歳児であれば毎朝、オムツに名前を書いて、エプロン複数枚を用意して、さらにおしりふきのティッシュとビニール袋を切らさないよう準備し、着替えを2セットほどボックスに入れておく。さらに、園との連絡帳で、体温や前日の様子、体調、そして自由記述欄を埋めなければならない。年齢が上がると、コップや歯ブラシも必要となる。

さらには定期的に保護者会があり、さらに、催し物では、子どもだけではなく保護者も参加するため準備に何日も費やす。イベントでは保護者に役割が振られ、その後も〝業務〟が続く。しかし、こういうと、子どもの教育上、大切だと反論がある。少なくとも参加したくない家族は参加しなくていいのでは、というと、それでは不平等だといわれる。不平等という言葉が出るのは、誰もやりたがっていないからだろうか。なるほど、自由と各自の考えを尊重する、と建前ではいいながら、空気に飲まれる子どもが育つのもわかる気がする。

たとえば他国では、最低限の準備で預けられるところがあるし、連絡帳の代わりに口頭だ。イベントなし、さらに入園式どころか卒園式すらない国もある。そこまでの割り切りは難しくても、これから親の手間を省く民間の保育施設は必要となるだろう。そして、その手間にかかるコストを考えると、そちらを選択する夫婦も多いはずだ。

つぎに、マッチングサービスで、規制の緩和も必要だが、シェアリング育児も考えるべきだ。勤務中の男女でも、たまたま空く日もある。そんなときに、ネットで、逆に緊急に子どもを預けたい親を募るのだ。おなじ年齢くらいの子どもと遊べば、おもちゃなども有効利用できるだろう。もちろん見知らぬひとに預けるのは怖いので、レーティングや他の保障システムも必要となる。

次に女性が働きやすくなる環境づくりでは、さまざまな施策が講じられている。そこで、違った角度から述べると、女性の起業を支援する動きが、これまで以上に重要になる。現在、男性は30代で大幅に起業家数が伸びる。

たいして、もちろん育児の問題もあるだろうが、女性はほとんど伸びない。同時に、男性は定年後の60代前半からも急増する傾向にあるものの、女性は伸びていない。

ただ起業といっても、莫大な借金を背負ってスタートするわけではなく、もっと自分の強みを小規模で活かして社会に貢献できる教育やネット、それこそフリーランスでどこかに登録して、手始めはクラウド・ソーシング・サービスで働いてもいい。

ここで必要とされるのは、高尚なサービスではなく、もっと地に足の着いたサービスだ。いま問題なのは、起業する際に、日本で網の目のように張り巡らされた法律の、なにをクリアしなければならないのか、そしてどこに届けを出すべきなのかがまったくわからない点だ。たとえば、ある女性が子ども向けのヘルメットがあまりにダサいため、自分で作ってみようと志したとする。女性ならではの観点だ。製造してくれる工場はすぐに見つかる。ホームページなどもすぐさまできる。ネットで広告も瞬時にできる。

ただ、PL法からはじまる、各種規制を乗り越えるために、どの省庁あるいは役所に行けばいいかがわからない。ビジネスコンペや表彰制度、起業スクールではなく、ワンストップの助言サービスこそが必要だ。

2030年の時代変化

・女性の社会進出がさらに進み、指導的立場の50％が女性となる

考えておくべきこと

・自社での女性活用
・女性活用をむしろ武器とした社会へのＰＲ

こういうものが売れる

・親の手間を軽減する保育ビジネス
・女性向けワンストップ起業サービス

稼ぎ方

コストとリターンのパラダイムシフトを

ところで私の周りには、多数の会社員女性と、ごくわずかの起業家女性がいる。少数のサンプルだから法則を導けはしない。ただ、年収が違うので当たり前といわれるかもしれないが、後者は、よく家事代行サービスを活用している。しかし、前者はなんでも自分でやろうとする。

おそらく、他人の力を借りることに前者には拒否感があり、後者にはそれがない。時間は有限ではないと知りつつ、家事代行サービスにお金を払うくらいなら自分でやってしまおう、と考えるか、家事代行に依頼し、そのあいだ自分は仕事をすると考えるかで、だいぶ差がつく。コストとリターンの関係だ。

日本では良妻賢母が理想とされているので、節約と貯蓄と堅実さが支配している。事業では、借金をして将来にかける。あるいは借金をしなかったとしても、会社勤めから給料を得るのをやめ、売上のない不確実な数カ月から数年を忍ばねばならない。

これはひとつのパラダイムシフトであり、シフトが難しいからこそ、私は起業率が少ないのではないかと見ている。そしてこれは家庭環境や、教育の問題にもつながっていく。ただ、強引にであれ、２０３０年にほんとうに指導的立場の50％に女性が就くのだとしたら、いまの有名起業家にあたるポジションにも強烈な女性が座しているに違いない。それらモデルケースの影響を通じて、起業の意味でも徐々に男女の均一化が図られるのではないか、と私は思う。

2031年

日本における宇宙産業市場規模が倍増

宇宙産業は次なる成長産業へ。世界でさまざまな宇宙ビジネスが定着する

P　Politics（政治）

宇宙基本計画により国と民間が手をたずさえながら、産業育成が活性化する。

E　Economy（経済）

衛星関連ビジネスは市場規模が右肩上がりに拡大していく。

S　Society（社会）

衛星測位など宇宙からの通信や、衛星画像分析によって、宇宙の存在が身近なものになっていく。

T　Technology（技術）

宇宙空間への輸送、あるいは宇宙からの送電など、技術が進化していく。

変化の特徴

世界で宇宙産業の市場規模は拡大している。日本も宇宙産業育成に乗り出した。スマートフォンで使用するGPS情報だけではなく、衛星からのデータはさまざまな用途で活用されはじめている。衛星からの情報を民間が自由に加工・分析できれば、考えもしなかった産業が誕生するだろう。

宇宙という次なる開拓地

藤子・F・不二雄さんの短編に『3万3千平米』がある。主人公のビジネスパーソンに、しつこく男性がいい寄ってくる。そのビジネスパーソンは平凡な男で、土地などの資産を有していない。しかし、その男性は、主人公に土地を数億円で売却しろというのだ。

人違いかジョークと思った主人公は、男性から逃げ続ける。しかし、最後に武装した男性は、強制的な買い取りを宣言し、主人公の前に宝石類を提示する。これで土地を売却しろと迫るのだ。主人公は、狐につままれたまま、大豪邸を手に入れる。主人公が思いつくのは、10年前に火星の土地権利証を1000円で買ったことだ。もちろん、ジョーク商品だった。まさかとは思うが、どこかの宇宙人が、これを熱心に買い取ってくれたのか——。

SFを「少し（S）不思議（F）」、と語る藤子さんらしい、不思議な面白さにあふれた傑作だ。藤子さんの宇宙を舞台にした短編は多いものの、まったくの一般人が巻き込まれる点で、ひじょうに印象に残る。

もともと、宇宙産業は1950年代までは米ソの宇宙開発からはじまり、国家間のプライドをかけた闘いだった。そののち冷戦が終了してから宇宙開発は低迷した。2000年代になると、インドや中国が宇宙開発分野に参入してきた。そして2010年代になると、アマゾンのジェフ・ベゾス氏や、テスラかつスペースXのイーロン・マスク氏などが、あいついで宇宙分野で注目を浴びるようになってきた。

ただ、日本ではさほど、その熱を感じられない。宇宙とは地上から100km超を指す。東京からは熱海くらいだが、イメージが湧かない。一般人からは遠い世界のように思われている。ロケットなど、実用性が感じられないために、無用のように感じてしまう。しかし、実際には、スマホで地図アプリを見るときにも、衛星測位は使われている。また、気象予報にも不可欠だ。

日本の動き

２０１５年の宇宙基本計画において、ＧＤＰ６００兆円を目指す過程で、宇宙産業の振興が掲げられた。２０３０年代の早い時期に、宇宙産業市場規模の倍増が目標だ。２０１６年には宇宙活動法、衛星リモートセンシング法が成立し、国の独占事業だった衛星打ち上げを、民間業者にも間口を広げた。

日本では、準天頂衛星システム「みちびき」は有名だが、２０１０年に初号機が打ち上げられたばかりだ。２０１８年に準天頂衛星システムが4機体制で稼働し、それによって24時間の衛星測位サービスが実現する。これまでもＧＰＳの位置情報サービスは存在したものの、これによってセンチメートル単位での高精度が実現する。

ただ、ＧＰＳなどの利用などであれば有効活用できるいくつかの企業が思いつくが、他の衛星データを解析し、それをサービスとして展開する企業はまだ限定的だ。さきほど、日本人にとって宇宙は遠い、といったが、世界では宇宙ビジネスはこれからの競争力の源泉とすら思われている。

宇宙、衛星関連産業の伸び

世界の衛星関連の市場規模は２６００億ドルを超えており、右肩上がりの成長となって

世界の衛星産業の収益と成長率

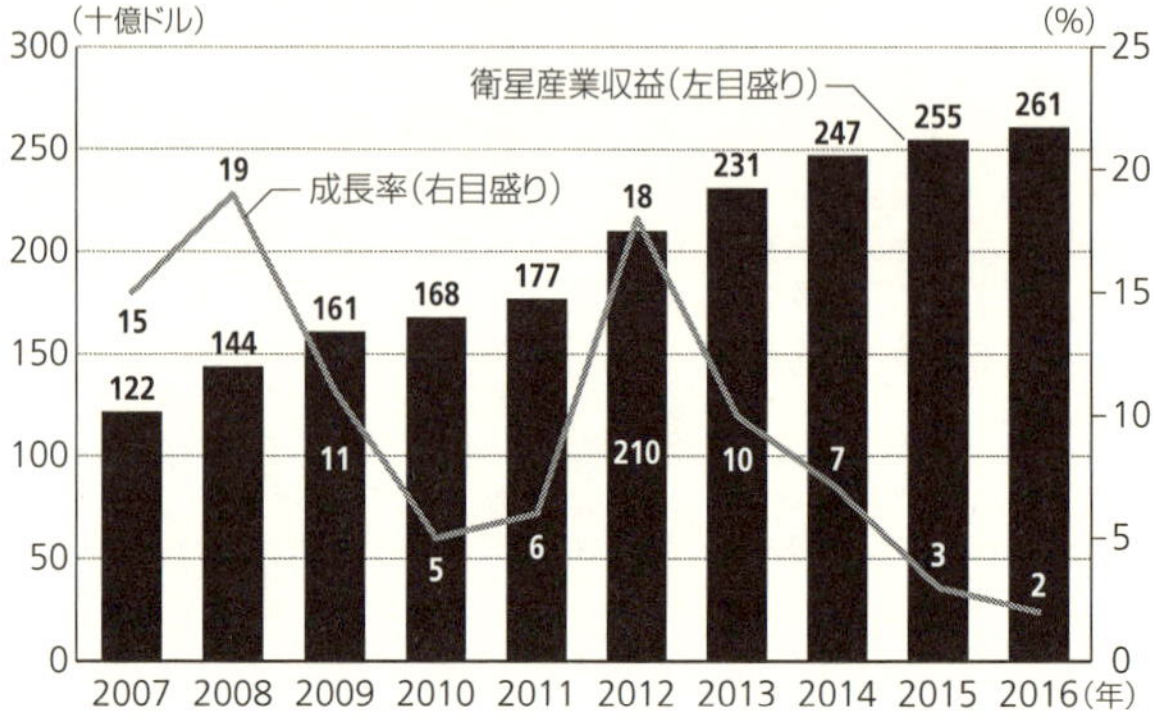

いる。ベンチャー企業への投資が世界では激増している。いっぽうで日本は、国からの需要が9割を占め、民間需要は旺盛とはいえない。世界の企業ランキングでは、売上で1位は米国のロッキード・マーティン社から続くが、日本は19位にやっと三菱電機が入っているていどだ（総務省『宇宙分野におけるICT利活用の現状と課題』）。

　宇宙ビジネスとして想定される範囲は、意外なほど広い。たとえば、宇宙基本計画工程表では、このような分野をあげている。

・衛星測位
・宇宙輸送システム
・衛星通信
・宇宙状況把握

・衛星リモートセンシング
・海洋状況把握
・早期警戒機能等
・宇宙全体の抗たん性強化
・宇宙科学・探査、有人宇宙活動

それに、推進する国々からすると、重要な輸出品になる可能性がある。商業的、軍事的に、独自の衛星をもちたい新興国は多い。人工衛星そのものにくわえて、運用システムの販売も期待できる（実際に、日本もアフリカや南米に継続的に官民でのセールスを展開している）。

このなかで、いくつかをピックアップしてみたい。

・**衛星通信**：飛行機でのインターネット、船舶でのブロードバンドなどに衛星からのビームによって通信を可能とする。また、国土が災害時にも衛星からの照射により耐災害を実現する。

また、衛星から、世界じゅうのネット環境が不備のひとたちにたいして通信網をつくる構想が広がっている。ソフトバンクも投資したプロジェクトは、世界の40億人にネット環境を提供しようとしている。

・**宇宙状況把握**：文字通り、宇宙の状況を監視するものだ。このなかでも、とくに注目できるのはスペースデブリ関連だ。スペースデブリとは、宇宙ゴミのことで、ロケットの残骸などを指す。これらは丁寧にカタログ化されているものの、実際に通信衛星が衝突する事故が起きている。個数は、どこまでを数えるかだが、小さなものを含めると100万個以上になる。

デブリの動きを分析し、衛星の運営側に通知するサービス会社もある。日本では、デブリの除去を専門とするアストロスケールが注目を浴びている。

・**衛星リモートセンシング**：衛星から地球を撮りデータを分析するものだ。継続的に衛星からの画像が入手できれば、細かな分析が可能となる。遠洋漁業にドローンが使われている。ドローンでまず下見をさせるほうが効率的だからだ。衛星データを漁業者がリアルタイムに確認することはさすがにできないかもしれないが、海流などを確実に把握できる。

その他、考えられる宇宙サービスは次のようなものだろう。

・**農業助言サービス**：農地画像を分析して、気象情報の提供や、害虫などの発生状況通知、さらには化学肥料の量を最適化する。また大気汚染予測なども提供する。豪雨情報、台風進路情報なども含む。また台風通過後の被害状況もモニタリングする。

・**海洋助言サービス**：海洋画像を分析して、最適な海洋ルートを提示する。衛星画像のサービスとしてはグーグルマップが有名だが、他にも画像が利用できるようになれば用途は広がるだろう。

・**宇宙科学**：子どものころ、宇宙飛行士が、宇宙空間でなんらかの実験をするのが不思議だった。テレビも理由を教えてくれなかった。あれは、無重力状態であれば、タンパク質等の結晶を乱さないので、治療薬の開発などに有効なのだ。そこで、製薬会社は効率的な新薬開発の観点からビジネスが可能だろう。

その他の宇宙ビジネス動向

もともとスペースシャトルは機体を再利用できないために高コストになっていた。むしろ、回収するよりも、新たに作ったほうが安上がりなほどだった。

そこで、衛星の低コスト化研究が進んでいる。小規模衛星の開発も見逃せない。3Dプリンターを使って、衛星むけの部品を成形する試みもはじまっている。これまで製造数の少なさがコスト高をもたらした。しかし、民間からの需要が高まれば、衛星を量産もできる。日本でもアクセルスペースがこれまで数百億円かかっていた大型衛星の100分の1ていどの低価格衛星を実現している。

宇宙ビジネスは、やや夢のようなものも含む。宇宙ホテルの構想もある。清水建設は、「シミズ・ドリーム」のなかで、人工重力空間を作り出すことで、「64の客室モジュールを含む104の個室モジュール」で地球を眺める異経験を構想している。

しかし、やはりもっとも興味深いのは、宇宙エレベーターの構想だろう。これは、カーボンナノチューブのケーブルを使って、宇宙空間と地上を昇降機でつなごうとするものだ。5万㎞以上をつなぐ壮大な計画だ。少ないエネルギーで宇宙との往復が可能となる。

早期の実現を延期しながらも、米国ではリフトポート・グループ社が設立され、建設を検討している。日本でも大林組が検討している。それによると2050年に実現、としており、少なからぬひとが、実現の日に立ち会えるかもしれない。

その意味では、太陽光発電衛星も、先とはいえ夢がある。これは衛星に積んだ太陽電池パネルからレーザーで地上に送電するものだ。太陽電池パネル等の費用を考えると、もちろん、現在の発電手法のほうが安上がりだ。ただ、太陽電池パネルなどの技術は日本が有しており、期待したい。

求められるオープン化戦略

突然、話を変えるようだが、日本は公的データが無料公開されている。しかし官公庁のデータは、米国に比べれば、エクセルではなくPDFであるなど、加工性が悪いケースもある。ただそれでも、官僚が命を削って書いた白書類や、統計情報などは役に立つ。

そのなかでも、家計調査は瞠目に値する、と私は考えている。これは回答する主体に専業主婦が多いなど、もちろん問題点はあるものの、日本人がいったい何にお金を使ったかを克明に記すデータ集だ。マーケティングの宝庫で、眺めるだけでもヒントがある。

おなじく宇宙関連でもオープン化できないか検討の余地がある。衛星データの活用が期待されるため、種類、データ形式などを規定し、衛星ビッグデータを加工しやすくするべきだ。もちろんセキュリティの問題はあるものの、オープン化によって事業創出が促進される。

なおアマゾンは「AES パブリックデータセット」を展開しており一見の価値がある。「ランドサット8号衛星により作成中の地球全土の衛星画像コレクション」などが公開されている。余談だが、ここにある地球観測データの企業使用実例が無数に載っている。事業家や新規事業担当者は見るといいだろう。

宇宙ビジネスと覚悟と

宇宙ビジネスは、商品であれサービスであれ、構想してから実用までに10年以上はかかる。ということは、ビジネスパーソンとしての人生の3分の1を費やす。失敗すれば、これまではなんだったんだとなる。

ある種の酔狂ともいうべき熱狂が、プロジェクトメンバーや社員に求められる。と考えたときに、アマゾンのジェフ・ベゾス氏や、スペースXのイーロン・マスク氏をあげたが、それ以外にも、元マイクロソフトのポール・アレン氏、ヴァージン・グループのリチャード・ブランソン氏など、いわゆるカリスマが率いているのも理解できる。

未知を確信に転換し、全身全霊で取り組むコミットを引き出す。これはもちろん、宇宙ビジネスに限らないかもしれない。ただ、とくに宇宙を対象とするような壮大な事業の場合、壮大なビジョンを語る必要があるのではないか。その意味でも、各社の動向を興味深く見ていきたい。

2031年の時代変化

・宇宙関連産業の市場規模が日本で倍に

考えておくべきこと

・衛星、付帯機器類のビジネス可能性
・宇宙データがオープン化された際の自社活用

こういうものが売れる

・衛星からの画像を分析し、助言を与えるサービス

稼ぎ方

地球でやり尽くしたビジネスをもう一度宇宙で

冒頭で藤子さんの短編を冗談ぽくとりあげた。ただ、実際に宇宙の資源は誰のものかという議論が進んできた。2015年には米国で宇宙において非生物資源の販売を認める法律もできた。さすがにどこかの星を保有はできないとは思うものの、宇宙資源開発はルールづくりがはじまっている。

以前、月にはヘリウム3という物質が地球上よりもはるかに存在すると話題になった。これは核融合発電に使えるもので、自国のエネルギー源として利用できるのではないかと世界各国が注目している。これから宇宙資源をめぐる国際紛争がありうるだろう。よって、実際に法曹界は早めに対応している。これに便乗するビジネスも誕生するだろう。

また、宇宙に気軽に行けるようになったらどうだろうか。本節ではさほどとりあげなか

ったが、有人衛星が宇宙旅行につれていくサービスはもっと低価格になる。また、宇宙に抜けたあと、すぐさま落下し希望地に到着する、超飛行機も構想されている。その際には、保険業界はどう対応するのだろうか。

こう考えると、たしかに次なる競争分野になるといわれるのもよくわかる。

つまり、宇宙とは、地球でやり尽くしたビジネスが、もういちど展開できる〝場所〟なのだ。

2032年

インドが日本のGDPを超える

すべてにポテンシャルがあり、
かつ日本の友好国である
インドが成長する

P　Politics（政治）

日印間の経済協力が続く。

E　Economy（経済）

インドは日本のGDPを抜き、さらにIT技術者などの輩出国となる。また、スマホ機器類が浸透する。

S　Society（社会）

中国を人口で抜き、巨大市場となる。ただインフラは脆弱なため整備が望まれる。

T　Technology（技術）

インドとつながるクラウドソーシングが発展し、言語の壁をこえてインド人材を活用できるようになる。

変化の特徴

インドはGDPで日本を抜き、その人口増から世界経済の中心となる。インドはスマホなどの普及率が低く、さまざまな商品でポテンシャルを有している。

日系企業の進出は近年やっと進み始めたばかりだ。ただ、インドは日本と友好的な関係にあり、日本企業は有利といえる。とくにインフラ関連は、信頼性が求められるため、日本企業にとっても重要視すべき領域といえる。

月光仮面のおじさんとインド人

かつて『月光仮面』の再放送を幼い私が見ていたころ、白黒画像よりも、おじさんは正義の味方と語る奇妙さよりも、そのターバン姿に衝撃を受けた。そこから30年後。たまたま『月光仮面』の原作者が、名曲「おふくろさん」の作詞者である川内康範《こうはん》さんと知って、当時の文化人たちのマルチぶりに驚かされた。

さらに私が興味深かったのは、30年前に驚いたターバン姿は、イスラムのターバンに影響を受けていたことだった。他国に対抗するために、日本とアラブを結びつけて考えた、壮大な叙事詩が『月光仮面』だったというわけか。

また、氏は『愛の戦士レインボーマン』の原作者でもある。主人公と死ね死ね団の戦いを描いた歴史的なこの作品は、いま考えると示唆的である。主人公はレインボーマンになるために、インドの聖者から教えを受ける。アラブはやや遠くても、アジアの東西で、日本とインドの組み合わせはどうか。そのアジア構想を、あまりに早い1970年代前半に提示していたのだ。

とはいえ、インドはまだ、関係が近いようで遠いように思われる。ただ、これから人口の面だけ見ても、インドが最重要な相手国になるのは間違いない。

インドと日本人

インドはフィリピンとおなじく、無条件の親日国だ。このインドとの蜜月は崩してはならない。とくに、現在、東アジアからアフリカに抜ける航路が注目をあびているが、地理的にインド（あるいはスリランカ）は絶好の位置にある。インドはアフリカに人的なつながりも多い。

インドは日本とずっと友好関係にある。極東国際軍事裁判で、インド人判事のラダビノード・パール氏がA級戦犯は無罪と主張したのは有名だ。また、沢木耕太郎さんの『深夜特急』を例にひくまでもなく、旅行者の聖地となってきた。

１９９８年にはインドの核実験によって日印関係は芳しくなかった。ただ、２０００年に当時の首相だった森喜朗さんがインドを訪れた。このとき結んだ「21世紀における日印グローバル・パートナーシップ」に合意したのは大きかった。インド人材は、これをきっかけに交流を開始できたからだ。

２００８年にそれは「戦略的グローバル・パートナーシップ」になり、２０１４年には「特別戦略的グローバル・パートナーシップ」にまで昇華した。

安倍首相は２０１６年11月にモディ首相を連れて川崎重工を案内した。新幹線の工場を見せるためだ。よく日本の製造業は、「品質レベルが高いのは良いが、高価すぎる」といった批判を浴びてきた。しかし新幹線のようなインフラは別だ。家電と違って、万が一の不具合が大事故につながる。その領域では、日本の高品質は、高評価を得ている。

実際にムンバイとアーメダバードを結ぶ５００㎞は、日本が新幹線で協力すると決まっている。この新幹線がうまくいけば、きっと他の路線も日本の新幹線が他国を凌駕するだろう。さらに安倍首相はアベノミクスが有名だが、モディ首相もモディノミクス、という経済政策を国内に喧伝している。

ビジネス環境が整うインド

インドは汚職がさかんだった。ソチ・オリンピックの際には、ＩＯＣから加盟資格の停止を命じられていたほどだ。中国でもそうだが、現在ではモディ首相が汚職を摘発するために尽力している。

たとえば、汚職で使われる裏金は、多くの場合、口座や帳簿に記載がない。そこでインドでは現在、ブラックマネーの摘発にも力を入れている。２０１６年11月、高額紙幣である、５００ルピーと１０００ルピーを、モディ首相が発表からわずか４時間後に使用不可能にした。これは銀行口座にない高額紙幣が闇金融に流れているからだ。タンス預金や、マネーロンダリングに使われるアングラマネーを消し去りたかったからだ。脱税の目的で自宅に有していたお金は銀行にもっていくわけにもいかない。国民も大混乱に陥ったが、お金の流れを可視化した功績は大きい。

２０１４年からモディ首相が先導し、「メイク・イン・インディア」のキャンペーンを開始している。これは世界から製造拠点として企業を誘致するものだ。ソフトバンクの孫正義社長も多額のインド投資を約束した。同年には安倍首相と、官民あわせて３・５兆円のインド投資を行うと発表している。

インドで有名なのはＩＩＴ（インド工科大学）で、多くのエンジニアを生んでいる。また、ビジネスパーソンというか経営者層はＩＩＭ（インド経営大学院）だ。人材レベルの高さは世界が知るところとなり、マイクロソフトのサトヤ・ナデラさんをはじめとして、インド育ちで米国大学卒業の人材がＩＴ企業等で活躍している。

そして、日本企業や欧米企業から見て、インドの良さは、インドが民主主義国家である点だろう。時の政権は、最大の民意を反映した政権である。これは中国共産党の一党支配とは大きく違う点だ。カースト制は、いまだに事実上は残るものの、憲法・法律では認められていない。

とはいえ、いまだにカースト制はひとびとに影響を与えている。カースト内部での結婚はいまだに当たり前だ。それに、名字を見ればインド人には、彼／彼女が、どのカーストに属していたかがわかる。

カーストから抜けるためには、単純で、宗教からの脱出を意味する。イスラム教に改宗すれば、ヒンドゥー教とは無縁となる。あるいは、仏教という選択肢もある。以前の人間関係のしがらみで、攻撃を受ける場合もあるようだが、それでもなお、強烈な差別からは離脱できる。

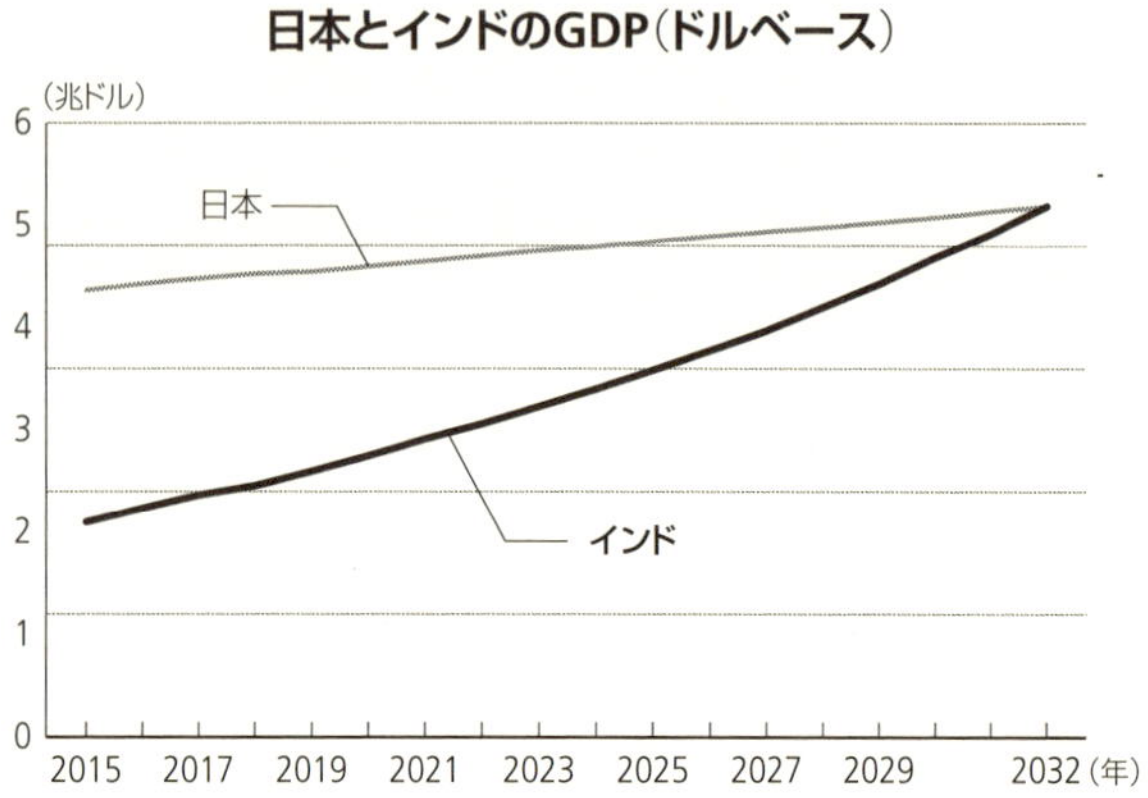

日本と中国を抜くインド

かつてゴールドマン・サックスは、２０３２年にインドのＧＤＰが日本を抜くだろうと予想した。ここからは仮定の話にしかならないが、これから日本が年率１％の経済成長を遂げたとし、いっぽうで、インド経済が５％強の経済成長を実現すれば、たしかに２０３２年にはインド経済は日本を超えることになる。ドルベースで見ると、これまで２０１１～２０１５年にかけて年平均５・２％の経済成長の実績があるから、それほど荒唐無稽な話ではないだろう。

２０２５～２０３０年ごろには、インドは中国の人口も抜くだろう。14億人を超え、さらに２０５０年ごろに向けて、17億人に近づこうとしている。

インドと中国の人口予想

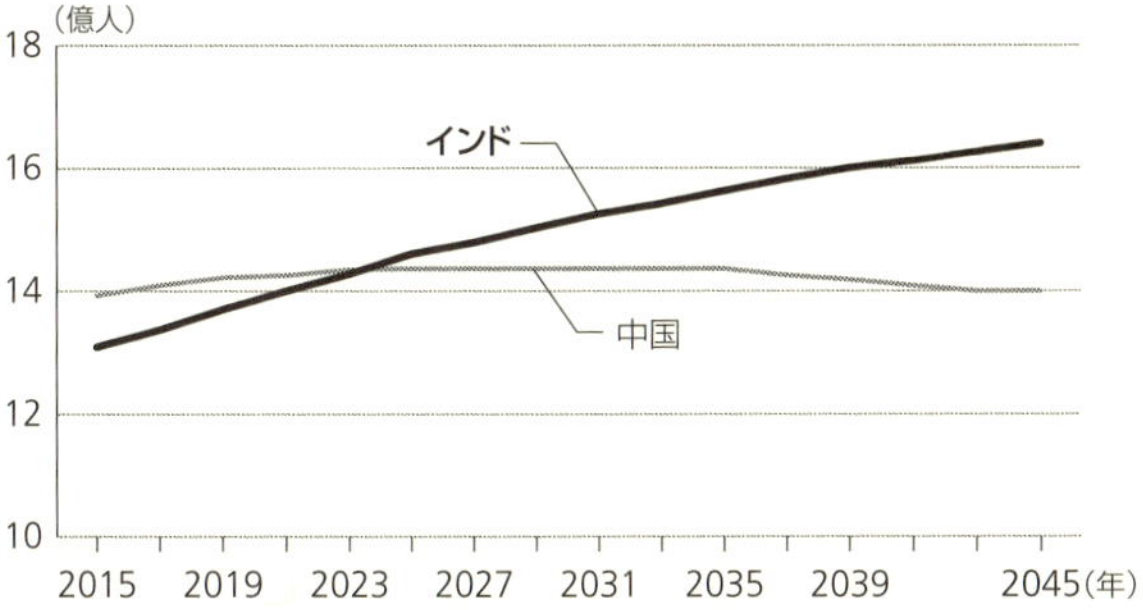

資料:国際連合

圧倒的な数だ。その事実だけでも、さまざまな市場ポテンシャルを感じる。たとえば、携帯電話加入者数で約10億人いる。そのなかでスマートフォンはまだ1億人程度で、しかも格安現地メーカーのMicromax、LAVA、Karbonnなどだ。日本には馴染みがない。インドではプリペイド携帯が流行している。これは、銀行口座すら持てないひとに絶好のサービスだったからだ。ただ、スマホを使ったEC事業などはいくらでも余地がある。

インド人という愉快なひとたち

私はかつて自動車メーカーの研究所で働いていた。そのときに聞いたインド開発者の優位性は、先端の論文を英語で読める点にあった。その後、タイでインド人の技術者を雇用する経営者と話したときに出たのは、やはり英語論文を読める優位性だった。現在では、翻訳のスピードも速くなったものの、小説や映画などもダイレクトに楽しめるのは強みといっていいかもしれない。

言語はきわめて多く、公用語だけで21あり、ヒンドゥー語を話す人口を累積しても、全体の40%にしかならない。だから、共通語として英語がある。ただ個人的には、ちょっとインド人の英語は日本で過大評価されている気がする。あれは、たぶん、聞き取れない。

インド人の計算能力についても、そうだ。インド人は、二桁の掛け算を暗記しているという。しかし、実際のインド人に接したひとなら、それが都市伝説か、あるいは誇張であるとわかるだろう。たしかに10台前半の掛け算を諳んじるひとはいるけれど、それも全員ではない。

ただ、英語にせよ計算能力にせよ、とにかく自分をアピールする。

それにしても、インド人はわかりやすい自慢をする。わかりやすい豪奢な衣装、あるいは、自宅。成功者とはこういうものだ、と誇示する意味がある。ムケシュ・アンバニは27階建ての自宅を建築したことからも、それは明らかだ。

インド人とビジネスで触れ合ったひとはわかるとおり、どこか妥協を嫌うというより、自分の意見を曲げたら負けという哲学がこびりついている。私は、ビジネス相手というより、自社のインド拠点にいる社員と議論したのだが、「こんなに些細なことも譲らないのか」と呆れたものだ。もちろん、自己を主張する点では日本人が見習う点もある。しかし、私の実体験では、本質でないところで時間を浪費しすぎのイメージがある。

インド人のそのしつこさだが、笑ったのは「7回死んでも忘れません」という言葉だ。7回くらい生まれ変わっても、あなたへの恩を覚えています、の意味らしい。生まれ変わりをどれほど信じているのか知らないが、長いよ、と思った記憶がある。

遠くて近い、近くて遠い国

ところでインドへの日本企業進出の歴史は、さほど古くない。日系の進出企業は2008年にたった438社だったが、2016年には1305社と3倍に拡大している。逆にいえば、まだ1300社程度だ。インドがIT技術者の多さで目立ってきたのは、ここ20年にすぎない。

以前、東アジアで日本の家電が売れなかったのは、現地のニーズを捉えていなかったからだ。たとえば、洗濯機には、泥だらけの野菜を洗う機能が必須だったが、日本の家電メーカーの技術者にはその発想すらなかった。日本の腕時計がムスリムにうけなかったのは、方位磁石がなく、メッカの方向がわからなかったから、とされる。おなじく、インド向けの冷蔵庫には、鍵が必要だった。それは使用人が勝手に冷蔵庫をあけて食するのを禁じるためだ。

インドに進出する企業は、インドの文化などを理解する必要があり、生半可な気持ちでは失敗する例が多い。成功事例を見ると、やはり真摯に取り組んでいる企業が多い。

たとえば私はスズキ自動車を尊敬している。同社がインドに進出したのは1983年のことだった。インド人をたんなる労働力と考えず、教育を施し、おたがいに成長するパートナーと考えた。諸外国では、外資の場合、出資比率が制限されるのが常だ。しかし、スズキは出資比率を1992年に40%から50%へ。そして、さらには54%、インド政府の株式売却をうけ、全面的な大株主として民営化が開始された。さらに雇用拡大をすすめ、同社は、インドで圧倒的なシェアをもつようになった。

このスズキが有名だが、ホンダのような同業者やパナソニックのような家電メーカー以外にも、若年人口の多さに注目したコクヨなどの文具メーカー、ユニ・チャームら生活用品メーカーも進出している。また、ヒンドゥー教は食の戒律が厳しいものの、ヤクルトはデリバリー事業を展開し奮闘している。

インドのインフラ事業

ただ私が注目したいのは、やはりインフラ事業だ。インドの道路の総延長は日本の4倍ほどある。米国に次いで世界2位だ。インドは自動車の登録台数が伸びており、前年比10％程度の伸びだ。いっぽうで、道路は3～4％程度しか伸びていない。

インドの場合、国道と高速道路の比率が全体の1・9％しかないのにたいし、その交通量は40％にいたっている。東南アジアに共通ではあるものの、あの交通渋滞はひどい。現在も官民連携で整備を急ピッチで進めている。日本企業はインフラまわりのビジネスが展開できる。実際に日印経済協力の枠組みで、鉄道、運輸、道路など、さまざまなプロジェクトが進行している。戦略的に円借款も増やしている。

また、インドでは2012年に国の大半が停電に陥った事故が有名だ。改善はされているものの、農村部などでは中国と同様にまだ整備が完全でない。発電、送電、配電の分野のみならず、小型発電の領域でも日本の活躍の余地がある。

インド成長の裏で

それにしてもインドが成長し、先進国なみのエネルギー使用量になったらどうなるだろう。米国とカナダはエネルギー使用量が多いことで知られている。一度でも同国に行ったひとなら気づくに違いない。自家用車で通勤に片道1時間をかけ、ガソリンなどをがぶ飲みしているような国民はなかなかいない。インドはその10分の1にすぎない。その差がインドの経済成長に伴って縮まってしまえば、それは世界環境に大きな影響を及ぼす。

新興国と先進国のギャップを埋めるのは大切だが、なかなかうまくゆかない状況が見て取れる。ただ、ここでも省エネルギー技術などの需要があるのは間違いない。日本はこれを好機ととらえるべきだろう。

2032年の時代変化

・インドが日本のＧＤＰを抜き、中国の人口も抜く

考えておくべきこと

・人口成長国家インドでスマホなどの通信機器ビジネス

・自動車、家電などの現地製造、現地販売
・インフラビジネス

こういうものが売れる

・先進国の国民が有する機器類
・人口増にともなってかつて日本で普及した自動車等の移動手段
・生活用品

稼ぎ方

製造業だけではない、インド活用

私は現在、企業のサプライチェーンについてコンサルティングを請け負う機会が多い。BPO（ビジネス・プロセス・アウトソーシング）とは、いわゆる企業の業務プロセスの外注で、主要なものではコールセンターや事務処理などがある。

世界中のコールセンターはインドとフィリピンに集中している。それは、英語での対応ができる人材が揃っているからだ。私が笑ったのは、テレフォン・セックスといわれる、いわゆる猥褻な会話を楽しむ有料サービスも、インドに外注されていることだ。

しかし、私がインド英語を過大評価しすぎだと書いたとおり、「outsourcing phone sex India」などと検索してもらえば、「アクセントがおかしかった」とか欧米人たちの〝真面目な〟議論が確認できる（なお、このところ企業にヒアリングすると、Rの発音ゆえにコールセンター業務はフィリピンに移行しているらしい）。

とはいっても、人材が総じて優秀なのは間違いない。現在、企業が外注を探す際、日本ではクラウドソーシングといわれるマッチングサービスが有名だ。しかし、それらはあくまで日本語圏で閉じている。実際にオンライン秘書サービスなど、日本人はなかなか言語の壁で活用できずにいる。英語圏に広げれば、一気にインド等の人材バンクにアクセスできる。

おそらく2032年までには自動翻訳サービスが一般的になっているはずだ。そうなると、インド人材の活用という点からは有利になるし、また、インドをハブにして中東に販売していくという戦略も容易になるだろう。

もっともインド経済は目の前だけを見れば、高インフレや消費低迷で、減速しているように思える。国内の投資も旺盛とはいいがたい。またインドは縁故によってビジネスが左右される。

ただ、それでもインド発のベンチャー企業育成構想である「スタートアップ・インディア」などによって、無数のベンチャー企業が誕生している。ベンチャー支援も盛り上がっており、多くの投資を世界から呼び寄せている。

なによりも、実際にインドに行けばわかるように、まだまだ混沌と混乱があるなかに、なぜか確実な成長の息吹が感じられる。親日国であるインドは、日本企業にビジネス展開の大きな可能性を抱かせるにじゅうぶんだ。

2033年

30%超が空き家に

本格的な空き家時代に、空き家を減らしたり、空き家を活用したりするビジネスが勃興

P **Politics**（政治）

空き家対策特別措置法など、空き家減少のために国家ぐるみで取り組むようになる。

E **Economy**（経済）

空き家が増えるにもかかわらず、賃貸物件は建設が続き、負の遺産になる可能性が大。

S **Society**（社会）

団塊の世代が死亡するとともに、不動産等を相続しないケースが頻発。

T **Technology**（技術）

インターネットのマッチングサービスを使った民泊などで空き家を活用できる。

変化の特徴

空き家は２０３３年には30%を超える。そのいっぽうで賃貸物件は建設が続く。日本では投資金額にたいして、資産価値が目減りしている。おそらく相続放棄が傾向となり、持ち主のわからない空き家が増えていく。

空き家情報を共有したり、相続を簡易化したりする必要がある。同時に空き家を活用するため、民泊やコミュニティ・シェアハウスなどの取り組みが重要だ。

神学論争「持ち家vs.賃貸」

かつて、テレビ番組にゲストで呼ばれた。テーマは「持ち家か賃貸か、最終決定スペシャル」。スタッフのひとに「身も蓋もないコメントで良いか」と聞いたら、良い、といわれた。そこで私は「持ち家か賃貸かで悩むようなひとは賃貸しかないいんじゃないですか」と答えた。私なりに誠実に答えたつもりだったものの、採用されることはなかった。

考えてみれば、１００万円を払って、その価値が１００万円以上だったら問題がない。しかし、90万円になれば買わない方がいい。こういう簡単な話だ。そして、１００万円になるか、90万円になるかはわからない。わからないものに投資できるのは、リスクを負えるひとだけだ。

というと「賃貸は何も残らないではないか」といわれる。しかし、持ち家は、家という金融資産を買うことだ。賃貸でも、他の資産をREIT（不動産投資信託）などに投資すればいい。やっていることはおなじだ。ただ賃貸のほうが、自由は利く。あとは本人の選択としかいいようがない。

とはいえ、私は仕事でよく地方に行く際に、2階の雨戸が閉まっている光景に出くわす。老夫婦はもはや2階に上がれないのだ。たとえば30歳で住宅を購入しても、子どもは大学入学と同時に家を出たのかもしれない。とすれば、たった十数年のために家を建てたことになる。

もちろん、それも含めて、各人の自由というしかないが――。

浮上した空き家問題

2015年に野村総合研究所が驚愕のレポートを発表した。このままだと、2033年には空き家が2150万戸におよび、その率は全住宅の30・2％になるとした。実に3分の1が空き家になる。実際に、国土交通省が2015年の社会資本整備審議会住宅宅地分

空き家の種類別推移

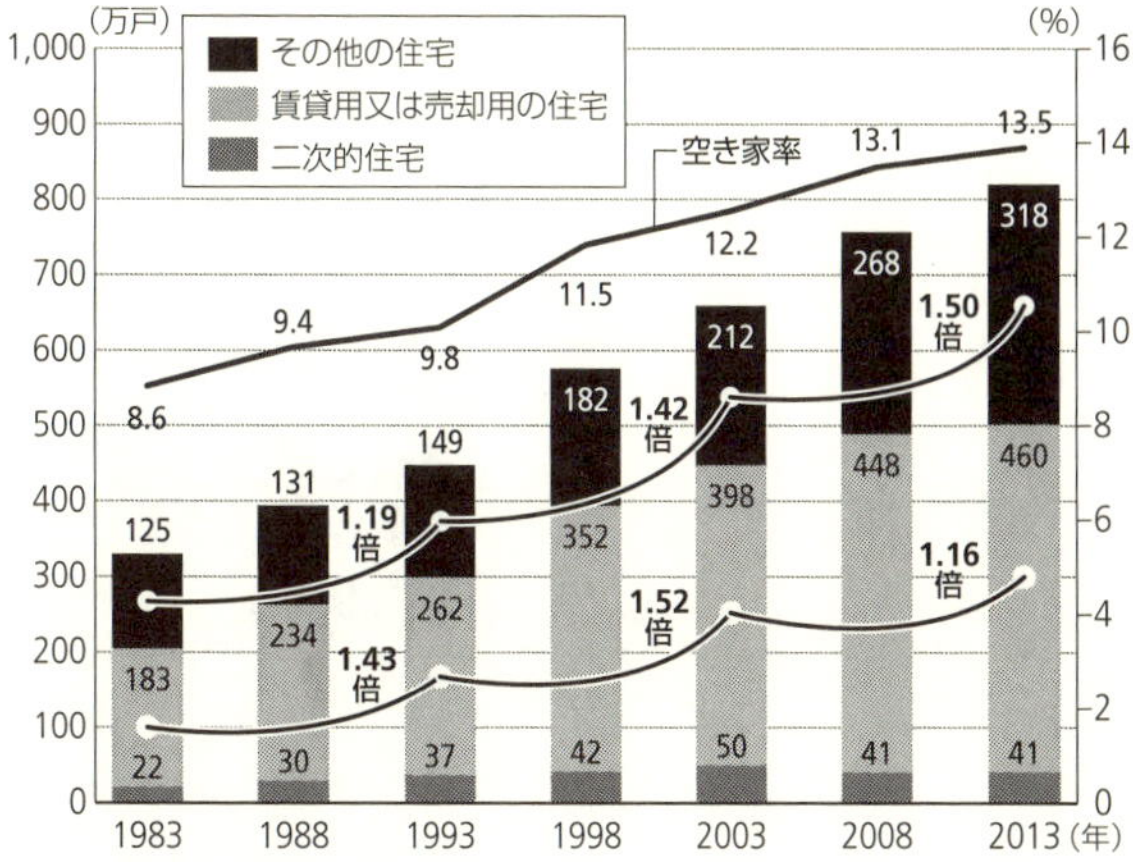

資料：住宅・土地統計調査（総務省）

科会（第42回）で発表している資料を見ると、すでに２０１３年の時点で８２０万戸もの空き家があり、その割合は13・5％である。国土交通省も、民間シンクタンクによる予測値、としながらも、前述の30％超の比率予想を引用までしている。

　そしてその大半を賃貸用の住宅が占める。しかも年々、賃貸用の空き家は増加している。それでも、賃貸住宅は建て続けられている。たとえば、２０１６年の新設住宅着工戸数は96万７２３７戸で、そのうち貸家は41万８５４３戸と、むしろ前年比で増加傾向にある。バブル期に比べれば落ち着いたとはいえ、まだ高

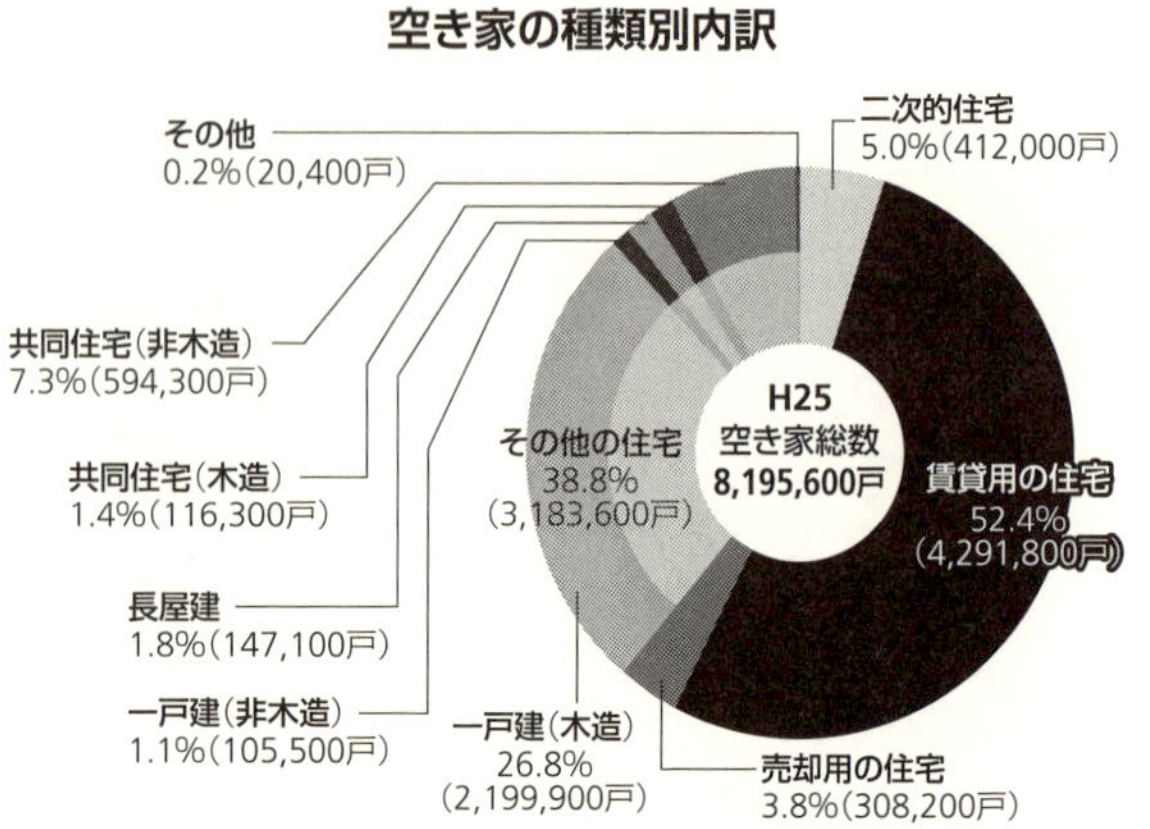

資料:平成25年度住宅・土地統計調査(総務省)

水準だ。

もともと住宅に投資すれば国全体で、その倍以上の波及効果があるといわれていた。2000万円ならば4000万円。不況時に住宅政策はカンフル剤のように打たれてきた。

ところで、主が死去しても、価値が高ければ空き家にはならない。相続人が住んだり、あるいは売却したりするだろう。

国土交通省の「中古住宅流通促進・活用に関する研究会」の資料で興味深いのが、日米の住宅投資に関わる数字だ。日米で、それぞれ住宅に投資されてきた金額総計と、住宅の資産額が比較されている。米国では投資した金額と資産額はほぼ拮抗している。これであれば、住宅を購入しても、リタイアして住宅を売ればお金が手に入るし、値上がり分の差益を享受できるかもしれない。しかし日本では、1969年からこれまでの投資額862・1兆円にたいして、資産額は343・8兆円にすぎない。中古市場も発達しておらず、500兆円もの乖離がある。日本人は売るつもりで買っていない場合が多く、ローンを払い終わったら、資産価値は土地だけとなる。

土地を相続しない理由

土地の所有者が鬼籍に入り、相続人が継ぐ。そう考えれば、所有者が不明とはわかりにくい。しかし、意外に知られていないことに、相続登記は義務ではない（執筆時点）。正確には、表題部と権利部があり、前者が現況を示し、後者が所有権等の登記事項だ。その権利部については義務がない。

私の父親が土地を相続した際に眺めていたが、あまりに煩雑な手続きで、かつ費用がかかっていた。これであれば、相続を放置し、事実上放棄するケースが頻出するだろうと感じた。実際にそうなっている。

右肩上がりの時代であればまだしも、人口減少で地価の上昇を示す予想がたたない現代では、土地などを資産として有しない選択肢が有利となるだろう。しかも、地方から都市へ人口が流れ、そして故郷に戻らないひとたちが増えれば増えるほど、実家は使われないまま放置される運命にある。

さらには新耐震基準施行前の住宅であれば、住むためには、新たに補強工事が必要だ。そのリノベーション費用は誰が出すのか。出せない、あるいは、相続人である兄弟夫婦で意見が違う、などさまざまな事情がからみ、空き家は放置されていく。

そして更地にしようか、と思えば、100万円ほどのコストがかかる。住宅材の不当廃棄はもちろん許されない。だから空き家には親類誰もが近寄らず、問題化していく。再利用のできない状態で放置される。老朽化し、危険性が高くても、壊せない。行政代執行により、行政が撤去し、その費用を請求することはできる。ただ、想像がつくように、費用は回収できず、さらに裁判リスクもある。

空き家問題を加速する諸問題

くわえて問題は、一部の不動産会社が土地所有者に、マンション等の建設を勧めることだ。固定資産税の軽減と、家賃収入を囁く。しかも、その家賃収入は保証される。さらに管理も丸投げできる。実際に、更地ではなく、上物を建てたほうが固定資産税は安くなる。

もともと高度成長期に、住宅の増加をねらった制度だ。

しかし、実際の契約条件として、数年のみの保証であったり、あるいは定期的に保証額が見直されたり、さらにはリフォーム時には指定の業者しか使えなかったりする。そして、しばらくすると誰も借りなくなり、がらんとしたマンションだけが地方に残っていく。

そのいっぽうで、では息子娘たちも土地を相続しない、と考え、いまのうちに寄付でもしたらどうだろう。実はそれも難しい。

土地というのはやっかいなもので、手放そうと思っても、買い手がつかなければ実はどうしようもない。完全に放棄して、自治体や国に提供すればいいと思う。しかし、国に提供や寄付をしようと思ってもできない。利用する目的がないと、受け入れられない。ややわかりにくい日本語ではあるものの財務省の正式回答によれば、「寄付の申出があった場合、土地等については、国有財産法第14条及び同法施行令第9条の規定により、各省各庁が国の行政目的に供するために取得しようとする場合は、財務大臣と協議の上、取得手続をすることとなります。なお、行政目的で使用する予定のない土地等の寄付については、維持・管理コスト（国民負担）が増大する可能性等が考えられるため、これを受け入れておりません」としている。

国土交通省の必死な取り組み

国土交通省は、空き家バンクを試みている。全国の物件が掲載され、消費者が検索できる仕組みだ。ただ、市町村・自治体のアンケートによると、成立件数がゼロと答えたのは23・5%におよび、1~4件というささやかな件数の比率とあわせると、全体の50%を超える。まだフル活用にはいたっていない状況だ。

さらに国土交通省は、2016年に「DIY」を用いて、新たな進言をおこなった。「DIY型賃貸借のすすめ」だ。個人住宅の賃貸流通を促進するためのもので、借り主が自分好みの改修をし、持ち家のように居住できる。契約書を交わす必要はあるものの、これなら、賃貸が拡大する可能性がある。

これと、中古住宅市場の拡充も求められる。日本人は、中古物件を購入するより、新たに建てようとする。イメージの払拭とともに、情報バンクの充実も重要だ。

2015年には空き家対策特別措置法が施行された。所有者の確定のために固定資産税の納税情報を活用できる。さらに法務局では登記手続きを簡易化した。ただ、前述の理由によって、納税しているひとが誰かはわからず、所有者ではないかもしれない。

自治体も含め、絶対的な回答のないなか、空き家率30%の時代が近づこうとしている。

空き家がもたらす社会

そもそもなぜ空き家がいけないのだろうか。空き家が多いと自治体のイメージが悪くなる。ただ、それ以外の実害も多い。空き家の庭木の枝が隣家に伸びる。あるいは屋根が落ちて、飛ばされて、隣人に怪我をさせる。倒壊する。また空き家で窃盗が行われる。あるいは不審な人物が住みついたり、放火魔が現れたりする。害虫や動物が侵入し、周囲に悪影響を及ぼし、また衛生上の問題もある。

このまま空き家と過疎が続けば、公共インフラの提供は難しくなるだろう。電気や水道なども問題となる。民間でも、コンビニも撤退を余儀なくされるし、その他、スーパーなども採算があわなくなる。

それにしても、愛と憎しみ、光と影、といわれるように、かつて個人資産の頂点にあった不動産と建屋が、もっとも価値がなく相続したくなくなるとは、なんという皮肉だろうか。このところ、地方の土地を外国人が買っていくと、批判される。それでは、有効活用ができそうにもない土地は、どうすればいいのだろうか。

空き家とビジネスチャンス

中古品でもっとも日本人に売買経験があるのは書籍だ。では、古本ビジネスから、何かヒントがつかめないか。古本の買取には、なんでもそのまま段ボール箱に詰めて送るだけのものがある。付箋が貼ってあろうが、書き込みをしていようが、その状態で査定してくれる。価格は低くても、手間を考えると、じゅうぶん割に合う。

そこで、家を回収し、それをリノベーションし、さらにたとえ二束三文であっても、現金化するビジネスが考えられる。つまり、売り手は相続した家を、まったくそのまま業者に渡す。業者は難解な手続きを代行してくれ、そして、家内ゴミの処理から、売却先探索までワンパッケージで行う。親が死んで相続するときに――思い出、という問題は残っているものの――、そのままワンストップで、お金を振り込んでもらうサービスだ。

また、空き家問題のいくつかが、その手続きの煩雑さにある。法務局では登記手続きを簡易化した。といっても、実際には高齢者には難しい。手続きを容易とするような代理サービスの拡充も必要だろう。

2033年の時代変化

・空き家率が30%超へ

考えておくべきこと

・空き家増加を前提とした自社参入の可能性

こういうものが売れる

・空き家の有効活用ビジネス
・空き家の代行処理サービス
・相続手続き等のワンストップサービス

稼ぎ方

空き家をコミュニティに昇華できるか

あとは、もういうまでもないが民泊として空き家を活用する方法がある。現在は細かな制約があるので、全面展開は難しい。ただ、空き家なので外国人を呼んで地域活性化につなげることは可能だろう。

実際に、外国人技能実習制度でやってくる外国人たちに、空き家を活用してもらう動きがある。空き家の有効活用になるだけではなく、その周囲の商業施設も利用するはずだ。さらに、税収も増える。ただし、中途半端な取り組みであれば芳しくない結果に終わるだろう。共生を真剣に考える自治体でなければならない。

また、実験的なコミュニティを、空き家活用で開始してもいい。たとえば、現在、孤独死が問題なので、近くの老人が集まって生活する、高齢シェアハウス。あるいは趣味人が集まり、タダ同然で住んでもらうシェアハウス。または、外国からの企業を誘致し、民家をタダで使ってもらう方法もあるだろう。

空き家は社会問題だ。しかし、人口減の局面においては、必然ともいえる。また、かつて誰もがほしがった資産が、いまでは使い放題ともいえる。実際には、タダでもいいので住んでくれるひとを募集している地方自治体もある。アイディアしだいの時代ともいえるだろう。

これだけＩＴが進んでいるため、田舎暮らしをしながら仕事ができるだろうと思い、実際に仕事をはじめたとする。しかし、遠隔地からテレビ電話で会議に参加できるとはいえ、現時点では、過疎地への移住はまだ難しいと私は感じる。やはりひとびとのリアルな交流が多いほうが、フリーランスが仕事を得るにも都合がいい。

その意味で、現行の仕組みでは困難をきわめるだろうが、空き家を強制的に取り壊し過疎地から住民を集約する決断をくだす自治体が出てくる可能性がある。そうしなければ行政サービスを提供できなくなってしまうからだ。コンパクトにまとめて、そこに住んでもらう。おそらく、大反対が巻き起こるだろう。しかし、このままではどうしようもない状況に陥るだろう。

空き家の大量発生は、私たちにあまりにも大きな課題を投げかけている。

2034年

AIが大半の仕事を軽減化、あるいは奪う

AIが人間界へ本格進出

P **Politics**（政治）

行政もAIを産業活性化につなげる方向性。

E **Economy**（経済）

AI関連市場は2兆円を突破。

S **Society**（社会）

人間の労働の約半分が奪われる可能性がある。

T **Technology**（技術）

AIの実装が簡易化し、データさえ揃えば、AI化が即時可能となる。

変化の特徴

AIが2034年までに、人間の労働の大半を奪う可能性がある。いままで考えられなかった領域にも、AIが進出し、さらにシンギュラリティという技術的特異点を迎え、AIは人間以上の能力をもちうる。

そこで人間に重要なのは、繰り返されたように、機械ができない領域を突き詰めることだ。それは、AIと人間を結ぶ仕事だったり、人間を鼓舞したりする仕事に違いない。

医者、AI、接触

医者とは不思議な職業だと私は思う。医師免許は一つしかなく、さまざまな医者は、外科とか内科とかを選ぶが、とくに個別資格はない。また、あくまで患者の症状にたいして、統計的な処置をする。しかし一般的に、患者は医者の処方は絶対的に正しい、あるいは、正しくてはならない、と考える。

そして、少なからぬプラシーボ効果があるため、同じことをいっても医者Aの処置は病気に効くが、医者Bの処置は効かない場合がある。

そこで、知人の医者に訊いてみた。もちろん技術が重要と前提のうえ、「まあ、相性もあるだろうけれど」という。面白いのは、「ご老人たちには、触ってくれる医者が人気だね」と教えてくれたことだ。「触る?」「そう、体に触ってくれる医者。触ってほしいから来ているひともいるほど」。これはもちろんセクシャルな意味ではなく、安心をえるためという。

これをアトピーの知人にも話してみた。「わかる、わかる。俺なんか、腕を見せると、眺めるだけで処方する医者がいるんだよ。でもちゃんと触って診てくれたら、信頼できるね」。

なるほど。この触る、というのは一つの比喩と考えると非常に興味深い。医者も一部はロボットに代替されるといわれる。しかし——、それは肉体的であっても、精神的であっても——、他者に触れることこそが生き残るヒントなのかもしれない。

AIが約半分の仕事を人間から奪う

英国オックスフォード大学のマイケル・オズボーン准教授およびカール・ベネディクト・フレイ博士が2014年に興味深い報告を発表した。10〜20年後までに、英国における労働人口35%の仕事が人工知能やロボット等が行うようになる可能性が高いとした。なお2013年の著書では米国が47%、2015年の研究では日本が49%だった。数年の違いはあるものの、そこはこだわらない。おおむね、遅くても2034年くらいには、先進国で4〜5割の仕事はAIが行うようになるというのだ。

AI関連市場は、2030年に2兆円とも、90兆円ともいわれる。いくつかの調査データを見たが、これは何をAI関連ととらえるかによってまったく異なる。よって、あまり意味がない。ここでは、右肩上がりになっていると認識すれば大丈夫だろう。

経済産業省も平成29年の「新産業構造ビジョン」においてAI分野での遅れは国益を損なうとし、全379ページの中に「AI」が245回も登場する。

汎用AIと特定AI

個人的な話をすると、AIだか機械学習だかの言論があまりに極端すぎるような気がした。年配の経営者がいまだにスマホすら使いこなせないのに、AIがすべてを代行するようになるだろうか。もちろん淘汰されるひともいるかもしれないが、議論があまりにSFっぽくないだろうか。

本節では厳密に使い分けないものの、人工知能のなかに機械学習があり、そのなかにディープラーニングがある。もっとも大きな概念が人工知能（ＡＩ＝artificial intelligence）だ。ただ、ＡＩがすべてを支配するとは、さすがにいいすぎだろう。しかし、同時に、やはりＡＩが大きな武器になるのは間違いがない。

そこで私は２０１７年に機械学習で使われるPythonというプログラミング言語を一から学習してみた。そして、実際にどの程度使えるのかを検証しようと思い、自ら機械学習のソースコードを作ってみた。

まず、ＡＩだが、大きく二つの定義がある。

〈汎用ＡＩ〉

・鉄腕アトム、ターミネーターのイメージ
・汎用人工知能とも呼ばれる。まるで人間、あるいは人間と同等以上の知能を発揮する
・現実には実現困難だという学者もいる
・ただ一般的には、この到来が信じられている

〈特定ＡＩ〉

・分野に特化した機械学習の技術
・データを集め、ロジック、アルゴリズムにしたがってアウトプットする
・人間の介在や微調整が必要
・現時点で実現済

世間的には〈汎用ＡＩ〉のイメージが先行している。ドラえもんレベルのロボット、あるいは「なんでもＡＩができるんでしょ」と思っているひともいる。しかし、いまのところ、後者の〈特定ＡＩ〉の段階だ。多くの過去のデータを集め、そこからさまざまな処理をさせる。ＡＩなるものが勝手に未来を予想してくれるのではなく、あくまで多くのデータが必須だ。そこから地道にそれらのデータを分析する必要がある。

AIの個人的な実装経験談

私の本業で恐縮だが、こういうテストをしてみた。

①まず、取引先企業のランクづけだ。それまで、信用調査会社から、各企業のランク情報を入手していた。簡単にいうと、決算状態がどうで、従業員一人あたりの効率性がどう

で、前年からの伸び率がどうで……といった情報をもとに1〜10点までで採点する。その採点方法は公開されていない。そこで、機械学習で、過去のデータを読み込ませ、一企業のスコアを予想させた。結果、信用調査会社のスコアと等しかった。

②取引先から調達する製品があった。金属加工品をサンプルに、体積、削り長、表面処理等のデータと、それぞれの価格を与えた。いわゆる、仕様と、その実績価格と思ってもらいたい。そして、新規の調達品仕様を与え、価格を予想させた。すると、ズバリではなかったが、きわめて近い価格を予想できた。

機械学習では、データを与えると、そのうちのいくつかのデータで法則性を見つける。この決算状態だったらスコアは何点とか、この仕様だったら何円とか。そして、残りの違うデータで、その法則が正しいか確認を行う。前述の例でいえば、法則にあてはめると8点のところ、実際に8点なのかを確認し、その計算式が実用に足るか計算を行う。データが増えるほど、正確になる。同時に人間がもっといいアルゴリズムがないかを試行錯誤しながら検討する。やや専門的にいえば、①は分類で、②は回帰となる。

これは基礎の基礎であり、先端の研究者がやっている高レベルのものではない。専門家は一笑に付すだろう。ただ、実践レベルの意味で、仕組みを知らずにＡＩ脅威論を述べて

機械学習のプロセス

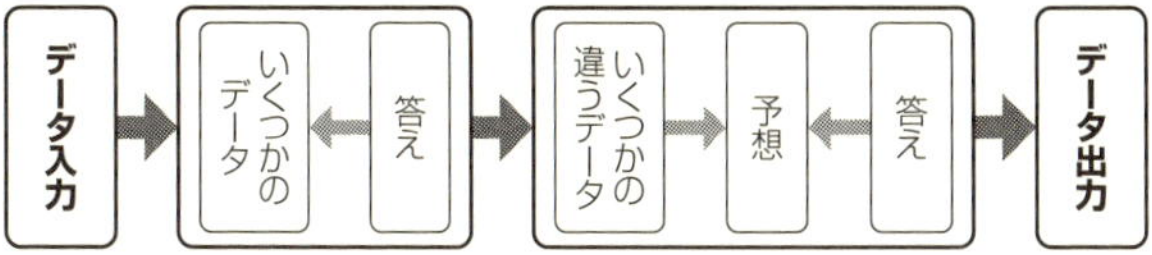

いる文系人間よりも、機械学習の片鱗を理解した。

アンドレアス・C・ミュラー氏が『Pythonではじめる機械学習』でいっているように、〈機械学習において最も重要なのは、扱っているデータを理解することと、解決しようとしている問題とデータの関係を理解することである。適当にアルゴリズムを選んでデータを投げ込む、というようなやり方ではうまくいかない〉のだ。機械学習は、あくまでデータが元となり、さらに対象への造詣が必要だ。

そのうえで、正しくデータを扱い、さらにアルゴリズムを設定できれば、たしかにＡＩは武器になる。さまざまなメディアで取り上げられたカリフォルニア大学音楽学部教授・デヴィッド・コープ氏が開発した「エミー」は、クラシックの作曲が可能だ。これもクラシックの楽曲を入力し、そこから名曲の法則性や、作曲家のクセを見つけ出し、作曲につなげていった。

人間が大量の時間を費やしても終わらない分析ができるわけだから、特定領域では強みを発揮し、そして人間に取って代わる。よく「消える職業」として挙げられるのは、レジ係、コック、受付などだ。ホワイトカラーとして、会計士なども上位にあがる。

・**AIコック**：調理データから、食材にあう料理を提案する。また、提案だけではなく、実際に調理ロボットで提供する。
・**AIスタイリスト**：無数の写真データから、そのひとの体型や肌の色に適した衣類を推薦する。
・**AIホームページ**：フォント、配色、配置、コピー、サイズ……無数の組み合わせを訪問者ごとにおこない、さらに訪問者の特性におうじて最適化する。さらに、メール送信も、受け手ごとに開封率のもっとも高い時間帯や、媒体、メールタイトル等を変化させる。
・**AI店員**：スーパーやコンビニなどで、売れ行きがもっとも高くなる陳列を分析する。ならびに、挙動不審な客を見つけ監視を行う。
・**AIアシスタント**：すでにAI搭載のインテリジェンス・スピーカーが家電の操作をやってくれるように、書類の作成や、アポイント取り、過去の情報収集などをしてくれる。

実際に、決算書や情報を集めて、各社の情報サマリーをつくるサービスはある。その役割はもっと拡大していく。もっとも、ＡＩアシスタントに仕事を依頼する社員は不要になるだろうが。

- **ＡＩエンターテイナー**：作曲の例をあげた。同時に人間そっくりのキャラが、毎日、違う曲を歌ってくれ、さらに作詞もしたらどうだろう。YouTuberとなって、毎日どころか毎時コンテンツを更新するかもしれない。
- **ＡＩコンサルタント**：企業の情報から、問題点を抽出し、解決策を提示。
- **ＡＩ弁護士**：これまでの厖大な判例から事例を探し、資料を作成。ならびに、最適な裁判戦術を検討。

などキリがないものの、データから分類させたり、回帰させたり、ルールを抽出したりと、さまざまな展開が考えられるだろう。

特定ＡＩのその先へ

ところで、さらに先、シンギュラリティなる概念が流行した。シンギュラリティとは、レイ・カーツワイルという天才が『ポスト・ヒューマン誕生』（２００７年）で語った概念だ。ＡＩが人間の思考力を超え、さらに、ＡＩ同士が進化を進め未知なるスピードで発展していくというものだ。彼はこれまでの世界とはまったく異なる風景が広がるとし、シンギュラリティ大学を創立した。

シンギュラリティは論者によってさまざまな解釈があり、２０４５年には人間より圧倒的な能力をもち（「能力の定義は？」）、自らプログラムの書き換え（「プログラムはどこまでを指す？」）まで行うとする論者が多い。

あるいは、シンギュラリティとは、街中で購入できるレベルのパソコンが、全人類の頭脳分にあたる計算能力をもつとするひともいる。この技術的特異点とも訳される時点でどのような具体的社会変化が起きるかはわからないようだ。もっとも人間が予想できるものを「特異点」とは呼ばないだろうが。

おなじく、シンギュラリティ大学が予想する未来は怖くも面白い。たとえば、製造業がすべて３Ｄプリンターに置き換わるとし、原子プリンターを予想している。いまではプラスチック等の素材しか加工できないものの、原子プリンターは多様な材料で成形できる。工場はもしかすると、都心のビルに設けられるようになるかもしれない。

その先には、それらプリンターが、仲間のプリンターを作るようになるだろう。これはもしかすると、新たな生命ではないか。無限に連鎖するプリンターたち。豊かな命を生み出す母性は、プリンター性と呼ばれるようになるのか。

また、ExO（エクスポネンシャル・オーガニゼーション）の概念も面白い。個人がバラバラに働き、しかし、有機的・流動的につながる。人数は小規模だが、外部と連携しながら大きな価値を生んでいく。グーグルも社員数やバランスシートの大きさからすると影響力や株式評価が相当に高い。ウーバーもそうだ。旧来の製造業の時代には、規模を大きく、そして固定費をかけることが社会へ影響を与えるための鉄則だった。ただＡＩ時代は、ルーチン業務を機械に任せ、個人・小組織というミクロな存在が際立ってくる。

もちろん個人・小組織として価値を創出できなければ、機械に奪われる時代だろう。ただ、価値を創出できれば、それは機械と共に栄える時代になる。

2034年の時代変化

・ＡＩが多数の仕事を人間から奪うようになる

考えておくべきこと

・ＡＩの自社業務展開
・ＡＩで代替できないサービス

こういうものが売れる

・大量のデータを扱う、ＡＩを利用したサービス

稼ぎ方

ＡＩというブラックボックス

また、私の興味をひいたのは、ＡＩの導いた経緯と結論が、ほとんど理解できなかった点だ。「なるほど、合っているかもしれない。でも、なぜその答えなんだろう」と不思議な感覚だった。

これは将棋ＡＩソフト「ポナンザ」開発者の山本一成《いっせい》さんも『人工知能はどのようにして「名人」を超えたのか？』で述べている。

ポナンザにはたくさんの黒魔術が組み込まれており、すでに理由や理屈はかなりの部分でわからなくなっています。

「プログラミングの理由や理屈がわからない」とは、たとえばプログラミングに組み込まれている数値がどうしてその数値でいいのか、あるいはどうしてその組み合わせが有効なのか、真の意味で理解していないということです。せいぜい、経験的あるいは実験的に有効だったとわかっている程度です。

私は、現在の中間管理職を思い浮かべた。たとえば、部下が「ＡＩがこういっています。なぜかわかりませんが、これが良さそうです」と決裁を求めた際、なんというだろうか。しかし、それでも信じたほうがよさそうだ——という場合。

ここから必然的に浮上するのが、わからないＡＩと人間をつなぐ役割だと私は思う。その意味で、ヤフーの安宅和人《あたかかずと》さんは早い段階から指摘している。

ＡＩに任せる部分は多かれ少なかれブラックボックス化する。これから発生するリスクマネジメントをどう考えるかは、マネジメントの重要な判断になる。
（中略）今後は人間に理解できる言葉でＡＩと人間の世界をつなぐソフトなスキルが、マネジメント能力として重要になる。
（『ハーバード・ビジネス・レビュー2015年11月号』）

機械が多くの仕事を代行するなか、どうやって生き残ればいいのか。抽象的な話になる。冒頭で「触れる」をキーワードに話した。それは、鼓舞すること、心をゆさぶること、驚かせること、感動させること、ドキドキさせること……だろう。たとえば機械がビルとビルの最上階をつなぐロープを渡るかもしれない。しかし、人間が渡れば感動をもたらす。

そして、発達したＡＩは必ずいうだろう。

「人間の鼓舞なら、これまでのパターンを分析して、もっとうまくできます」と。

2035年

空のビジネスが拡大、約150万名のパイロットと技術者が必要

空の需要急増のなか
日本は〝飛躍〟できるか

P **Politics**（政治）

空の自由化を進め、さらに官民でパイロット、技術者確保を推進。

E **Economy**（経済）

今後も航空事業は成長の見込み。20年でほぼ倍増か。

S **Society**（社会）

グローバル化による移動回数の増加。

T **Technology**（技術）

サービス提供事業者としてはLCCがさらに数を増す。機体は、小型機が中心となり、ボーイングやエアバス以外の新規参入が盛んに。

変化の特徴

世界じゅうの移動が盛んになるにつれ、航空産業も順調に成長していく。いっぽうで、その需要にたいする、パイロットや技術者の不足が深刻化していく。また日本では、航空産業が戦後中断し、先進国から一歩後退してきた歴史をもつ。そのなかで、空のサービスを世界に訴求できるか、ならびに機体生産で新たなビジネスチャンスを創造できるかが問われる。

人類が空を飛ぶということ

人類が空を飛べるようになったのは、ロックバンド「レッド・ツェッペリン」の名の由来ともなったドイツのツェッペリン伯爵の飛行船が嚆矢となる。初飛行は1900年だった。ツェッペリン伯爵は莫大な私財を投入し、空を飛ぶ夢に賭けた。飛行船から飛行機へのシフトも予期して開発を進め、その航空技術は、ドイツにおいて飛行機技術者を輩出する礎となった。

ただし飛行機の成功事例としては、ライト兄弟による1903年のノースカロライナ州での飛行実験が有名だ。技術を盗まれないように、自宅から800km離れた場所での実験だった。ライト兄弟は機体の重要性だけではなく、機体はそもそも不安定なものだとしたうえで、パイロットの操縦能力を向上させることで飛行を実現した。

その後、航空事業は軍事技術として脚光をあびた。空から他国を監視、あるいは爆撃できるツールとなった。先の大戦後、人びとを運ぶ意味での航空事業が花開くことになる。米国でも新興企業が勃興したのにくわえ、ヨーロッパでもスカンジナビア航空など、多くの航空会社が生まれた。

日本では1922年に日本航空輸送研究所が運航を開始していた。大戦後は、GHQによる非軍事化政策によって、日本製の航空機は飛べなくなった。宮崎駿さんの名作『風立ちぬ』でモデルになった堀越二郎が三菱の零戦を設計したのは有名な話だが、彼も戦後はリヤカーや冷凍庫の製作に従業することとなった。日本人の手による航空事業が潰え、長い間、雌伏を余儀なくされることになる。

その後、1952年にやっと航空法が制定され航空事業への参入が再開する。以降に生まれた航空会社は半官半民と揶揄されるが、それは当然で、無力化されたあと諸外国の勢力に民間企業一社で対峙できるはずもなかった。だから国家事業として立ち向かうこととなった。

ＡＮＡは１９５２年に日本ヘリコプター輸送として誕生し、１９５７年に全日空となった。ＪＡＬの誕生は１９５１年とＡＮＡより１年早く、半官半民の形態を経て、１９８７年に完全民営化した。２０１０年に経営破綻しながらも、稲盛和夫さんらを経営陣に迎え復活したのは周知のとおりだ。

空の需要の急増と、供給の伸び悩み

ボーイングは、２０３５年までに約１５０万名のパイロットと技術者が必要と予測した。おなじくボーイングによると、２０１６年時点では、25万７２２機の大型ジェット機があるが、これは20年でほぼ倍になっている。これ以降も増加が予想される。２０１６年の飛行時間は急増し、飛行回数も２９１０万回と倍になっている。

エアバスは２０３５年までに、３万３０７０機の航空機が必要になると予想している。ボーイングの予想は３万９６００機だから違いはあるものの、増加するに違いない。

航空旅客需要も民間航空機に関する市場予測２０１８～２０３７（一般財団法人日本航空機開発協会）によると、２０１７～２０３７年の20年間に、２０１７年の７兆７３７１億人kmから２０３７年には約２・４倍の18兆５８７５億人kmになるとしている。

オープンスカイ

そもそも空の自由化は、米国からはじまった。米国では1978年に州外運航を認める法律から開始し、それ以降も自由化を進めてきた。カーター政権のころには、米国の都市から国際出航を認め、米国航空産業の競争力を高めようとした。

この自由化の動きをオープンスカイと呼ぶ。航空事業の強化を狙い、そして規模の拡大を志向した。EU、そして、世界もこの流れに同調した。日本は長年、慎重だったものの、東京オリンピック開催の2020年を前に柔軟化し、多くの国のLCCが運航しはじめた。

LCCはアジア間の移動が盛んになったことから誕生した必然だった。アジアにおける座席シェアが伸び、さらにインターネットやスマホアプリなどでの予約が容易になった。アジアのLCCが勃興していく素地となった。

2017年のIATAが発表する旅客数×区間距離の世界ランキングによれば、1位がアメリカン、2位デルタ、3位ユナイテッド、4位エミレーツ、5位中国南方……と続く。JAL、ANAはトップ集団からは離れ、1位のアメリカンにくらべて5～6分の1程度の規模にすぎない。

前述の通り、戦後、航空産業が中断してしまったことが、いまだに日本が世界に飛翔できない理由と見る向きも多い。また、1985年に御巣鷹山《おすたかやま》にJAL機（ボーイング747型機）が墜落した。この痛ましい事故が、その後の日本における航空産業の発達を妨げたと指摘する向きもある。

日本の内需むけのサービスから脱却できず、国外へまだ訴求できていない。もちろん、それは歴史的な経緯もあるし、また料金設定の問題もある。

日本で、こういったら失礼だが、お金のない若者が長距離移動しようとしたらどうするか。LCCではなく、深夜バスや、青春18切符などのJR移動を選ぶだろう。また、東京―大阪間などの移動ではさまざまな選択肢があるものの、ちょっとの価格差なら、空港に行く時間や、前後の待ち時間も考えて、新幹線で行ったほうが良いと考えるだろう。くわえて、空港使用料が高い日本においては、料金を安く設定できない。

しかし急増する旅客需要に対応するためにはやはり空の移動手段の充実を考えねばならない。それは、パイロット増加という意味でもそうだし、機体開発・生産という意味においてもそうだ。

パイロット増加施策、機体開発

パイロットへの道は、「航空大学校による養成」「民間の養成機関（私大等）」「大手航空会社の自社養成」「防衛省からの再就職」がある。しかし、民間の養成といっても、飛行学校や私立大学ともに1000万円以上の費用がかかる。奨学金などでも、なかなか急増は見込めない。国土交通省は「供給」と表現している、パイロットの育成は一朝一夕にはいかない。

航空大学校は独立行政法人だが、そもそも受験資格として4年制大学に2年以上在学しなければならない。さらには、入学しても、パイロットとして就職が約束されるわけでもない。

私立大学でも、東海大学、法政大学等、いくつかの大学で養成コースを設立している。

さらにパイロットになって働き始めても、日々の健康が大切だ。パイロットに必要なのは、操縦士技能証明だけではなく、航空身体検査証明だ。航空身体検査証明は、全身の厳しいチェックを定期的に行い、それを更新する。さらに旅客機の操縦には、機種限定の資格が必要だ。もちろん空の安全のためには、必要な制度だとは思う。

ただ、どの業界も人手不足は深刻で、航空産業も例外ではない。将来、世界が狭くなり、旅行・ビジネスともに移動が増えるのは必須であり、対応が急務だ。

外国人操縦士の活用も検討され、在留資格要件のうち飛行時間を1000時間以上から250時間にしたり、試験を一部免除したりしているが、世界的にパイロット不足で逼迫しているため容易ではない。パイロットの上限年齢を引き上げたり、視力について裸眼制限をなくしたりしている。

日本では1990年代から、格安航空会社が登場してきた。そしてLCCと呼ばれるようになった。訪日外国人の急増からも、パイロット不足は加速している。絶対的な方法はないものの、なんとか、パイロットを増やさねばならない。

また後れをとってきた機体開発でも動きが出てきた。なかでもMRJが有名だ。MRJは三菱重工が中心となって開発した国産機だ。JALと組んで愛知県で試験を行い、同社は海外からも受注に成功した。MRJは開発の遅れなど、さまざまなトラブルに見舞われている。しかし、個別事例はここでの趣旨ではない。現在では日本発着の国際線はほぼボーイングとエアバスで占められている。製造業において大量生産の時代が終焉したように、移動においても、小刻みなそして少人数での移動需要が高まるなか、ボーイングとエアバスだけではない選択肢もあっていい。本田技研工業も小型ジェットの開発に取り組むなど、異分野からの参入もある。

各社とも紆余曲折はあるものの、拡大する空の需要に対応する方向性は間違っていないだろう。

ジェット機の速さ向上は……

ところで、世界初のジェット旅客機は1949年に飛行した。1953年にはロンドンから羽田まで向かっているが、35時間以上を要した。これは経由地が多く、都度、給油していたためだ。大西洋の横断はできなかった。それから考えると、もちろん短縮はしている。ただ給油の問題があって、超音速旅客機はまだ普及していない。

コンコルドは通常の旅客機よりも高度を飛ぶことで、空気抵抗を下げ速度をあげた。しかし、機体も燃費もコストに跳ね返り、運賃が高くなってしまった。しかも近距離では上昇する時間がかかって、さほど速くはならない。そんな経緯で、コンコルドは20機ほどで生産をやめている。

さらに、たとえばJALは「実際には、飛行機は最高速度で飛んでいる訳ではありません。というのも、飛行機が最大出力で飛行し続けると、機内のお客様に振動や揺れが大きく伝わり〝快適な空の旅〟とはいかなくなってしまうからです。また、エンジンや機体の寿命を短くしたり過大な燃料を消費するため経費がかさみ、お客様にご迷惑をかけてしまうことになりかねません」と書いている。

オゾン層の破壊懸念など、なかなか難しいのは承知だが、日本が世界に対抗するために、高速ジェット機などを期待したい。

2035年の時代変化

・空の需要が急増。世界での飛行距離が伸び、機体需要も増えていく
・世界的にパイロットと技術者が不足していく

考えておくべきこと

・世界の大移動時代への参入
・空のサポートサービスへの参入

こういうものが売れる

・移動ビジネス
・パイロット、技術者育成支援サービス

稼ぎ方

マイレージカードの使いみち

航空産業といえば、マイレージカードを思い浮かべるだろう。1981年にアメリカン航空が〝発明〟したこのロイヤルティ施策は、リピーターを確保するための奇策だった。そもそも航空事業は固定費の塊だ。客がいようがいまいが、飛行機は飛ばさねばならないし、客室乗務員も必要となる。優良顧客にはタダ乗りしてもらっても、さほど懐は痛まない。やがて、航空便だけではなく、日常の買い物でもマイルが貯まるようになり、第二の貨幣と呼ばれる経済圏を作り上げた。

以前から、CLO（Card Linked Offer）がある。これは、マイレージ付きのクレジットカードで顧客が買い物をするたびに、その特性を分析して、クーポンなどを発行するものだ。クライアントからしても、やたらにクーポンを発行するよりも、嗜好のわかった客にピンポイントで提示したほうがいい。なかには自動的とはいえ不気味なものがあり、クレジットカード明細でホテルの宿泊履歴があったら、下には「ウチのほうが安くて快適ですよ」とオファーがある。

お客は飛行機に乗りたいのではなく——もちろん、そういうひともいるだろうが——移動を購入している。ならば、飛行機移動を含めたトータルのパッケージで提案してもいい。もちろん、航空券を購入する際にホテルをセットで予約できる。いまはネット旅行代理店のほうがそれらの機能を一手に負っている。しかし、飛行の個人データから嗜好まで、航空会社がもつ情報量のほうがまさる。

出かけるときのタクシー手配から、移動中の食事、コーディネートに、旅先指南。もちろん現在では規制で難しい側面がある。ただ、それでも、たとえばおなじマイレージ・アライアンスの情報をあわせれば、世界規模のサービスが展開できるだろう。どこからどこかへ飛ぶ、という行為は旅行であれビジネスであれ、そこにはその後の目的があるはずだ。

さらに、飛行中は、いわゆるお客を〝軟禁〟できる状況にある。私はかねてより、富裕層を一定時間拘束する凄さに注目していた。プライベートジェットもあるものの、金があってもファーストクラスに乗るのがせいぜいで、5時間のフライトを1時間に短縮はできない。貧富にかかわりなく、機内にいなければならない。そこで、いってみれば、「ま、仕方ないかな」と、通常ならば見ないような映画を見たり、テレビ番組を見たりする。普段ならば忙しくて書類を読めないようなエグゼクティブも、飛行機内ならばビジネスの出資案件のプレゼンテーションを聞くのではないだろうか。また、24時間ずっと新規事業を考えている経営者は多い。ファーストクラスに乗る顧客に出資を求めて簡単なビジネスの出資提案をする広告枠があれば売れるだろう（私は買ってもいい）。機内 wi-fi サービスだけではなく、「さまざまな顧客層を軟禁している」優位性を発揮するべきだと私は思うのだ。

297　2035年 空のビジネスが拡大、約150万名のパイロットと技術者が必要

2036年

老年人口が3分の1、死者数も最大に。この年に向かって終活ビジネスが絶〝頂〟となる

生きるためのビジネスから、死ぬためのビジネスへ

P Politics（政治）

政府の「人生100年時代構想会議」も発足。長生きと終期への行政の関心が高まる。

E Economy（経済）

葬儀関連は1兆円超の市場規模へ。終活ビジネス総計でさらに規模が拡大する。

S Society（社会）

人口の3分の1が老年へ。さらに年間死者数も160万人を突破する。

T Technology（技術）

SNSのアカウントが死後、新たな墓として活用される。

変化の特徴

2036年の日本は老年人口が3分の1を占め、そして死亡者数が最大になる。終活ビジネスがいままで以上に高まってくる。葬儀関連ビジネスも盛んとなる。終《つい》の住《す》み処《か》や、死後のトラブルを軽減するビジネスにくわえ、散骨も盛り上がる。未亡人ならぬ未亡ペットの対策など、その範囲は多岐にわたるようになる。

現代の墓SNS

ちょっと個人的な話で恐縮だが、大学生の私は某著述家のメールレターを購読していた。いわゆる現在の有料メルマガの先行版だ。合理的な思想で知られていた氏だが、墓の存在について書いたところは記憶に残っている。

合理主義者からすれば、死者の眠る墓など意味はなさそうだが、氏は、墓とは合理的な根拠を超えて、のちの世に生きる人たちに脈々と受け継がれるべき人類の歴史を知らしめるために重要なのだと語っていた。合理主義者もこういうのか、と印象的だった

いまでは、先祖の墓参りの機会がだいぶ減ったけれど、それでも、自分という存在が、たんに命と命を繋いでいるにすぎない、と感じることは重要だ。それが他者への優しさに

も通じると私は思う。そして、その墓は変容している。

スマホを置いて出かけるのは、もはや現代の出家となっている。そして、おなじく、誰かが死んでしまったとき、スマホから見るSNSのアカウントは墓として機能している。私の急死した知人のもとにも、命日になると、弔意を表す書き込みがある

あるひとは、定期的にSNSに書き込みを自動的にアップしている。きっと、氏が死亡したあとも、SNSアカウントは書き込みをシュールにアップしつづけるだろう。すべてが記録される時代にあっては、死後の考慮も必要らしい。

生きることと死ぬこと

人生をどう生き、そして終わるか。いまや人生100年時代になった。2017年には政府の「人生100年時代構想会議」が発足した。平均寿命も1947年から伸び続けている。さらに、日常生活に支障のない、「健康寿命」も日本人は長い。

しかし、最期の状況となるとどうか。このところ、QOL（quality of life）から、QOD（quality of death）という議論がある。やたらと延命治療を行うのではなく、さらに、孤独や不安から解放されつつ、死を迎えることができるかが重要だ。

私はこの手の調査を素直に信じてはいないが、各団体が実施している調査によると日本はQODのランクは低い。家族離散し、老人ホームか介護施設で一人きり、というイメージが強いからだろうか。調査によらずとも、ひとびとに表現できない不安があるのは間違いない。いかに生きるかだけではなく、いかに死ぬか――。そこで生まれたのが終活なる概念だった。

就活をもじった、この「終活」は、自分の最期について考えるもので、2012年の流行語大賞候補にもなった。遺言を準備したり、葬儀業者と事前に相談したり、死後の家族のあり方について決めたりする。エンディングノート類を、よく書店でも見るようになった。

就活が将来を決め、終活が死後を決める。

生涯未婚者、一人暮らし、死亡者数

このところ、生涯未婚者が増えている。自分が万が一のときは、どうなるだろう、と不安に感じるかもしれない。また、死別などで配偶者を失ってしまったケースを含め、一人暮らしの高齢者比率は増加している。

生涯未婚率の推移

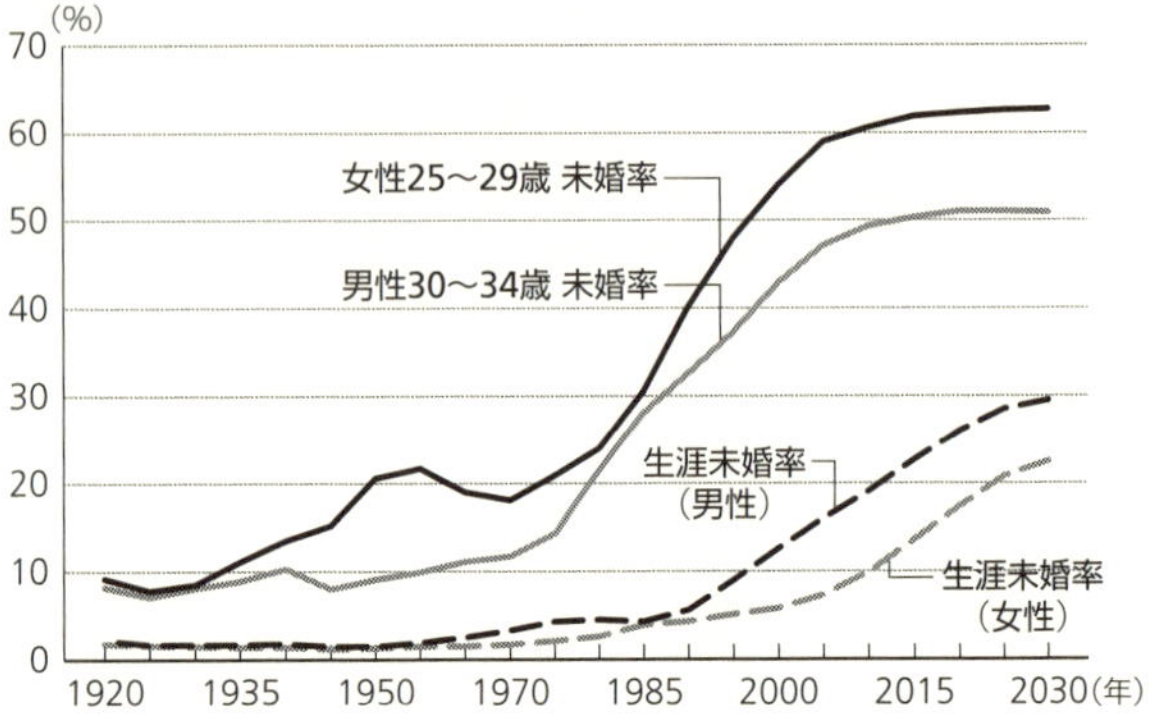

一人暮らし高齢者の動向

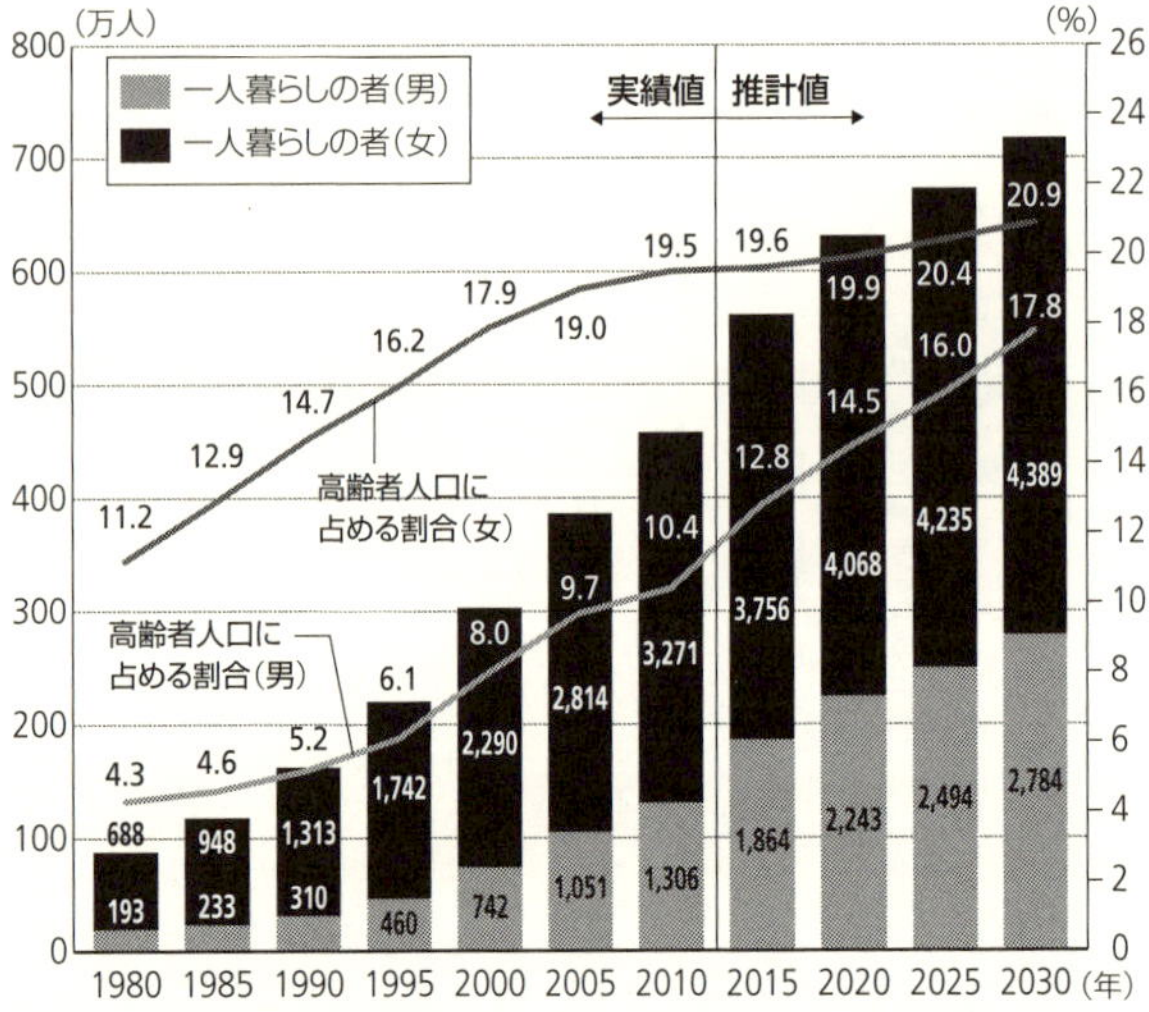

年齢階級別に見た死亡者数の推移

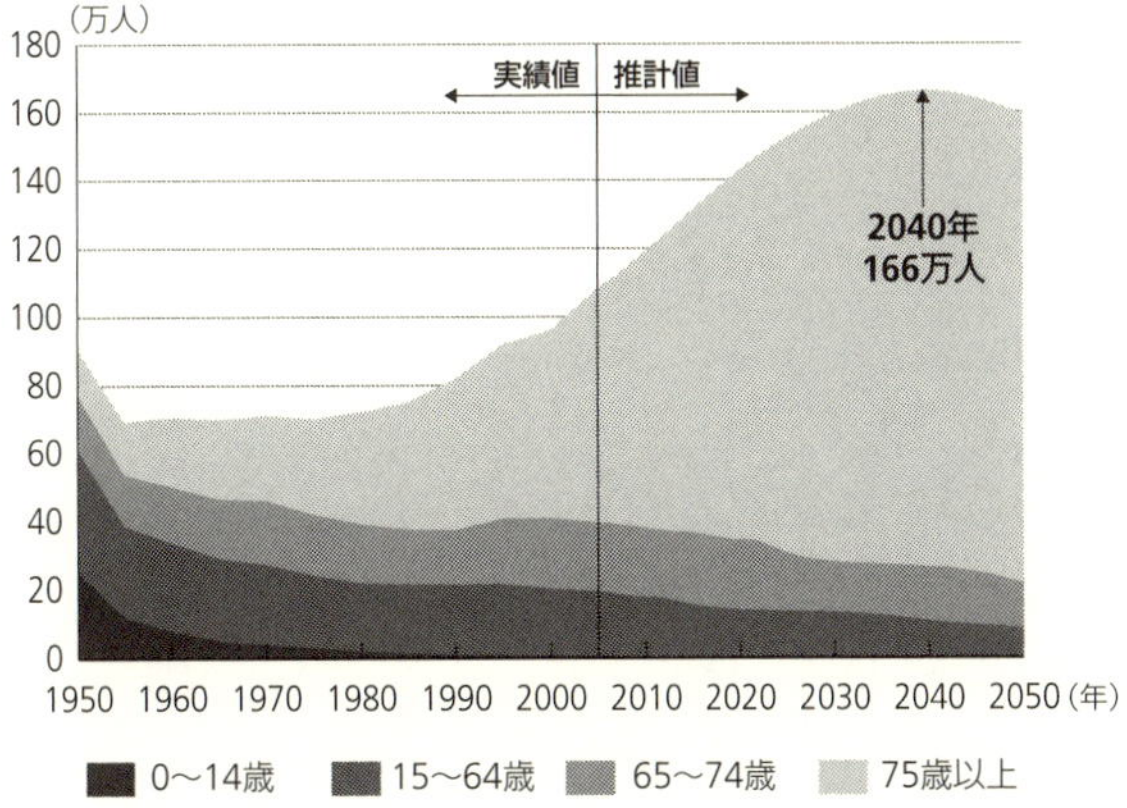

国立社会保障・人口問題研究所によれば、２０３６年に老年（65歳以上）は33・３％と３人に一人の比率になる。

おなじく、２０３６年から２０４０年ごろにかけて、日本の死亡者数はピークを迎える。その数は１６０万人超にもなる。

ここから終活ビジネスはさらに広がっていくと思われる。実際に、現時点での葬儀関連ビジネスの市場規模は１兆３７３９億円（２０１５年経済産業省「特定サービス産業実態調査」）、あるいは、１兆７５９３億円（２０１５年矢野経済研究所）と推計されている。死者の数を比例式で考えても、相当な〝のびしろ〟があるとわかる。

このように定義するのは不遜だが、終活を死ぬ前と死ぬ後にわければ、次のようになる。

終活〜死ぬ前「終の住み処を探して」

私の実家がそうであるように、断熱性能にすぐれているといえず寒くて古い家は多い。40年以上前に建った住宅では、ヒートショックの危険性がある。これは、温度の急な上下が原因だ。冬場にポカポカしたリビングから、凍える風呂場に行って裸になって、さらに熱すぎる湯に浸かる。老年のからだには厳しく、それが死につながる。

だから減築にくわえて、簡単なリフォームが突然死を防ぐ、という観点からのアナウンスが必要となるだろう。行政から、補助金を受けられる。

また、両親が離れて暮らしているなら、その安否が心配だ。現在、「見守りサービス」で検索すると、いくつかの会社がヒットする。文字通り、高齢者の家を定期的に訪ねて安否を確認するものだ。コンビニエンスストアも御用聞きビジネスをはじめ、配送とともに、次の注文を聞いたり、ときには話し相手になったりしている。

後期高齢者が、遠く離れる子どもたちのもとに引っ越すのはなかなか難しいかもしれない。土地に慣れず、友だちもできず、さらに、日中は子どもたちも働いているため相手にしてくれない。そうなると必然的に引きこもりがちになる。

そこで選択肢としては、高齢者向け賃貸住宅だ。バリアフリーで、緊急時の対応も可能だ。これまで日本では家族向けの賃貸物件が少なく、持ち家が推奨される。持ち家を手放して入居せねばならない。ここで問題なのは、年金頼みになっている高齢者向けの賃貸物件が、あまりないことだ。

前述の高齢者向け賃貸住宅は、たとえばUR都市機構が貸し出しているが、ホームページで検索すると、賃料はそれほど安くないとわかる。年金などの基準となる月収を下回る場合は、預貯金が一定額あればよいとされているが、URのホームページによれば「基準貯蓄額については、入居者が実際に支払う額の100倍になります」とあり、ハードルは低くはない。逆にいえば、ニーズが高まるであろう高齢者向け賃貸は、ビジネスの余地があるといえる。その際には、保証などの工夫が必要だろう。

いままでは有名になってきたリバースモーゲージがある。これは、生存中に自宅を担保化し、代わりに金融機関から融資してもらう仕組みだ。そして死後は、不動産を売却し、あとはなにもなくなる。子どもの相続意思がなければ、これでもいいだろう。

あるいは最後の最後の人生を配偶者と暮らさない

ちょっとショックな言葉に「死後離婚」がある。配偶者と死別した場合、もしかすると、配偶者の親御さんは存命中かもしれない。すると、残ったのが妻の場合、夫の両親からいじめられる可能性や、あるいは介護を行うべき可能性が残る。そこで、姻族関係終了届を提出し、関係を終了するのだ。この際、配偶者はすでに死んでいるから反対はされないし、姻族は反対もできない。

また、生前の離婚は財産分与・年金等を考えると、必ずしも妻側に有利ではなく、離婚という選択肢をとらずに「卒婚」をするケースもある。子育てが一段落し仕事も辞めたあと夫婦が別々に暮らす選択がありうる。もっとも別居だけが選択肢ではなく、コレクティブハウスといって、同じ屋根の下に、基本的には別々に暮らしつつ、一部共有する方法もある。あるいは、そういった物件に入居することも考えられる。

最後の最後をどのように暮らすか。そこには多様なニーズがあり、それを満たすサービスが必要だ。

終活〜死んだ後「死後のトラブルに備えて」

たとえばあなたが会社を経営しているなら、保険金は会社が受け取って、それを死亡退職金扱いにしたほうが税金は安価になる。こういったさまざまなノウハウをワンストップで受けられるサービスは重宝される。会社、預貯金、株式、債権、仮想通貨に国債……。どのように処理すれば税金や相続で有利なのか。そのためには、なにを準備すべきか。

昔のように銀行口座だけならまだしも、現在はお金が分散している。そのため、日本では毎年、口座所有者と連絡がつかない金額が800億円にも上る。おそらく死亡し、遺族も存在を知らないものが多々あるのだろう。せっかく口座を見つけても、相続人全員の戸籍謄本、印鑑証明などが必要になる。

また負債についても、葬式の際に、とつぜん誰かから故人の借金を告白されるなどのトラブルがある。さらに連帯保証人になっているケースなどは、本人すらも忘れている場合がありややこしい。

財産はほとんどないので、自身の親族は遺産相続争いと無縁だと考えるひともいるだろう。しかし、たとえば、裁判で見てみよう。遺産分割事件のうち認容・調停成立件数が裁判所のホームページに載っている。

それによると、遺産価額ごとの比率がわかる。事件化しているのは何億円もの場合ではない。総数の8664件のうち、2764件が、1000万円以下となっている。32%が実に1000万円以下で起きているのだ。

こういった死後問題を軽減するために、記録をつけるのが重要だろう。

・各種デバイスのパスワード
・年金手帳、印鑑、パスポート等の保管場所
・加入保険
・預貯金口座リスト
・土地、有価証券、その他金融資産リスト
・借金、保証人、連帯保証人等リスト
・貸金庫や貸倉庫等リスト
・クレジットカードの種類とその暗証番号
・遺産の希望処理（鑑定希望があればその業者も）
・葬儀の連絡帳
・家系図

・婚外子等の有無
・意識がなくなった際の医療、延命措置の可否

だから、まずエンディングノートなどに自身のありのままを吐露させ、そして、いまなすべきことや対策を助言するプランナーが求められるし、実際に活躍している。

どう死にたいか希望しても、それが通るかはわからない。しかし、自分の意思として残す価値はあるだろう。延命措置とは、治らないとわかりつつも、延〝命〟だけを目的とする。それを行ってほしいだろうか。すくなくとも家族としては、目の前に横たわる意識のない本人が、どのような意向をもっていたかは何らかの支えになるだろう。

配偶者＝ペットの場合

ところで飼い主の死後、ペットはどうなるだろうか。高齢化が進むと、世話のかかる犬よりも、世話の少ない猫が好まれる。しかし、家族となった猫といっても、飼い主がいなくなってしまえば生きられない。たとえば、近親者はペットの名前くらいは知っているだろうが、餌の好みや一日の給餌回数まで知っているだろうか。実際には殺処分されるケー

スが多いものの、死後に元飼い主と引き取り手とを結ぶサービスが必要だ。

さらに心配ならば、自身の死後にペットが不遇にならないように、ペット向けの遺産(のようなもの)を積み立てる方法がある。その死後に、世話人が代行し飼育を継続する方法だ。もっともペットは話せないから、その資金が適正に使われていなくとも告発できない。よって、世話人を監視することも必要だろう。

終活レーティング

これは終活に限った話ではないが、個人のソーシャル・レーティングが使われるだろう。レーティングとは、格付けのこと。その個人が日頃どのような生活態度だったのか、他者が点数付けする仕組みだ。

話がそれるものの、中国では急速にキャッシュレス化・電子マネー化が進んだ。その結果、これまでの支払い状況から個々人の信用スコアが算出されるようになった。ある店で悪いことをすると、違う店ではそのひとはもう購入ができない。結果、店側も、そして個人もふるまいを正すようになった。

たとえば、これまで家賃の支払い遅延などしたことがないひとは、スコアがあがり、高齢になっても賃貸物件に優先的にありつけるかもしれない。また、他者とのコレクティブハウスにも、素行がよければ入居できるかもしれない。ペットも、スコアの高かったひとが愛情をもって育てていたなら、引き取り手が現れるかもしれない。

ソーシャル・レーティングは過去から逃れられない、という意味でもあるけれど、大半の善良な国民にとっては問題なく、むしろ有益な取り組みになるだろう。

2036年の時代変化

- **老年人口が3分の1へ、そして死者数も最大となる**

考えておくべきこと

- **終活ビジネスへの参入余地**

こういうものが売れる

- **最後の住まい提供サービス**
- **人生の振り返りと今後の対策アドバイス業**

・ペットの飼い主コネクティングサービス

稼ぎ方

多様化する死、多様化する葬儀

冒頭で、SNSが現代の墓になっていると書いた。現代人にとって、田舎にある墓と、クラウドにある墓とどちらが故人を偲ぶのに有効だろうか。

もちろん半分は冗談だが、実際に、家族が墓を管理できなくなって閉じるケースがある。そのため、海洋散骨が増えてきた。散骨は、あまりむやみやたらにやると、その海上地域とのトラブルになりかねない。慎重さと倫理が求められる。ただ、それでもなお、墓に入るよりも海に返ったほうがいいと、散骨を希望するひとは増えている。実際に、海上散骨を請け負う業者は急成長しているほどだ。私も母親から散骨を依頼されている。

それは散骨にとどまらない。通常の通夜や告別式でもそうだろう。私の予想では、これまでの概念にとらわれない「送られ方」を期待するひとが増え、それに伴い新サービスが誕生するだろう。たとえば、なぜ棺はあのようなデザインだけなのだろう。ポップでアーティスティックなものがあってもいい。あるいは、葬儀の様子を、フェイスブックで中継してもらったほうがいいのではないか。また、お経も、どういう意味かわからず聴くよりも、逐一字幕化して、現代語訳を載せたほうが、はるかに意味があるのではないか。いやむしろ、お経を読んでくれるロボットがいないだろうか。もともと密教では、マントラを唱え、身体的修行を是としてきた。しかし、現代でその意義を知るひとはどれだけいるだろう。

もはやそれは宗教の常識範囲を超えているのかもしれない。しかし、日本の仏教自体が、本流からすると世俗的すぎると批判をあびてきた。高齢化社会日本、死者数最大日本は、これからあらたな死を作り出していくだろう。

2037年

トヨタ自動車が100周年

これからのカイシャの形と評価軸を再検討する

P **Politics**（政治）

上場・非上場にかかわらず、コーポレート・ガバナンスの強化が求められる。利益体質・透明性・持続性の強化が必須となる。

E **Economy**（経済）

日本を代表する自動車産業各社が高齢を迎える。

S **Society**（社会）

人口は1億1000万人台に減少。会社のビジネスモデルと目標軸を見直すタイミングに。

T **Technology**（技術）

資金調達や資材調達も多様となり、価値観が重要になる。

変化の特徴

トヨタ自動車が100周年をむかえる。日本には長寿企業が多い。それは、現代的には利益だけではない尺度の企業活動を暗に示していたともいえる。

利益だけではない株式会社の尺度は何か。さらにこれからの100年を考えるにあたって、新たな企業活動の評価尺度を考える年となる。

トヨタ100周年と企業の寿命

2037年にはトヨタ自動車がトヨタ自動車工業設立から100周年、2038年に創立100周年を迎える。日本の顔、ニッポン株式会社にとって象徴的な記念の年となるだろう。1937年は、日中戦争が勃発し、2年後に先の大戦が起きようとしていた。

トヨタ自動車は、もともと豊田自動織機製作所から分離して独立した。当時は、トヨタ自動車工業株式会社といい、創立総会は1937年8月27日に開催された。もともと、豊田自動織機製作所は自動車製作部門を設置し、その当時、日本に普及していたシボレーやフォードと共通する構造で設計した、G1型トラック、AA型乗用車と発表した。

ダイハツ工業は発動機製造株式会社として1907年に、日産自動車株式会社は193

4年、すこし遅れて戦後に本田技研工業株式会社が1948年に設立された。

自動車産業は、プレス、プラスチック、鋳造・鍛造といったものだけではなく、半導体やソフトウエアなど、さまざまな産業の先端技術を取り込んで進化していった。日本企業が長期間にわたって成長できた原動力として、系列発注、あるいはきわめて親しい企業との蜜月関係があったとされる。いくつかの先行研究によっても、欧米企業とくらべて日本企業は調達・外注比率が高いとされる。つまり、自社だけでなんでも生産するのではなく、外部依存が高い。これは文化的な要因もあるだろうが、高度成長期に、自社の生産キャパを高めるヒマがなかったことが大きい。

必然的に、サプライチェーンが大企業・中小零細企業を日本全体に網の目のように張り巡らされ、そこから系列システムが強化された。ものづくりに関わる企業は、直接・間接にかかわらず自動車産業に関わるようになり、多くの雇用を生んでいった。そして、日米貿易摩擦などの紆余曲折はあったものの、自動車産業は日本を代表するようになった。

自動車産業は以前にも書いたとおり熾烈な競争を繰り広げているため、既存のどのメーカーも安泰ではない。トヨタ、あるいは他社の趨勢《すうせい》は、おなじく日本を象徴するだろう。

ところで、日本には長寿企業が多いといわれるが、私たちは長寿企業から今後のビジネスを考えられるだろうか。

長寿企業大国ニッポン

日本で100年＝1世紀超にわたって続く企業はどれだけあるのだろうか。帝国データバンクによると2万強の企業がありそうだ。強という表現を使ったのは、同社のデータベースがすべてを網羅していないためだ。何人かの研究者によると、100年以上つづく企業は5万2000社とされている（横澤利昌『老舗企業の研究』、後藤俊夫『ファミリービジネス　知られざる実力と可能性』）。

とはいえ、傾向としてじゅうぶん把握できるため帝国データバンクの調査を引用すれば、老舗企業が多いのは清酒製造、貸事務所業、酒小売、呉服・服地小売、旅館・ホテル経営、となっている。伝統そのものが売りになり、かつ、商品自体にイノベーションも起きづらい。

なかでも私が大きな要因と思うのは、商品のブランドスイッチが起きにくい領域のことだ。相対的にいって、スマホならば、新興企業のものだろうが関係がない。あるいはインターネットサービスや小売店であっても同様だ。

あるいは事実上、新規参入が難しい分野もある。ＩＴ業界であれば、パソコン数台で独立できる。しかし、多大な固定費が必要な分野、たとえばビール業界であれば、クラフトビールのような小規模事業者はいるとはいえ、参入が難しい。

同社の2016年5月の調査には、1916年までに創業した企業＝100年老舗企業の数を、データベースの登録企業数で割った都道府県別の結果が登場する。

これによれば、東京1・42％、大阪1・64％にたいして、京都4・75％、山形県4・87％と、伝統・保守的な県が圧倒的に高くなっている。

ただ冒頭であげた自動車産業もかつてはそうだったものの、ガソリン車から電気自動車への転換などによって部品点数が大幅に減ったり、モーターメーカーや新興企業が入りやすくなったりしたことから、ブランドスイッチも起きうる業界になっている。だから、伝統的な世界にも競争環境が誕生しうる。

100年企業の条件

とはいえ、100年以上にわたって続く企業の秘訣を、さまざまな先行研究から抽出しようとした。しかし、ひどく凡庸な結論しか導けそうにない。

・理念をしっかりもち、次世代につなげる
・顧客のことを考え、仕入れ先、従業員も大切にする
・商品を良くし続ける努力を怠らない

経営は勝つゲームではなく負けないようにするゲームだと語ったひとがいた。なるほど、その意味では、堅実さが武器に違いない。

日本では、かつてより「三方よし」という、買い手も売り手も利益を得、そして世間のためになる商売が勧められた。

日本で近代資本主義の父といわれる渋沢栄一は、合本主義を主張した。私利私欲だけではなく、社会に貢献できる事業を推進し、高い倫理をもつこと。渋沢は、『論語』を愛読し、商道徳を説いた『論語と算盤』を執筆している。そこで「和魂洋才」ならぬ、「士魂商才」を提言している。武士の精神をもち、商人の才覚をもちあわせること。いまでは、行き過ぎた利益重視主義の反省で、企業家が社会貢献を謳うようになった。CSR(Corporate Social Responsibility～企業の社会的責任)、コーポレート・ガバナンス（企

業統治)、サステナビリティ、人間中心主義などがいわれるようになった。

しかし、渋沢の一連の著作を読むと、現代潮流のはるか前から、渋沢がおなじことを進言していたとわかる。道徳と経済の合一性、会社と公益性、事業の継続性、人間尊重。渋沢の主張のほとんどが現代に通じるため驚くほどだ。

現在では、CSRからCSV(Creating Shared Value~共通価値の創造)へと流れている。これは、社会的に価値のある事業創造で、これまたいっていることは、日本人がかねてから目標としていた内容と重なる。

一族経営が長続きの秘訣なのか

ところで、さまざまな先行研究によれば、老舗企業には創業者一族が経営するファミリー企業が多いとされている。ウォルマートもサム・ウォルトンが設立し、創業者一族の構成員が影響力をもっている。広い意味では、フォルクスワーゲン、フォード・モーターもそうだ。

日本ではサントリーがこれにあたるし、竹中工務店、読売新聞もあげられる。

同族経営は、いわゆる「古臭いスタイル」として毛嫌いされる傾向がある。特定のメンバーのみが意思決定に携わり、社会とズレる可能性を感じるためだろう。実際に、不透明な決定プロセスや、情報の非公開、人事や金銭報酬などに関する従業員の不公平感がある。

ただ、利点もある。たとえば、意思決定が迅速な点。カリスマ性の保持。創業理念の伝達。現在では、ビジネスの所有と経営が分離され、不適切な行動を抑制するため、コーポレート・ガバナンスが強化されている。創業者一族が実権を握っている場合、不祥事にたいして、従業員が物申せない雰囲気もある。非上場企業は難しいものの、上場企業であれば、社外取締役を迎え体制を構築せねばならない。

また、一族が身を引くケースもある。たとえば、企業は成長するにつれて、外部からプロ経営者を雇いさらに成長させる。しかし実際には、創業者一族が支配的な影響力をもちつづける場合もある。もっとも一族が影響をもつことが悪いのではない。問題は、不正を排除し、事業の新陳代謝を促し、時代に対応できるかにある。

もっとも現時点では、非上場企業に厳しいコーポレート・ガバナンスは求められていないものの、将来は株主総会の適切な開催などフェアな経営が求められるだろう。

老舗企業の問題点と利点

帝国データバンクは『百年続く企業の条件』(朝日新聞出版)で興味深い決算書分析をおこなっている。私ははてっきり、老舗企業はご贔屓顧客の存在によって利益率に優れていると思い込んでいた。しかし実際には、他の業界平均とくらべて老舗企業に優位性はなく、むしろ営業外利益に競争力があり、「保有株式や土地・建物など蓄積した資産を活用して、本業外で収益を生み出している」と身も蓋もない結論を導いている。

しかし、私は老舗企業を、たんに効率の悪い企業と評価したくない。というのも、むしろ継続的に事業を営み、雇用を含めた社会貢献をしてきたのではないかと思うからだ。

トヨタ自動車が設立あるいは創立100周年をむかえる2037年、2038年には日本の人口は1億1200万〜1億1300万人になっている。現状より10%の減少で、それは、単純にいえば顧客が10%減ることになる。現在、売上が10%減ってしまうと、赤字に転落してしまう企業が多い。もちろん、費用を抑えればいいだろうが、縮小する中でも利益をあげる仕組みや、世界での挑戦はよりいっそう求められる。

ところで、トヨタ自動車は、「AA型種類株式」を2015年に発表した。これは、テクニカルな説明を省くと、ちょっと変わった株式だ。配当額が、初年度から発行価額に対して年率0・5%、1・0%、1・5%、2・0%と上昇し、5年度目以降は2・5%となる。ということは、中長期的に保有すればするほど、中長期的に同社を応援すればするほど、率が上昇していく。

株式市場で短期的な売買を繰り返し、ときには1秒未満でトレードを繰り返し、利益を得る超高速取引まで出てきた。株主は事業による社会貢献を目的としているはずなのに、利益だけが自己目的化している。もっとも会社は株主のものだから、それに反対するいわれはない。ただ、私はトヨタ自動車の取り組みを、ある種の、時流への反抗とみている。株主が会社を保有するので、そもそも倒錯した話だが、中長期的な価値の創造にこそ意味があるという姿勢だ。

いや、もっとも利益などで測ること自体が古いのかもしれない。アルビン・トフラーが『第三の波』を書いた80年代から、利益に代わる尺度が模索されてきた。たとえば、かつて、江戸時代には年貢は米のことで、商人の利益には税金がかかっていなかった。そして固定資産税もない時代があった。その時代にもっとも価値があるものは理解されない。現在、フェイスブックやグーグルの社名を隠して貸借対照表を見ると、世界的な影響力をもつ企業とはわからない。現在の企業評価ではそれでも企業価値が低く算出されていると私は感じる。それは、いまの会計制度が価値を正しく評価できなくなっているからだ。

さらに株式市場以外でも、クラウド・ファンディング、ICOなど、多様な手段で資金を獲得しやすくなってきた、また、フォロワー数が多いひとが、ビジョンを語りプロジェクトに参加を募れば、人的な援助も受けられる。私たちはいわゆる、旧来の尺度である「お金」の価値が下がっている時代に突入しつつある。

一つの尺度を超えて

と、ここまで、企業が利益尺度から脱する可能性を書いた。しかし、さらに考えれば、利益が一つの尺度である以上、雇用や社会貢献、そして公共性というのも、究極的にはひとつの尺度であるに違いない。いや、もっといえば、100年続くといった継続性すらもその一つにすぎない。

私は株式会社の仕組みが、そんなに簡単に崩壊するとは思わない。ただ、一つの企業体にたいする評価尺度は多様になっていくだろう。

ひどくめんどうくさい話だが、となるとまわりまわって、私たちは「信じたことをやれ」という先人たちの卓見に原点回帰するだろう。それはきわめて凡庸だが、その凡庸のなかに真実があるに違いない。

2037年の時代変化

・トヨタ自動車100周年
・利益尺度からの脱却

考えておくべきこと

・利益も含めた社会への価値の創出

こういうものが売れる

・特定の価値観尺度に基づいた会社

稼ぎ方

勉強会の開催経験から

ところで私は20代のころ、ささやかな勉強会を開催していた。本を読む、その著者に連絡する、会いに行く、講演をお願いする、人を集める、酒を飲む……と繰り返していた。この過程で私が驚いたのは、多くの著者がどこの馬の骨ともわからない若者のアポイントをたやすく受け入れてくれた事実だ。むしろ、若者の訪問を歓迎さえしてくれた。

その勉強会もマンネリに陥り、最後に私たちは、勉強会からの学びをまとめようとした。さまざまな背景や事業や人生経験のある著者たちだったが、まとめると三つに集約できた。

・朝早く起きて仕事をしなさい
・学び続けなさい
・他人に優しくしなさい

なんと面白みのない、くだらない、凡庸なものだろう。みんなは笑いあった。しかし、繰り返すと、きっと真実は、その凡庸のなかにあるに違いない。それらが重要だと、馬鹿者の私も知っていた。

私たちは、何かを求めている。どこかに、何か、自分の知らない秘密があるのではないか、きっとどこかに商売を激変させる逆転策があるのではないか——と。ただ結局は地道な努力と活動を重ねていくしかない。

そしてさらに、自分の信じた道で、社会価値を提供できるように——。これから、企業活動、あるいは大げさにいえば、ビジネスというものに可能性があるとしたら、私はそのような形でしか、もはや信じることはできない。

2038年

世界じゅうで教祖ビジネスが大流行する

未来予想をあえて語るということ

未来予想というのは、ほとんどがむなしい。というのも、未来予想は過激なほどいいが、それほど劇的な変化は起きないからだ。たとえば20年前を思い出してほしい。スマホやIT機器類の進化はすごい。もちろん自動車も何もかもが進化している。ビットコインなどの仮想通貨は世界を変えた。ただ、それでもなお、漫画や小説で描かれるようなレベルではない。

多くのひとは、いまでも、朝起きて食事をして、満員電車に揺られ、上司の存在がストレスで苦しく、取引先とのトラブルに翻弄され、愚痴を言いながら酒を飲む――といったことをいうと、「テレワークが進んでいる」とか「転職も盛んになった」とかいわれる。変化がないとはいわない。人類先端の数パーセントは生活を変えただろう。ただ私の視点は、残り90%強にある。世界じゅうの田舎で暮らすひとたちをマスとしてビジネスの相手と考えるならば、激変する数パーセントを考えるよりも、そこそこ変化する残り90%強を考えたほうがいい。しかし、最後、この節では、禁忌をやぶって少し進んだ未来予想を語ってみたい。２０３８年はいまから20年後にあたる。そこで、これから20年の潮流を語ってみたい。

その潮流とは、等身大カリスマの誕生から、教祖消費ともいうべき流れであり、そしてビジネスの構造を変える人生のＤＩＹ化である。

見えない宗教の登場

現代人は近隣のひとたちとの接触を通じてではなく、パソコンやスマートフォン、タブレットを通じて自ら欲する情報と出会う。そしてネットを通じて「教祖」に帰依していく。まるで宗教のように。それまで宗教的な活動は、永劫の帰依と献身を求めた。しかし現代にはそれほど〝捨て身〟の姿勢は重い。むしろ聴講者として、あるいは消費者として、その情報発信源に接するのがちょうどいい。

社会学者のトーマス・ルックマンは著作『見えない宗教』で、教会に代表される旧来の宗教から、個人的側面を強めた宗教「見えない宗教」が登場したと指摘した。もうそれは約半世紀も前のことだ。

この「見えない宗教」においては、テーマは個々人の悩みに立脚し、さまざまである。「ワークライフバランス」「仕事、キャリアの成功法則」「配偶者との処世術」などだ。そこでは、かならずしも科学的な法則は必要とされない。第一に必要とされるのは、情報の受け手にとって、情報を発信する側が信頼に足るか、そして信じてみたいかにある。

私が思うに、「これが正しい」とか「これが善だ」といった尺度は、もはや人間を動かす動機になっていない。真偽や善悪は、もはや建前だけの世界にとどまっている。これからひとを動かすのは、「これを信じてみたい」という衝動に似た、心の揺れだけだろう。

そして情報の発信者側にとっても、自身が語る法則を真理として述べるのではなく、「自らが実践して効果があった」という、すくなくとも他者が否定できない事実をもって、弁証しようとする。そして「見えない宗教」においては、ことさらスピリチュアリティが強調されることはなく、むしろ漂白され、実用レベルでの有効さが強調される。

転職がくり返されると企業での勤続年数が数年となり、誰もがコーポレート・ヒストリーを知らないようになる。理念などほとんど覚えてはいない。むしろ、その見えない宗教コミュニティの所属年数のほうが長くなる。

見える宗教の実用性

ビットコインなどで有名になったブロックチェーン技術は、取引の記録を、それに参加するコンピュータで保存する。よって改ざんが防止されたり、あるいは、マネーロンダリングを抑制できたりする。

ブロックチェーン技術がより広がってくると、アフリカの節で書いたように土地の登記情報などに使われる。国によっては、土地の権利情報が勝手に改ざんされ、土地を剝奪される。しかしブロックチェーン技術があれば人権も蹂躙されないだろう。また、取引がすべて記録されるならば、消費者は商品のサプライチェーンにおける参加者を把握できる。たとえば、私は悪いとは思わないものの、食品製造は中国なのか韓国なのか、あるいは衣料縫製はバングラデシュなのかがわかる。

搾取される構造ではなく、適正なコストを払って生産したものか。意識的な消費がより芽生えてくる。ブロックチェーン技術とは無関係だが、たとえばアパレルブランド「Everlane」では各商品の製造コストを細かくホームページで公開している。さらにその情報公開の姿勢そのものをアピールポイントにしている。この動きは加速するだろう。

そして、そのように無限に広がっていく情報空間のなかから、何を正解とすべきか。そこには、教祖の断言が必要となる。発信者たちは、サロンのような小宇宙を形づくる。発信者が意図せざる場合であっても、「見えない宗教」が個人的な人生訓をベースに組織に変容していく。それが信者ビジネスだとか新宗教といわれることを、心底、発信者側は否定したがるだろう。それはそのカリスマが不誠実だからではない。誠実すぎるがゆえに、そして信者ビジネスなどと考えもしないがゆえに。

しかし、新宗教の教祖はたしかに必要とされている。社会人たちの悩みは、いまだに職場の人間関係と給料、仕事内容に集約される。就職活動支援企業は、社会に羽ばたく若者たちへコマーシャルを流す。綺麗なオフィス、美男子でハキハキした先輩、笑みをたたえた美人の女性社員、そしてエネルギッシュな上司。やりがいのある仕事。活躍しているあなた――。実際には、少なくとも私は見たことのないそのような光景が、CMとして成立することと自体が、そういう職場（＝幻想）を求める作り手たちの願望を投影しているものともいえる。

そして、働き始めてからは「終わりなき日常」にがんじがらめになる。もちろん、美男と美女だけの職場が存在するかもしれない。ただ、仕事というのは、いくら理想があろうが、実際には泥臭い作業と、面倒な人間関係に支配される。私たちが必要としているのは、社会革命家ではなく、また夢想家でもない。この状況を、共感してくれ、さらに打開策を提示してくれる、身近な存在だ。

私は「モノからコト。そして、コトからカタ」あるいは「モノからコト。そして、コトからヒト」に移行していると考えている。まさに、教祖たちが、楽しく会社で漂うやりカタや、厳しい社会を自分らしく勝ち抜いていけるやりカタを語ってくれるとしたら、これほど頼もしいことはない。

見えない宗教の目的

その「見えない宗教」で触れた有名人たちのサロンなどでは、とはいっても、拝金的な説法を聞かされることはほとんどない。むしろ、新たなビジネスやスキル、能力開発について、貪欲なほど盛んな議論がなされる。

これまでの宗教は、争・貧・病を救うとされてきた。そして、その争・貧・病のただなかにいる状況であっても、人生の意味を感じるべし、という教えは、不遇を正当化する働きをもってきた。その状況を批判的にとらえ、変革運動につなげようとする動きには乏しかった。

その意味では、「見えない宗教」が平和的に、自己の改革を目指そうとし、かつその先に社会をよくしようという気持ちをもつのは、特徴的だといっていい。また、旧来的な宗教がひとを救うのは、死後の場合が多い。よく知られている通り、原始仏教では、輪廻の輪から抜ける、抜けないにかかわらず、すくなくとも死後の世界に答えを見つけようとする。キリスト教も原罪からの解放は死後となっている。争・貧・病から離れた私たちは、いま、現世利益的な即時性を求めている。それは必然だろう。

自己啓発の発明

いわゆる自己啓発が可能になるためには、「自分で自分を変えられる」という前提がある。また、「自分で人生を決められる」ことも前提となる。すくなくとも、他者から与えられた作業だけをこなし、完全に決められたレールの上だけを歩くとすれば、自己啓発の余地はない。

親から家業を引き継ぎ、つべこべいわず、とにかく仕事をこなすことが求められ、それが当然だと思う時代であれば、自己啓発とは無縁だ。しかし、世襲がなくなり、食うだけならなんとかなり、何をやっても〝自由〟な私たちゆえに、逆説的に自己啓発が必要となる。

自己啓発誕生の舞台は1961年の米国だ。それまでの人間のありようを変えようとした二人の人物がいた。マイケル・マーフィーとリチャード・プライスだ。瞑想、東洋思想、宗教、哲学に興味があった二人は、1961年にカリフォルニアの保養地を訪ねていた。そこで二人は、その場所を、同好の士が集まる施設にしようとアイディアを出した。施設を改修し、宿泊施設をつくり、セミナーを開いて収益化する。そうすれば、好きな学問にも没頭できる。

マーフィーとプライスの構想では、そこでセラピーやセミナーが開催され、心理学や哲学などが研究され、深い人間理解が可能となるはずだった。その場所は、それまでのような学術体系とは異なり、人間そのものに焦点があてられていた。そこでは、人間そのものの神秘と可能性が研究対象であり、それは革新的だった。

ヒッピー文化も巻き込んで米国ならびに世界中に一大ブームを巻き起こす、ヒューマンポテンシャル運動はここが起点であり、有名なエスリン研究所もこうやって誕生した。伝統や制度に縛られずに、自由に生きていくことができる。そして、自分が主体である――という当たり前は、こうやって生まれた。

エスリン研究所が神秘的で開放的なセミナーを開いていたとき、ベトナム戦争は泥沼化していた。それまでの保守宗教は現実を前になすすべもなく、あらたな〝何か〟が求められていた。

このエスリン研究所にかかわった人物として有名なのが、あのアブラハム・マズローだ。説明するまでもなく、マズローの欲求5段階説が有名だ。生理的欲求、安全の欲求、社会的欲求、承認欲求を経て、自己実現の欲求にいたるという、あれである。

エスリン研究所やヒッピー文化自体は、当時の勢いを残していない。しかし、自己啓発的なものは生き続け、さらに一部はビジネス化していった。

エスリン研究所は、ベトナム戦争の行き詰まりを受け、社会を変えるのではなく、自己を変容させようとした。そののちに、パーソナルコンピュータブームが到来した。PCという小さな箱を使えば、社会や世界が変わることが明らかになった。しかし面白いのは、それが発展し、インターネットを生み、SNSを生み、サロン文化を生んだとき、等身大カリスマの情報発信がたやすくなった。そしてふたたび自己啓発はあらたな形で蘇ってきた。

見えない宗教が救うもの

現代において、「ワークライフバランス」「仕事、キャリアの成功法則」「配偶者との処世術」といった悩みに解決策を与えるのは、もはや既存の宗教ではない。等身大で語って

信仰・祭祀費支出（二人以上の非農林漁業世帯）

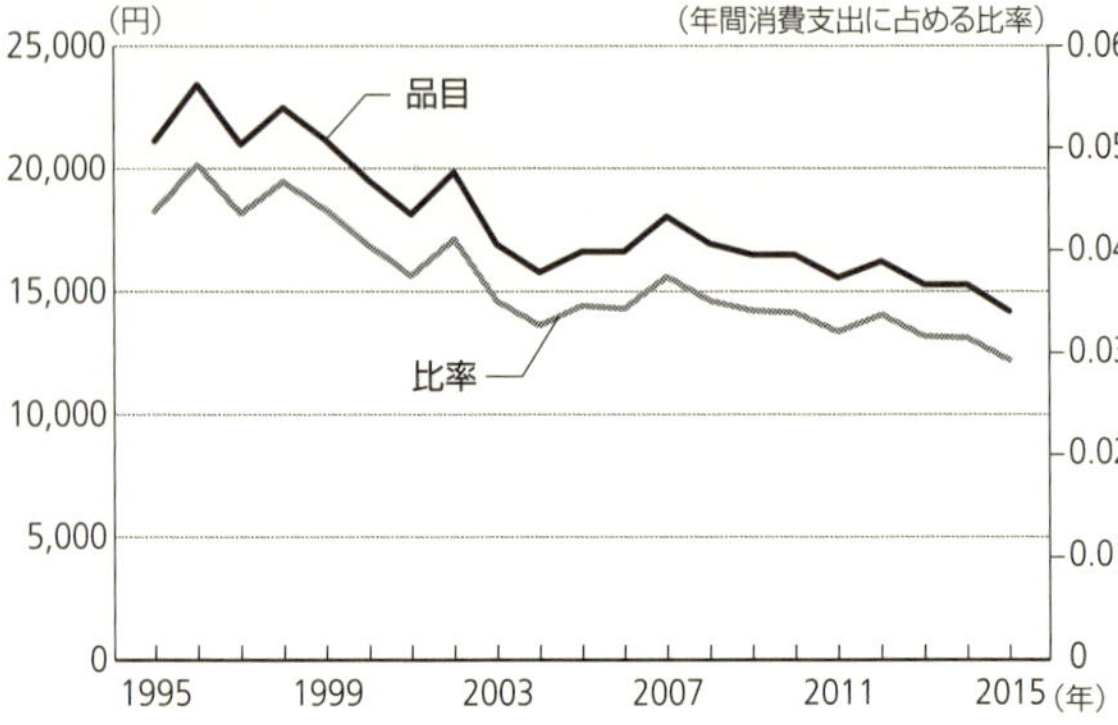

資料：家計調査

くれる、身近なカリスマだ。「あなたの痛みは正当だ」「あなたの傷は、誰もが感じている」「その痛みや悩みや苦境を共有しよう」と理解してくれるカリスマは、等身大でしかありえない。

信仰・祭祀費の支出推移を見てみよう。これは家計調査から抽出したものの、調査が新設された95年からのデータとなっている。誰かが、「現代は宗教の時代」といった。しかし、ほんとうだろうか。すくなくとも日本人の支出を見ると、無信仰の傾向にある。

次に宗教法人数と信者比率だ。文化庁がまとめている統計には、信者数のみ記載されているため、総人口で割って信者比率とした。宗教法人が自己申告した信者数を合計すると、総人口

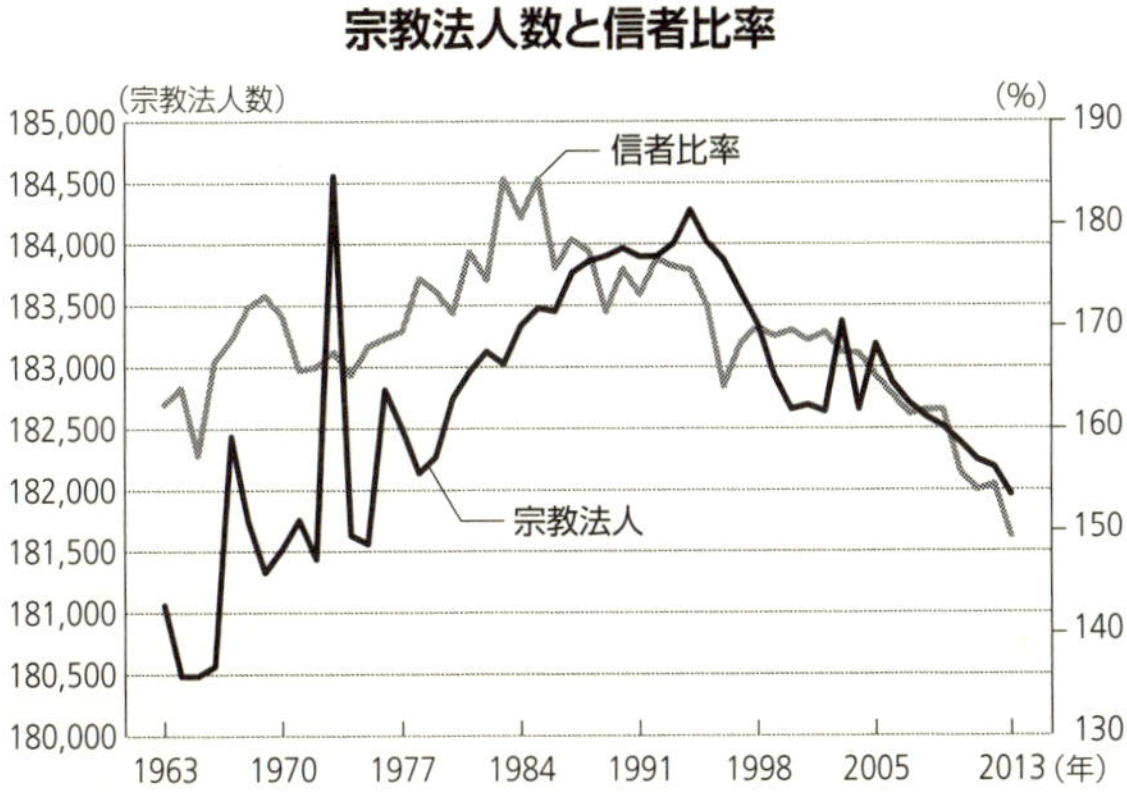

資料:文化庁

を上回ることはよく知られている。ただ、それを考慮しても、宗教法人数、そして人口にしめる信者比率(もちろん信者の数自体も)は右肩下がりになっているとわかる。

このところ「癒やしの時代」とか、精神面をことさら強調するひとがいる。しかし、前述したとおり、昔からひとは宗教に、争・貧・病からの脱出を求めてきた。その意味で、ひとは常に癒やされたいし、精神的に救われたい。

日本人のなかで、救いを求めるひとが少なくなったわけではない。そして、悩みが減ったわけでもない。そんなのは時代が変わろうが、簡単に変わるものではない。教祖が変わっただけなのだ。

これまで、その役割を果たしたのはビジネス書などの著者だった。あるいは、テレビに出ている文化人だった。しかし、その少ない選択肢のなかでは、自分自身にマッチしたカリスマを見つけられない。ただ、無数の「カリスマたち」が情報発信する時代にあっては、マッチする可能性が高まる。

ファストフード的な食品供給では、平均的なマスは満足させられても、美食家あるいは特定の嗜好をもったひとびとは満足させられない。そこにはカスタマイズした、そしてきめ細かな対応が必要となる。

これは特別にあらたな動きには感じられないかもしれない。60年代、ヒッピー文化は、反企業、反資本主義、反消費を掲げて、ニューエイジや現在のエコロジーにも通じる思想を生み出した。実際に、そこでは文化的スターが脚光をあびた。ジョン・レノンに、グレイトフル・デッド、ジャニス・ジョプリンに、ドアーズ。

しかし、ベトナム戦争反対のデモを行ったり、インドに行ったり、または農村回帰するレベルであれば、なかなかコミットできない。また、エスリン研究所が科学的に学問研究をやったように、そこまで「マジ」なレベルで自己を変革したいわけでもない。

しかし、オーガニックやエコ消費を好んだり、悩みを共有してくれたり、そしてステキなライフスタイルを見せたりしてくれるほどには——カリスマを欲している。もともと団塊の世代は学生運動、そして、いまの若者はSNSと、「つながり」行動を好む。

以前からひとびとは、いまとおなじく癒やしや精神面の充実を求めてきた。その手段がモノからコトに変わった。そしてコトからヒトに変わっていった。他者や、あるいは身近な存在である「誰か」に直接、癒やしの提供を求め始めた。

そこで私たちは、大宗教から、小さな小宇宙のなかに漂う、まったく違ったカリスマを見つけ始めた。そして、帰依の方向を「生きる神」に変え始めた。

等身大のカリスマが次にやること

現代では、スマホを手放すことが出家で、電波を断つことが修行と考えられている。しかし、実際には違うかもしれない。スマホで特定の個人をフォローし、その「つぶやき」たる教義を読み続けることが出家で、電波を断ってリアルなイベントに参加することが、その世界観に近づくための修行なのかもしれない。

教祖は、教義だけではなく、新たな聖書としての通貨を発行しだすだろう。円は日本政府が信頼の根拠にある。何かを信じる、という特性上、通貨発行ほどふさわしいものはない。私が仮想通貨で違和感を抱くのは、仮想通貨は円換算でいくら、と表現していることだ。仮想通貨を信じているなら、別に円換算する必要はない。どんなに円換算で暴落したとしても、仮想通貨をもっていることに違いはない。あくまで円に換えようとするからソンだったりトクだったりが生じるのだ。しかし、持ちつづければいい、という説法こそ、もっとも宗教に近いのではないだろうか。

ＩＣＯ、あるいは仮想通貨の発行により、さまざまな経済活動が可能となった。佐藤航陽《かつあき》さんは、『お金２・０』で、自分が好きな経済圏を選ぶようになる、と表現した。円ではなく、仮想通貨やトークンで給料をもらうケースも増えるだろう。いや、そもそも給料という考えが古く、フェイスブックの「いいね！」のように電子上の投げ銭的な感謝の形、賽銭のような形が誕生するはずだ。

もちろん全員がそのカリスマになれるわけではない。ただ、「教徒」や「信者」たちも、すべてを賭すわけではない。生活の利便性はあがっていく。３Ｄプリンターでカスタマイズ商品が生産でき、さらにＶＲで家自体を仮装空間化する。経済活動は有名人を中心としたコミュニティで発行されるトークンを中心とし、面倒なことはＡＩに任せる。そして、人間は、役に立たないことを中心に生きていく。その意味で、即物的にもっとも役に立たないアート、とくに現代芸術が注目されているのは必然というべきだろう。評論はおそらくAIができない文系分野だ。私は、「アート」「評論」というもっとも役に立たない、そして、これからも役に立たない分野にこそ可能性を感じる。カリスマが評論的な立場――世界を解説する立場――のひとに多いのは必然なのだろう。

あるいは、人間はもっとアバンギャルドを志向するだろうし、死語だがサイケデリックのような、無秩序で未完成なもの、荒々しさを求めるだろう。

人生のDIY化

そして、これから生まれるのは、人生のDIY化、ライフオンデマンドとでもいうべき動きだ。ひとびとは、人生の指針を等身大のカリスマから得る。同時に、現実に実現できないリアルを、デジタル技術を使って自らにもたらす。

いま皮膚感覚を共有する動きがある。コネクテッドジャージは、スポーツ観戦で、試合中の選手と「つながる」ものだ。選手の心拍数や刺激などと同期し、おなじ昂奮を得る。しかし、このとき、観戦者の身体は、いったい誰のものだろうか。神経刺激技術ともいうべき、脳神経に直接刺激をあたえるニューロプライミングも登場してきた。そして、たとえば、この技術が進化し、VRで触覚・嗅覚とともに想像上の物語を生きるとき、自分の人生はどこにいってしまうのだろうか。いや、そもそも、ほんとうの私など存在するのだろうか。

大容量のライフログが可能になれば、個人の視線で見た、感じたそのすべてを記録できる。手段は小型のスマートデバイスか、あるいは人体に内蔵されたハードウエアかもしれない。そして誰かの日常を、追体験できるようになる。繰り返すと、そのときにほんとうの自分の人生はどこへいってしまうのだろう。

良くも悪くも、自分の人生を、仮想であったとしてもDIYによって自在にデザインできるようになる。リアルなカリスマになるか、VRでの素晴らしき人生を生きるか。もしこれを批判するひとがいれば、それは、もはや批判者にとって可能な価値観の想像の範囲を超えた、としかいいようがない。そして、仮想空間以外に、すでに信じられる価値をもっているからだ、としかいいようがない。

20年も先を予想するとすれば、教祖ビジネスと人生のDIY化をあげておきたいと私は思う。教祖ビジネスと人生のDIY化の蔓延が良いことなのか、悪いことなのか、それは読者の価値観にゆだねよう。

おわりに

２０１９年から２０３８年までの20年分をお読みいただいた。読者はいま何歳だろうか。20年後の自分と重ねると面白いかもしれない。

ところで、本書を書くきっかけになった私的な話を書いておきたい。私は日本テレビの情報番組「スッキリ!!」（現「スッキリ」）で評論家の宇野常寛さんと共演した。それは２年半にわたった。同い年だったため、さまざまな話をした。そして、二人とも30代の終わりに近づいていた。一つの区切りを迎えるにあたって、限られた時間のなか、どのような仕事に力を注ぐべきか。できれば、記念碑的な出版物を出したい。重ねた会話のなかから、その意識が高まってきた。

私は日ごろ、さまざまな業界のデータを見て分析したり、資料を作成したり、話したりする。そこで、自らの今後20年を考えるにあたって、膨大なデータと格闘し未来予想としてまとめることができないか。その発想が本書の起点となった。

2019~2038年の20年について、1年を1節として、さまざまな業界の予想を語った。しかし、その業界が、かならずしもその年に書かれる絶対性も必然性も、じつはありはしない。さらに、20の業界を選ぶ行為そのものが、私の判断によるもので、客観性を欠いている。いわば、本書は壮大な自分語りといっていい。いや、けっきょくのところ、すべての出版物は自分語りではないだろうか。その意味で、私は自分のために本書を書いた。

巷間には、未来予想に関わる書籍があふれている。その多くが、かなり飛躍した、突飛な未来を語るものだ。本書を書くにあたり、10年前、20年前に書かれた未来予想の書籍群を読んでみた。そのほとんどが当たっていない。現実は予想をまったく裏切るように進んでいく。だから、未来予想はむなしい。本書も同じ道を歩むだろう。ただ、本書は、意図的に地味な内容であるよう努めた。商品予想も、できるだけ凡庸な記述に努めた。多くが未来すぎる未来を語るのにたいし、本書では統計を基本として、当たるのであれ外れるのであれ、読者が私に賛同的であれ批判的であれ、検証可能なように、できるだけデータソースを記載しておいた。

トラブルを伝えるメール、立て続けの電話、同僚からの愚痴、終わりのない資料作成、アシスタントからの暗い相談、関係者が突然に訪問してきて浪費される時間、誰かの責任を回避するために回ってくる役目、範囲を超えて振られる仕事、そして、上司からの怒号――。私は10年前、こんな職場にいた。

＊

そして、同時に、かけがえのない経験をした。

青森の工場で、深夜にやっと生産をつないだこと。香港での葛藤、米国での苦悩。毎日のように工場を巡って現場で対話を重ね、考え続けたこと。無数の経営者たちと対話したこと。深夜まで残っていた職場で将来の夢を語り合ったこと。居酒屋で「お前、なんで会社を辞めるんだよ」と泣かれたこと。親子ほど年の離れた男性から、「いままでありがとうな」と固い握手のあと抱きつかれたこと――。

仕事の内容を文章にまとめ、それを書籍『牛丼一杯の儲けは9円』（幻冬舎）にしたのがそのころだった。もともと私は企業の資材係からキャリアをスタートさせた。資材係とは、企業の生産に必要な部材や材料を買い集めて、工場に納入する仕事だ。社内でもっとも地味な仕事だった。しかし、その仕事を通じて製品知識を習得し、取引先分析手法を覚え、原価や会計、業界に統計とさまざまなことを学んでいった。

そのあとにテレビに出るようになって、会社をつくって、結婚して子どもができて、というちに10年が過ぎていた。10年前は、自分が未来予想の書籍を上梓するとは想像もつかなかった。よく、十年一昔、というけれど、ちょっと私にとっては感慨深い。

会社の隅で闘っていた私が——それは敵との闘いというより、自らの可能性を模索する闘いであったが——今回、読者の日常を少しでも止め、今後を思考するきっかけを提供できれば幸いだ。

*

現代のビジネスパーソンの難しさは、利益と効率を求めて流れを止めない日常業務のなかで、さらに将来にたいする思考と戦略を求められる点にある、と私は思う。同僚も上司も、多忙な日常に生きている。かつて、大企業であれば、新規事業開発の部門があり、そこが考えればよかったかもしれない。しかし、現在では一人ひとりが部門に関わりなく、仮説をもって未来を予想し、そしてキャリアを考え、事業を創出していかねばならない。

本書では、日本の視点から描いている。現在の日本は、かつて製造業を中心として世界を制覇した栄華の記憶と、米中に後塵を拝するようになった悲しみとが、鋭い明暗の対立となってそそり立っているように感じられる。本書は私なりの、日本復活戦略のつもりではある。ただ、日本を中心として考える必要は、もちろん、ない。むしろ日本という桎梏《しっこく》にとらわれないビジネスが重要だろう。日本を中心に書いたのは、あくまで私の自分語りゆえだ。

データを中心として論をまとめた、といった。ただ、どのデータが私にとって重要と感じたか、感じてしまったかは、ある種の奇跡による。同じ文章を読んでも、読者がどこに面白さを感じるかは、状況と偶然によるだろう。私の文章をきっかけに、読者の問題意識と重なり、私がまったく想像できない発想が可能かもしれない。

さまざまな発想を刺激するため、できるだけ意外な固有名詞をつなげて書いておいた。それがひとによっては冗長と感じただろうし、ひとによっては面白いと感じてくれるだろう。すべての出版物が自分語りであるだけではなく、すべての仕事も自分語りなのかもしれない。

本書はデータを愛撫しながら、奔流となって過ぎ去っていく時間になんとか抗おうとした試みだった。10年前は、このような仕事をすると予想もしなかったと述べた。本書をきっかけに、おなじく予想もしなかった仕事があるかもしれない。なるほど、自分自身の未来予想ていどでも困難なものらしい。

私は幸運なことに、さまざまな世界の有名人と出会うことが多い。彼らは、将来にたいして「こういう世界がやってくるはずだ」と仮説を立て、進む方向性を決める。ほんとうに上手くいくかはわからない。もちろん、失敗する可能性もある。ただ、将来を予想しようとする意思こそが生きる力になり、世界で渡りあう勇気になり、さらに創意工夫の愉悦をもたらしてくれるだろう。本書は、まだ見ぬ将来の自分にも捧げている。

最後に。壮大な自分語りに伴走いただいた、本書の編集者・竹村優子さんにお礼を申し上げたい。

参考文献

2019年

〈平成27年国勢調査〉　統計局

〈コンビニエンスストア統計調査年間集計〉　一般社団法人日本フランチャイズチェーン協会

〈『日本の世帯数の将来推計（全国推計）』（2018（平成30）年推計）〉　国立社会保障・人口問題研究所

〈2017年2月期決算説明会〉　株式会社セブン＆アイ・ホールディングス

『セブン-イレブン1号店　繁盛する商い』　PHP新書　山本憲司（著）　PHP研究所（2017年）

『ホモ・モーベンス――都市と人間の未来』　中公新書　黒川紀章（著）　中央公論新社（1969年）

『新遊牧騎馬民族　ノマドの時代――情報化社会のライフスタイル』　黒川紀章（著）　徳間書店（1989年）

『閉じてゆく帝国と逆説の21世紀経済』　集英社新書　水野和夫（著）　集英社（2017年）

『消費社会のゆくえ――記号消費と脱物質主義』　間々田孝夫（著）　有斐閣（2005年）

『2035年の世界』　高城剛（著）　PHP研究所（2014年）

2020年

〈自動走行ビジネス検討会「自動走行の実現に向けた取組方針」報告書概要〉　自動走行ビジネス検討会

『くたばれ自動車――アメリカン・カーの内幕』　至誠堂新書　ジョン・キーツ（著）　至誠堂書店（1965年）

『できそこないの男たち』　光文社新書　福岡伸一（著）　光文社（2008年）

『クルマよ、お世話になりました――米モータリゼーションの歴史と未来』　ケイティ・アルヴォード（著）　白水社（2013年）

『モータリゼーションの世紀――T型フォードから電気自動車へ』　岩波現代全書96　鈴木直次（著）　岩波書店（2016年）

『モビリティー革命2030――自動車産業の破壊と創造』　デロイトトーマツコンサルティング合同会社（著）　日経BP社（2016年）

『成長力を採点！ 2020年の「勝ち組」自動車メーカー』　中西孝樹（著）　日本経済新聞出版社（2015年）

『大前研一 IoT革命――ウェアラブル・家電・自動車・ロボットあらゆるものがインターネットとつながる時代の戦略発想』　大前研一（著）　プレジデント社（2016年）

2021年

〈社会資本の維持管理・更新のための主体間関係に関する調査研究（中間報告書）〉国土交通省　国土交通政策研究所

〈記者発表資料（平成24年7月24日）〉　国土交通省東北地方整備局

『荒廃するアメリカ』　S.ウォルター（著）　開発問題研究所（1982年）

〈東日本大震災の実体験に基づく災害初動期指揮心得〉　国土交通省　東北地方整備局

『2025年の巨大市場――インフラ老朽化が全産業のチャンスに変わる』　浅野祐一／木村駿（著）　日経BP社（2014年）

『202Xインフラテクノロジー――土木施設の商機を大胆予測』　浅野祐一（著）　日経コンストラクション（編）　日経BP社（2016年）

『よくわかるインフラ投資ビジネス――需要を読む、リスクを知る、戦略を練る』　福島隆則／菅健彦（著）　日経BP社（2014年）

『朽ちるインフラ――忍び寄るもうひとつの危機』　根本祐二（著）　日本経済新聞出版社（2011年）

『社会インフラの危機――つくるから守るへ――維持管理の新たな潮流』　牛島栄（著）日刊建設通信新聞社（2013年）

2022年

〈電中研ニュース409〉　㈶電力中央研究所

〈平成16年度「エネルギーに関する年次報告（エネルギー白書2005）」〉　資源エネルギー庁

『エネルギー白書〈2017年版〉』　経済産業省（編）　経済産業調査会（2017年）

『エネルギー問題入門――カリフォルニア大学バークレー校特別講義』　リチャード・A・ムラー（著）　楽工社（2014年）

『原発事故後のエネルギー供給からみる日本経済――東日本大震災はいかなる影響をもたらしたのか』　馬奈木俊介（編著）　ミネルヴァ書房（2016年）

『電力改革――エネルギー政策の歴史的大転換』　講談社現代新書　橘川武郎（著）講談社（2012年）

『エネルギー産業の2050年――Utility3.0へのゲームチェンジ』　竹内純子（編著）　伊藤剛／岡本浩／戸田直樹（著）　日本経済新聞出版社（2017年）

『消費大陸アジア――巨大市場を読みとく』　川端基夫（著）　筑摩書房（2017年）

2023年

〈農林漁業の6次産業化〉　農林水産省

〈平成26年度　食料・農業・農村白書〉　農林水産省

〈News Release2017年8月17日〉　住友化学

〈世界の食肉需要の行方〉　三井物産戦略研究所(産業調査第二室)野崎由紀子
〈農地制度〉　農林水産省
『2025年 日本の農業ビジネス』　講談社現代新書　21世紀政策研究所(編)　講談社(2017年)
『6次産業化とJAの新たな役割――農業の未来のために』　経済法令研究会(編)　経済法令研究会(2011年)
『地方が生き残るために何をすべきか?』　金子利雄(著)　眞人堂(2017年)
『農の6次産業化と地域振興』　熊倉功夫(監修)　米屋武文(編)　春風社(2015年)
『里山産業論――「食の戦略」が六次産業を超える』　角川新書　金丸弘美(著)　KADOKAWA(2015年)

2024年

〈Africa in 50 Years' Time〉　African Development Bank
〈Fact Sheet アフリカのいま#4〉　国連開発計画(UNDP)
WIRED VOL.29/特集「African Freestyle　ワイアード、アフリカにいく」2017/9/11　Condé Nast Japan(コンデナスト・ジャパン)(著)　WIRED編集部(編)
『フィリピン――急成長する若き「大国」』　中公新書　井出穣治(著)　中央公論新社(2017年)
『花のある遠景――東アフリカにて(増補新版)』　西江雅之(著)　青土社(2010年)
『経済大陸アフリカ――資源、食糧問題から開発政策まで』　中公新書　平野克己(著)　中央公論新社(2013年)
『現代アフリカ経済論　シリーズ・現代の世界経済8』　北川勝彦/高橋基樹(編著)　ミネルヴァ書房(2014年)
『社会人のための現代アフリカ講義』　東大塾　遠藤貢/関谷雄一(編)　東京大学出版会(2017年)

2025年

〈平成26年版高齢社会白書〉　内閣府
〈日本老年医学会学術集会(2015年06月12〜14日)〉　日本老年医学会
〈「孫」への支出実態調査(2011年度調査)〉　共立総合研究所
『オヤノタメ商品　ヒットの法則――100兆円　プラチナエイジ市場を動かした!』　今井啓子/SUDI(著)　集英社(2012年)
『シニアシフトの衝撃――超高齢社会をビジネスチャンスに変える方法』　村田裕之(著)　ダイヤモンド社(2012年)
『シニアマーケティングはなぜうまくいかないのか――新しい大人消費が日本を動かす』　阪本節郎(著)　日本経済新聞出版社(2016年)
『どうする? どうなる? ニッポンの大問題』　少子"超"高齢化編　石破茂/弘兼憲史(著)　ワニブックス(2017年)

『新シニア市場攻略のカギはモラトリアムおじさんだ!』 ビデオリサーチひと研究所(編著) ダイヤモンド社(2017年)

2026年

『1995年』 ちくま新書 速水健朗(著) 筑摩書房(2013年)
〈「生活者1万人アンケートに見る日本人の価値観・消費行動の変化」(2015年)〉 野村総合研究所
『「嫌消費」世代の研究——経済を揺るがす「欲しがらない」若者たち』 松田久一(著) 東洋経済新報社(2009年)
『33年後のなんとなく、クリスタル』 田中康夫(著) 河出書房新社(2014年)
『R30の欲望スイッチ——欲しがらない若者の、本当の欲望』 白岩玄(著) 宣伝会議(2014年)
『シンプル族の反乱——モノを買わない消費者の登場』 三浦展(著) ベストセラーズ(2009年)
『つくし世代——「新しい若者」の価値観を読む』 光文社新書 藤本耕平(著) 光文社(2015年)
『パリピ経済——パーティーピープルが市場を動かす』 新潮新書 原田曜平(著) 新潮社(2016年)
『現代日本人の意識構造(第8版)』 NHKブックス NHK放送文化研究所(編) NHK出版(2015年)
『若者はなぜモノを買わないのか』 青春新書インテリジェンス 堀好伸(著) 青春出版社(2016年)
『若者離れ——電通が考える未来のためのコミュニケーション術』 電通若者研究部(編) 吉田将英/奈木れい/小木真/佐藤瞳(共著) エムディエヌコーポレーション(2016年)
『新装版 なんとなく、クリスタル』 河出文庫 田中康夫(著) 河出書房新社(2013年)
『世界史を創ったビジネスモデル』 新潮選書 野口悠紀雄(著) 新潮社(2017年)
『その1人が30万人を動かす!——影響力を味方につけるインフルエンサー・マーケティング』 本田哲也(著) 東洋経済新報社(2007年)

2027年

『クイックジャパン Vol.16』 太田出版(1997年)
『音楽産業 再成長のための組織戦略——不確実性と複雑性に対する音楽関連企業の組織マネジメント』 八木良太(著) 東洋経済新報社(2015年)
『新時代ミュージックビジネス最終講義——新しい地図を手に、音楽とテクノロジーの蜜月時代を生きる!』 山口哲一(著) リットーミュージック(2015年)
『檻のなかのダンス』 鶴見済(著) 太田出版(1998年)

『破壊者』 松浦勝人(著) 幻冬舎(2018年)

2028年

〈The Water Crisis〉 Water.org

〈「ピークウォーター:日本企業のサプライチェーンに潜むリスク」(2012年)〉 KPMGあずさサスティナビリティ

〈日本経済新聞朝刊(2016/1/13)〉 日本経済新聞

〈世界の水問題への日本の取組(「立法と調査 2012.9 No.332」)〉 第一特別調査室 松井一彦

『ヒトはこうして増えてきた——20万年の人口変遷史』 新潮選書 大塚柳太郎(著) 新潮社(2015年)

『フランスはどう少子化を克服したか』 新潮新書 髙崎順子(著) 新潮社(2016年)

『縮小ニッポンの衝撃』 講談社現代新書 NHKスペシャル取材班(著) 講談社(2017年)

『人口の世界史』 マッシモ・リヴィ-バッチ(著) 東洋経済新報社(2014年)

『人口学への招待——少子・高齢化はどこまで解明されたか』 中公新書 河野稠果(著) 中央公論新社(2007年)

『人口減少時代の土地問題——「所有者不明化」と相続、空き家、制度のゆくえ』 中公新書 吉原祥子(著) 中央公論新社(2017年)

『世界主要国・地域の人口問題 人口学ライブラリー8』 早瀬保子/大淵寛(編著) 原書房(2010年)

『東アジアの社会大変動——人口センサスが語る世界』 末廣昭/大泉啓一郎(編著) 名古屋大学出版会(2017年)

『日本の人口動向とこれからの社会——人口潮流が変える日本と世界』 森田朗(監修) 国立社会保障・人口問題研究所(編) 東京大学出版会(2017年)

『未来の年表——人口減少日本でこれから起きること』 講談社現代新書 河合雅司(著) 講談社(2017年)

2029年

『3億人の中国農民工 食いつめものブルース』 山田泰司(著) 日経BP社(2017年)

〈Human Development Report 2016〉 国連開発計画

〈中国鉄鋼業界の現状と今後の展望〉 三菱東京UFJ銀行 戦略調査部 神田壮太

『結局、勝ち続けるアメリカ経済 一人負けする中国経済』 講談社+α新書 武者陵司(著) 講談社(2017年)

『戸籍アパルトヘイト国家・中国の崩壊』 講談社+α新書 川島博之(著) 講談社(2017年)

『習近平が隠す本当は世界3位の中国経済』 講談社＋α新書 上念司(著) 講談社(2017年)

『図解ASEANを読み解く――ASEANを理解するのに役立つ70のテーマ(第2版)』 みずほ総合研究所(著) 東洋経済新報社(2018年)

『中国――とっくにクライシス、なのに崩壊しない"紅い帝国"のカラクリ――在米中国人経済学者の精緻な分析で浮かび上がる』 ワニブックスPLUS新書 何清漣／程暁農(著) 中川友(訳) ワニ・プラス(2017年)

『中国経済入門――高度成長の終焉と安定成長への途(第4版)』 南亮進／牧野文夫(編) 日本評論社(2016年)

『日本と中国経済――相互交流と衝突の一〇〇年』 ちくま新書 梶谷懐(著) 筑摩書房(2016年)

2030年

〈POLITICAL DECLARATION〉 UNウィメン

〈女性起業家を取り巻く現状について〉 内閣府男女共同参画局

『武器としての人口減社会――国際比較統計でわかる日本の強さ』 光文社新書 村上由美子(著) 光文社(2016年)

2031年

〈3万3千平米〉 藤子・F・不二雄(著)(1975年)

〈State of the Satellite Industry Report〉 SIA

『ジュリスト』 2017年05月号 ［雑誌］(2017/4/25発売) 有斐閣

『宇宙ビジネス――入門から業界動向までひと目でわかる 図解ビジネス情報源』 的川泰宣(監修) アスキー・メディアワークス(2011年)

『宇宙ビジネス入門――New Space革命の全貌』 石田真康(著) 日経BP社(2017年)

2032年

〈World Population Prospects 2017〉 国際連合

〈2017年8月「運輸と経済〜インドのいま〜」〉 一般社団法人運輸調査局

『アジアのハリウッド――グローバリゼーションとインド映画』 山下博司／岡光信子(著) 東京堂出版(2010年)

『インドでつくる！ 売る！――先行企業に学ぶ開発・生産・マーケティングの現地化戦略』 須貝信一(著) 実業之日本社(2014年)

『インドと日本は最強コンビ』 講談社＋α新書 サンジーヴ・スィンハ(著) 講談社(2016年)

『インドビジネス40年戦記――13億人市場との付き合い方』 中島敬二(著) 日経BP

社（2016年）
『インド人の「力」』 講談社現代新書 山下博司（著） 講談社（2016年）
『すごいインドビジネス』 日経プレミアシリーズ サンジーヴ・スィンハ（著） 日本経済新聞出版社（2016年）
『モディが変えるインド――台頭するアジア巨大国家の「静かな革命」』 笠井亮平（著） 白水社（2017年）
『最後の超大国インド――元大使が見た親日国のすべて』 平林博（著） 日経BP社（2017年）
『池上彰が注目するこれからの大都市・経済大国〈4〉 ムンバイ・インド』 池上彰（監修） ジェニー・ヴォーン（原著） こどもくらぶ（編） 講談社（2016年）
『シャルマの未来予測――これから成長する国 沈む国』 ルチル・シャルマ（著） 東洋経済新報社（2018年）

2033年

〈NEWS RELEASE（2015年06月22日）〉 野村総合研究所
〈建築着工統計調査報告〉 国土交通省
〈中古住宅流通促進・活用に関する研究会〉 国土交通省
〈よくあるご質問〉 財務省
〈「全国版空き家・空き地バンク」の仕様 並びに参画方法等について〉 国土交通省
〈DIY型賃貸借のすすめ〉 国土交通省
『「空き家」が蝕む日本』 ポプラ新書 長嶋修（著） ポプラ社（2014年）
『2020年マンション大崩壊』 文春新書 牧野知弘（著） 文藝春秋（2015年）
『2025年東京不動産大暴落』 榊淳司（著） イースト・プレス（2017年）
『解決！空き家問題』 ちくま新書 中川寛子（著） 筑摩書房（2015年）
『空き家大国ニッポン』 水谷秀志（著） せせらぎ出版（2017年）
『空き家問題――1000万戸の衝撃』 祥伝社新書 牧野知弘（著） 祥伝社（2014年）
『老いる家 崩れる街――住宅過剰社会の末路』 講談社現代新書 野澤千絵（著） 講談社（2016年）

2034年

〈NEWS RELEASE（2015年12月02日）〉 野村総合研究所
〈新産業構造ビジョン（平成29年）〉 経済産業省
『Pythonではじめる機械学習――scikit-learnで学ぶ特徴量エンジニアリングと機械学習の基礎』 アンドレアス・C・ミュラー（著） オライリージャパン（2017年）
『ポスト・ヒューマン誕生――コンピュータが人類の知性を超えるとき』 レイ・カーツワイル（著） NHK出版（2007年）

『人工知能はどのようにして「名人」を超えたのか?』 山本一成(著) ダイヤモンド社(2017年)

〈ハーバード・ビジネス・レビュー2015年11月号〉 安宅和人

『2020年人工知能時代 僕たちの幸せな働き方』 藤野貴教(著) かんき出版(2017年)

『シンギュラリティ・ビジネス——AI時代に勝ち残る企業と人の条件』 幻冬舎新書 齋藤和紀(著) 幻冬舎(2017年)

『最強のAI活用術——実践フェーズに突入』 野村直之(著) 日経BP社(2017年)

『人間さまお断り——人工知能時代の経済と労働の手引き』 ジェリー・カプラン(著) 三省堂(2016年)

『人工知能と経済の未来——2030年雇用大崩壊』 文春新書 井上智洋(著) 文藝春秋(2016年)

『人工知能のための哲学塾』 三宅陽一郎(著) ビー・エヌ・エヌ新社(2016年)

『人工知能の見る夢は——AIショートショート集』 文春文庫 新井素子/宮内悠介(ほか著) 人工知能学会(編) 文藝春秋(2017年)

『日本再興戦略』 落合陽一(著) 幻冬舎(2018年)

『量子コンピュータが人工知能を加速する』 西森秀稔/大関真之(著) 日経BP社(2016年)

『人工知能の核心』 NHK出版新書 羽生善治/NHKスペシャル取材班(著) NHK出版(2017年)

2035年

〈プレスリリース(ボーイング、2035年までに約150万名のパイロットと技術者が必要と予測)〉 BOEING

〈Statistical Summary of Commercial Jet Airplane Accidents 2016〉 BOEING

〈Global Market Forecast〉 AIRBUS

〈CURRENT MARKET OUTLOOK 2016–2035〉 BOEING

〈民間航空機に関する市場予測(2017–2036)〉 一般財団法人 日本航空機開発協会

〈SUMMARY OF PASSENGER AND FREIGHT TRAFFIC〉 IATA

〈操縦士・整備士等の養成・確保に向けた取組の状況〉 国土交通省

〈航空豆知識〉 JAL

〈宇宙産業ビジョン 2030〉 宇宙政策委員会

〈宇宙基本計画工程表(平成27年度改訂)〉 宇宙開発戦略本部

『エアラインパイロットになる本——夢を実現させるための進路ガイド(新版)』 イカロスMOOK 阿施光南(著) イカロス出版(2016年)

『ボーイングVSエアバス　熾烈な開発競争――100年で旅客機はなぜこんなに進化したのか』 交通新聞社新書　谷川一巳（著）　交通新聞社（2016年）
『航空産業入門（第2版）』 ANA総合研究所（著）　東洋経済新報社（2017年）
『最新　航空事業論――エアライン・ビジネスの未来像（第2版）』 井上泰日子（著）　日本評論社（2016年）

2036年

〈日本の将来推計人口（平成29年推計）〉 国立社会保障・人口問題研究所
UR都市機構
〈遺産分割事件のうち認容・調停成立件数〉 裁判所
『ひとり終活――不安が消える万全の備え』 小学館新書　小谷みどり（著）　小学館（2016年）
『今すぐ取りかかりたい最高の終活――秘密も恥も“お片づけ” トラブルを未然に防ぐ身辺整理のすすめ』 眞鍋淳也／山本祐紀／吉田泰久（著）　社長の終活研究会（協力）　青月社（2017年）
『終活・相続の便利帳――カリスマ相続診断士が日本一やさしく教えます！』 エイムック　一橋香織（監修）　枻出版社（2017年）
『週刊エコノミスト』 毎日新聞出版（2017年10月03号）

2037年

〈トヨタ自動車75年史〉 トヨタ自動車
〈アニュアルレポート　2014年3月期〉 トヨタ自動車
〈2016年5月調査（明治維新前の創業は3,343社　業歴500年以上は41社）〉 帝国データバンク
〈第1回AA型種類株式に関するご説明資料〉 トヨタ自動車
『グローバル資本主義の中の渋沢栄一――合本キャピタリズムとモラル』 橘川武郎／パトリック・フリデンソン（編著）　東洋経済新報社（2014年）
『現代語訳　論語と算盤』 ちくま新書　渋沢栄一（著）　守屋淳（訳）　筑摩書房（2010年）
『200年企業』 日経ビジネス人文庫　日本経済新聞社（編）　日本経済新聞出版社（2010年）
『200年企業Ⅱ』 日経ビジネス人文庫　日本経済新聞社（編）　日本経済新聞出版社（2012年）
『200年企業Ⅲ』 日経ビジネス人文庫　日本経済新聞社（編）　日本経済新聞出版社（2013年）
『あの会社はこうして潰れた』 日経プレミアシリーズ　藤森徹（著）　日本経済新聞出版社（2017年）

『週刊エコノミスト』 ザ・100年企業 毎日新聞出版(2018/1/16発売)

『成功長寿企業への道』 浅田厚志(著) 出版文化社(2013年)

『創業三〇〇年の長寿企業はなぜ栄え続けるのか』 グロービス経営大学院(著) 田久保善彦(監修) 東洋経済新報社(2014年)

『長寿企業のリスクマネジメント――生き残るためのDNA』 後藤俊夫(監修) 第一法規出版(2017年)

『日本のファミリービジネス――その永続性を探る』 ファミリービジネス学会(編) 奥村昭博/加護野忠男(編著) 中央経済社(2016年)

『百年以上続いている会社はどこが違うのか?』 田中真澄(著) 致知出版社(2015年)

『百年続く企業の条件――老舗は変化を恐れない』 朝日新書 帝国データバンク史料館・産業調査部(編) 朝日新聞出版(2009年)

『老舗企業の研究(改訂新版)』 横澤利昌(編著) 生産性出版(2012年)

2038年

『エスリンとアメリカの覚醒――人間の可能性への挑戦』 W.T.アンダーソン(著) 誠信書房(1998年)

『見えない宗教――現代宗教社会学入門』 トーマス・ルックマン(著) ヨルダン社(1976年)

『お金2.0』 佐藤航陽(著) 幻冬舎(2017年)

『時代を先読みし、チャンスを生み出す 未来予測の技法』 佐藤航陽(著) ディスカヴァー21(2018年)

『スマホが神になる――宗教を圧倒する「情報革命」の力』 角川新書 島田裕巳(著) KADOKAWA(2016年)

『宗教家になるには(改訂版)』 島田裕巳(著) ぺりかん社(2014年)

『宗教消滅――資本主義は宗教と心中する』 島田裕巳(著) SBクリエイティブ(2016年)

全般

『10年後の働き方――「こんな仕事、聞いたことない!」からイノベーションの予兆をつかむ』 できるビジネス 曽我浩太郎/宮川麻衣子(著) インプレス(2017年)

『2017年度、動乱の世界情勢を読む――緊急出版!日経大予測』 日本経済新聞社(編) 日本経済新聞出版社(2017年)

『2030年ジャック・アタリの未来予測――不確実な世の中をサバイブせよ!』 ジャック・アタリ(著) プレジデント社(2017年)

『2030年の世界経済――新興国と先進国 共同リーダーシップの時代』 イワン・ツェリッシェフ(著) NTT出版(2014年)

『2040年の新世界――プラットフォームとしての3Dプリンタの衝撃』 ホッド・リプソン／メルバ・カーマン（著） 東洋経済新報社（2014年）

『2040年全ビジネスモデル消滅』 文春新書 牧野知弘（著） 文藝春秋（2016年）

『2050年の世界――英『エコノミスト』誌は予測する』 英『エコノミスト』編集部（著） 船橋洋一（解説） 文藝春秋（2012年）

『2100年へのパラダイム・シフト』 広井良典／大井浩一（編） 作品社（2017年）

『9プリンシプルズ――加速する未来で勝ち残るために』 伊藤穰一／ジェフ・ハウ（著） 早川書房（2017年）

『BCGが読む経営の論点2018』 ボストンコンサルティンググループ（編） 日本経済新聞出版社（2017年）

『ICT未来予想図――自動運転、知能化都市、ロボット実装に向けて』 共立スマートセレクション 土井美和子（著） 原隆浩（コーディネーター） 共立出版（2016年）

『インダストリーX.0――製造業の「デジタル価値」実現戦略』 エリック・シェイファー（著） 日経BP社（2017年）

『これからの日本の論点――日経大予測2017』 日本経済新聞社（編） 日本経済新聞出版社（2016年）

『シフト――2035年、米国最高情報機関が予測する驚愕の未来』 マシュー・バロウズ（著） ダイヤモンド社（2015年）

『マッキンゼーが予測する未来――近未来のビジネスは、4つの力に支配されている』 リチャード・ドッブス／ジェームズ・マニーカ／ジョナサン・ウーツェル（著） ダイヤモンド社（2017年）

『メガトレンド――世界の終わりと始まり』 川口盛之助（著） 日経BP社（2017年）

『楽観主義者の未来予測 上――テクノロジーの爆発的進化が世界を豊かにする』 ピーター・H・ディアマンディス／スティーヴン・コトラー（著） 早川書房（2014年）

『楽観主義者の未来予測 下――テクノロジーの爆発的進化が世界を豊かにする』 ピーター・H・ディアマンディス／スティーヴン・コトラー（著） 早川書房（2014年）

『驚愕！ 日本の未来年表――識者が語る日本への警鐘と処方箋』 エイムック 枻出版社（2017年）

『現代用語の基礎知識〈2017〉』 自由国民社（2016年）

『現代用語の基礎知識〈2018〉』 創刊70周年号 自由国民社（2017年）

『柔らかい個人主義の誕生――消費社会の美学』 中公文庫 山崎正和（著） 中央公論新社（1987年）

『新ビジョン2050――地球温暖化、少子高齢化は克服できる』 小宮山宏／山田興一（著） 日経BP社（2016年）

『世界を変える100の技術――日経テクノロジー展望2017』 日経BP社（編） 日経BP社（2016年）

『第四次産業革命――ダボス会議が予測する未来』 クラウス・シュワブ（著） 日本経済新聞出版社（2016年）

『誰が世界を変えるのか？──日本企業の未来予想図』　西野嘉之（著）　産業能率大学出版部（2017年）
『日本の未来100年年表　2018−2117年の政治・社会・経済・産業を予測！』　洋泉社MOOK　洋泉社（2017年）
『日本版インダストリー4.0の教科書──IoT時代のモノづくり戦略』　山田太郎（著）　日経BP社（2016年）
『日本未来図2030──20人の叡智が描くこの国のすがた』　自由民主党国家戦略本部（編）　日経BP社（2014年）
『不安な個人、立ちすくむ国家』　経産省若手プロジェクト（著）　文藝春秋（2017年）

著者略歴

坂口孝則

さかぐちたかのり

調達・購買コンサルタント、未来調達研究所株式会社取締役、講演家。

二〇〇一年、大学卒業後、電機メーカー、自動車メーカーに入社。

原価企画、調達・購買、資材部門に携わる。

製造業を中心としたコンサルティングを行う。

『牛丼一杯の儲けは9円』『営業と詐欺のあいだ』

『1円家電のカラクリ　0円iPhoneの正体』（すべて幻冬舎新書）、

『仕事の速い人は150字で資料を作り3分でプレゼンする。』（幻冬舎）

など著書多数。

幻冬舎新書 516

未来の稼ぎ方
ビジネス年表2019―2038

二〇一八年九月三十日　第一刷発行

著者　坂口孝則
発行人　見城　徹
編集人　志儀保博
発行所　株式会社　幻冬舎
〒一五一―〇〇五一　東京都渋谷区千駄ヶ谷四―九―七
電話　〇三―五四一一―六二一一（編集）
〇三―五四一一―六二二二（営業）
振替　〇〇一二〇―八―七六七六四三
ブックデザイン　鈴木成一デザイン室
印刷・製本所　中央精版印刷株式会社

GENTOSHA

検印廃止

Printed in Japan　ISBN978-4-344-98517-9 C0295
さ-5-4

幻冬舎ホームページアドレス http://www.gentosha.co.jp/
*この本に関するご意見・ご感想をメールでお寄せいただく場合は、comment@gentosha.co.jp まで。

坂口孝則
牛丼一杯の儲けは9円
「利益」と「仕入れ」の仁義なき経済学

利益が生まれる舞台裏では何が行なわれているのか？そこには大量仕入れから詐欺仕入れまで、工夫と不正が入り混じる攻防があった。身近な商品の利益率から、仕入れの仕組みを明らかにする。

坂口孝則
営業と詐欺のあいだ

一流の営業マンは、絶妙なタイミングで商品を薦め、必殺の決めゼリフを持ち、相手を褒め倒して必要のないモノも買わせる。詐欺師と一流営業マンは紙一重。きわどい営業のコツと心得を伝授！

坂口孝則
1円家電のカラクリ 0円iPhoneの正体
デフレ社会究極のサバイバル学

無料・格安と銘打つ赤字商売が盛んだ。「1円家電」を売る家電量販店は、家電メーカーから値下げ分の補助金をもらい、赤字を補填する。倒錯する経済の時代の稼ぎ方・利益創出法を伝授。

齋藤和紀
シンギュラリティ・ビジネス
AI時代に勝ち残る企業と人の条件

AIは間もなく人間の知性を超え、二〇四五年、科学技術の進化の速度が無限大になる「シンギュラリティ」が到来——既存技術が瞬時に非収益化し、人も仕事を奪われる時代のビジネスチャンスを読み解く。

幻冬舎新書

上原隆
君たちはどう生きるかの哲学

いま素朴で実直な問いかけが人々の心に響く。〈個人が失敗し後悔し、そこから意味を見つけて成長することこそが哲学なのだ〉という鶴見俊輔の考え方を補助線に不朽の名著を丁寧に読み進める。

高橋和
頭の良い子は将棋で育つ

集中力、記憶力、決断力、思いやり、礼儀作法も――子どもの成長に役立ち、ゲームとしても最高に楽しい将棋。子どもに将棋体験をさせたい親のために、始め方・家庭での指導法などをアドバイス。

丸山俊一＋NHK「欲望の民主主義」制作班
欲望の民主主義
分断を越える哲学

世界中で民主主義が劣化している。今、世界の知性たちは何を考えるのか――？　若き天才哲学者、マルクス・ガブリエルら六人が考察する政治変動の深層。世界の現実を知る必読書。

苦瓜達郎
ずば抜けた結果の投資のプロだけが気づいていること
「すごい会社」の見つけ方

2017年までの6年連続で「最優秀ファンド賞」「優秀ファンド賞」を受賞し、過去1年間の運用実績が年44・3％というシニア・ファンドマネジャー。その投資法を余すところなく語り尽くす。

幻冬舎新書

足立照嘉

サイバー犯罪入門

国もマネーも乗っ取られる衝撃の現実

世界中の貧困層や若者を中心に、ハッカーは「ノーリスク・ハイリターン」の人気職種。さらに、犯罪組織やテロリストは、サイバー犯罪を収益事業化。今、〝隙だらけの日本市場〟が狙われている！

深沢真太郎

数学的コミュニケーション入門

「なるほど」と言わせる数字・論理・話し方

仕事の成果を上げたいなら数学的に話しなさい！定量化、グラフ作成、プレゼンのシナリオづくりなど、「数字」と「論理」を戦略的に使った「数学的コミュニケーション」のノウハウをわかりやすく解説。

泉谷閑示

仕事なんか生きがいにするな

生きる意味を再び考える

「働くことこそ人生」と言われるが、長時間労働ばかり蔓延し幸せになれる人は少ない。新たな生きがいの見つけ方について、古今東西の名著を繙きながら気鋭の精神科医が示した希望の書。

川上徹也

一言力《ひとことりょく》

「一言力」とは「短く本質をえぐる言葉で表現する能力」。「要約力」「断言力」「短答力」など「一言力」を構成する7つの能力からアプローチする実践的ノウハウで、一生の武器になる「一言力」が身につく一冊。